老いと踊り

Aging + Dancing

中島那奈子　外山紀久子　編著

keiso shobo

はじめに

〈老い〉について語ることは、欧米文化圏ではしばしば社会的タブーと見なされてきた。とりわけ理想の身体を体現してきた舞踊において〈老い〉のテーマを設定することは、美学的・社会的パラダイムの転換を促すものとなりうる。本書には、二〇一四年に東京ドイツ文化センターで開催された国際シンポジウムの講演や議論を出発点にしながらも、内容・形式の両面において大幅にブラッシュアップされた論考が収録されている。二〇一四年のシンポジウムでは、「老いと踊り」という世界的に見てもいまだ未開拓なダンスのテーマをめぐって、ドイツ、英国、米国、日本の視点を交差させながら、問題提起を行った。年齢を重ねても踊り続けるダンサーを起用し新たなジャンルを立ち上げたドイツのタンツテアターの振付家ピナ・バウシュから議論を始め、日本の舞踊の事例と比較しながら、ダンスを越えたアート全般や社会的状況へと考察を進めたのだった。

〈老い〉は舞踊の分野だけに留まらず、また高齢者のみでなく、すべての人間にとって避けられない基本的条件である。世界で最も少子高齢化が進む日本にとって、〈老い〉は社会変化に伴う古い価値観との軋轢を生む、きわめて現実的な対応を求められる問題でもある。とりわけそれは、平均寿命が男性より長い女性の問題となる。若さ、美しさに執着する価値観に縛られ、他の先進国に比べて社会進出が進まない日本の女性にとって、〈老い〉は自らが担い手となる介護の問題とも切り離せない。加えて、高度経済成長を支えた「強い」日本社会には、効率の良い労働力としての成人・男性・健常者の活躍があり、その背後に「弱さ」を回避する傾向があった。震災後、戦後社会を支えてきた経済的構造と民主主義が機能不全に直面している日本にあって、強さや効率性を至上命題としない主体の新しい在り方を、〈老い〉と踊りの問題を通して模索すること――それがシンポジウムの最終的な目的であった。そして、本書は、このシンポジウムでの議論を更に発展させ、欧米と日本との比較研究の枠組みをも超えた地平で議論することを目指している。

踊りにおける〈老い〉の研究は、私が日本舞踊の稽古の中でいつも常に感じていた、年齢に関する強い意識と共に始まっている。三歳から稽古を始めていた私は、そのうちに稽古場において、最古参で最年少の踊り手になってしまった。いつしか、他の弟子に稽古場での習慣を教え、舞台での踊りを称賛されるようになっていた。ただ、いくら振付通りに踊り、稽古に通い、師範になっても、若い若いと言われ続けた。まだ若いからこの曲を踊るには早すぎる、踊りに味が出るようになるにはあと三〇年かかると、踊りの師匠によく戒められた。

その年齢への意識はまた、日本を離れ、米国を経てドイツへと所在を移していく中で、自分が何歳にみられるかという経験と共に複雑になっていった。大学院課程を修めた二〇代の私は、研究者としてそのキャリアにおいては中堅となっていた。しかし、日本から留学先のアメリカ、そして博士号取得のためにドイツへと移動していく過程で、私は若く、若くなっていった。日本人女性の私は、アメリカや、殊にヨーロッパでは実際の年齢より遥かに若くみられる。私は、容貌や服装、動き方や振る舞い方、そして言語能力においても、現地の該当年齢の人々とは一致しない。老いることを恐れる人々が多いアメリカでは、個人の年齢を聞くこと自体がエイジズム（老人差別）につながる。そのため、履歴書にも年齢は記されず、日常会話にも年齢に関する話題はほとんど出てこないのだが、私の年齢を知ると、Nanakoは若く見える！と驚かれるのが通例だった。しかし、ヨーロッパでの状況は更に異なっていた。ヨーロッパ基準では、時に気さくに立ち居振舞うアメリカ人さえ子供っぽく、年齢より遥かに若く見られた。小柄で、文化の大きく異なる場所で育ったアジア人はもってのほかである。私の実年齢を聞くと、驚愕してその場に立ち尽くすドイツ人に何人遭遇したことか。そして、日本に戻った私に待っていたのは、ジェンダーと年齢へのまた別の偏見だった。日本に戻った日本人女性らしからぬ私は、人種や話す言語で際立つのではない。より平等な社会のために闘ってきた欧米の状況を学んで経験を積んでしまった私と、日本の家父長的社会規範との間に更に差異がひらき、ジェンダーや〈若さ〉によってより一層マージナルな位置に追いやられていく。顔に皺が、髪に白髪がどれだけあるかだけではない。その年齢にまつわる知覚には、人種やジェンダー、階級、体型、言語やコミュニケーション能力を巡る、様々なアイデンティティ・ポリティクスが働いている。

本書は、以下のような内容になっている。序章に続き、「第I部　踊りの遺産」では、一九六〇、七〇年代にダンスの伝統的なアプローチを脱構築したドイツ、米国の歴史的振付家を取り上げ、彼らの老いと共に、そのダンスの遺産をどう受け継ぐかが論じられていく。ここには、大勢のダンサーを率いるカンパニーの中で振付家として活動するか、そのような制度を採らずに個人のダンサー、振付家として活動を続けるかという、ダンスを巡る異なる文化が背景にある。まずドイツのダンス研究者ガブリエレ・ブラントシュテッターが、ドイツのタンツテアター（舞踊演劇）の振付家ピナ・バウシュの代表作《春の祭典》を取り上げ、老いという問題を作品の精神性やダンサーの身体性、創作のエネルギーが次世代へと受け継がれることとして、老い概念の拡張を試みる。第2章では、哲学者の貫成人が、老いの社会史、舞踊やアートにおける老いの位置づけの変化を確認して老いについての哲学的分析を試み、老者が踊ることの意味と可能性を明らかにする。第3章では、米国ニューヨークのジャドソン教会派の主唱者でポストモダンダンスの騎手である振付家・パフォーマー・映画監督のイヴォンヌ・レイナーが、老いと踊りについて語る。一九六八年の振付作品《トリオA》を改訂し、二〇一〇年に自ら踊った《老いぼれバージョン》がアヴァンギャルドの新しい形式であることを説明し、彼女が考えるダンスにおける老いという哲学を要約する。これを受けて第4章では、英国ダンス史家のラムゼイ・バートが、一九六〇年代にジャドソン教会派が従来のダンス・テクニックという概念を変革した際に、高齢のダンサーでも舞台で踊れる美学的選択肢を作り出したことを論述する。

「第Ⅱ部　伝統での老いとポスト・ジェネレーション」では、老いを支える作品や芸術の制度が検討される。作品の異なるバージョンや、「型」や「芸」「花」という日本の概念から、舞踊において作品がどう考えられるかを検討する。まずパフォーマンス・スタディーズの研究者レノーラ・シャンペーンが、米国パフォーマンス・アーティストのメレディス・モンクの作品《少女教育》（1972）の再演を自身と娘との二重の視点を重ね合わせながら分析し、それをシャンペーン自身による戯曲《メモリーの物置》と立体的に組み合わせていく。第6章では演劇評論家の渡辺保が、西欧と日本にはダンサーの老いに対する考え方の違いがあり、それは、本名・芸名・役名の三つの私を一つにする演技方法論の違いと、何十代もの世襲制度を背負って成立する身体観の違いであると論じる。続いて日本舞踊家の花柳寿南海、花柳大日翠、渡辺保による鼎談では、人間国宝の寿南海による素踊りが示されながら、身体の衰えを心や芸で補う舞踊の世界が提示され、弟子の大日翠の精進する姿から、老いの価値を支える芸道や師弟制も示される。中島那奈子による解題では、女性舞踊家による動きを超えた踊りの可能性も指摘されている。第Ⅱ部の最後は、舞踊研究者の尼ヶ崎彬が、舞踊作品の登場人物の老いと、踊り手自身の老いを区別しながら「衰退」「年功」「余生」としての老いを説明し、老いた身体として世界的に活躍した舞踏家大野一雄について論述する。

「第Ⅲ部　グローバル化する老いのダンスドラマトゥルギー」では、老いの美意識を支える、世代や家を越え、円環する時間の在り方がさまざまな形で語られる。まずアーティストのやなぎみわが、老いのパフォーマティヴな関係を探求する自身の写真と演劇作品群を、題材となった各地に残る老女神信仰と共に説明する。続いて宗教哲学者の鎌田東二が、日本文化では翁と媼と童が最も神に近い存在とされ、老人と子どもが相補的かつ相互侵入的になる「翁童身体」を示し、日本の翁童文化における翁曼荼羅を描いていく。そして、日本のドラマトゥルクである中島那奈子が、ピナ・バウシュのドラマトゥルクで振付家でもあるライムント・ホーゲの作品《An Evening with Judy》(2013)のドラマトゥルギーを、老いの知覚構造を用いて上演分析する。最後に、その誕生から半世紀以上経過し舞踏家の高齢化も進む中、舞踏の何が受け継がれるべきかについて、舞踏研究者の國吉和子が、大野一雄の子息、大野慶人によるレクチャー・パフォーマンス《命の姿》の批評を交差させて論じる。

「〈老い〉と踊り」に関する論考の番外編として、最後に美学者の外山紀久子が、普通の人の老いの過程(死への移行の問題を含む)から舞踊と老いの関係を考察する。ポストモダンダンス以後の「拡大ダンス」、古代の「音楽(ムーシケー)」概念、整体やソーマティクスの展開に見られる「気の身体論」を視野に入れ、生死の境界で社会(生産・再生産活動)から脱落した老いの身体に、カウンター生政治的な抵抗力/解放力と、世界との調和/和解を達成する全的受容のスタンスとが重ね書きされる。

この書籍を準備している最中に、日本舞踊家花柳寿南海氏が二〇一八年九月一一日に九三歳で逝去された。彼女の素踊り《都見物左衛門》の舞台を初めてみてから、もう二〇年になる。この一〇分の踊りが、その後二〇年にわたる私の人生を変えてしまった。この稀有な舞踊家の舞台なくして、私の老いと踊りの研究も存在しない。心からのご冥福をお祈りしたい。

中島那奈子

目次

第I部　踊りの遺産

第Ⅲ部　グローバル化する老いのダンスドラマトゥルギー

番外編

凡例

一、（　）は著者による挿入、〔　〕は訳者による補足を表わす。

一、引用文では、翻訳を参照した場合も、原典にかんがみて表記や訳を適宜変更してある。翻訳をそのまま使用した場合は邦訳の書誌情報を加えてある。

序章　老いのパフォーマティヴィティ——老いる踊り手、老いない踊り

中島那奈子

はじめに

私が私であるとは、どのように構築されるのだろうか。そして、この「私」に〈老い〉は、どのように関わっているのだろうか。私という主体を巡る議論は、これまで多くの方法で模索されてきた。現在の哲学的議論において、主体は固定されたものではなく、言語による呼びかけの行為によってパフォーマティヴに構築される。なかでも、性的主体化としてジュディス・バトラー（Judith Butler）によって提起された、言語行為による絶えざる構築の過程である主体構築の理論は、新たなパラダイムを提示してきた。そこでは言語論的転回を受けて、本質としての主体はもはや想定されず、ジェンダー化も言語文化的な意味づけによって、パフォーマティヴに構築される主体化として捉えていく（奥野 二〇〇六：八五—一〇一、大貫 二〇一四：一五—六六）。

この「パフォーマティヴ（行為遂行的）」という言葉は、そもそも言語哲学者J・L・オースティンのス

ピーチアクト理論における概念である。また、バトラーの主体構築の理論の前に、デリダがこれを哲学的な思考に導入して、パフォーマティヴな発話がもたらす射程を切り開いていた。[1] しかし、バトラーはこの「パフォーマティヴ」という言葉に、オースティンとアルチュセールの呼びかけの理論を用いて、主体が継続反復的な構築過程にあることを示した。オースティンによれば、語ることが即時的効果を産出する発話内行為において、発話は行為となる。例えば結婚式の最中に「(結婚を)誓います」と言う時や、シャンパンの瓶をもって「この船を『クイーン・エリザベス』と名付ける」と言う時、それは報告しているのではなく、実際にその行為を遂行している(オースティン 一九九一：三七九―四〇九)。他方アルチュセールは、時に宗教的な権威による呼びかけ(interpellation)によってイデオロギー的主体が形成されるとする。例えば警官が通行人に「そこのお前」と呼びかけると、通行人は振り向く、それは自分が呼びかけられた者であることを再認する行為である。この法の番人による呼びかけは処罰的であり、その声への振り向きは罪の受け入れでもある。アルチュセールによると、この呼びかけが反復され蓄積されていく儀式的慣習を通して、主体が生産される。バトラーはこの両者の理論の接点を捉え、発話のパフォーマティヴな力をこそ問題にする。バトラーによればこのアルチュセールのパフォーマティヴな呼びかけに、主体は必ずしも振り向く必要がないが、社会的権威による呼びかけによって、主体は社会的存在となる(バトラー 二〇一二：一四二)。この呼びかけによる発話が機能するには、それを成り立たせる反復された慣習が必要であり、それは権力や制度による言語の内にある。主体とは、何度も反復されて呼びかけられ、名付けられる行為を通して、絶えずパフォーマティヴに作られていくものである。主体は固定されたものではなく、呼びかけという行為の反復によって、そして個の何者かになっていく。そしてそれを通して、呼びかけられた社会的文脈に組み込まれていき（従属化）、その社会的文脈において主体として形成（主体化）される。バトラーは、抑圧的な規範の繰り返しが、その個人の中に良心を形成し、それによって自分自身を統制するような主体の反省性を形成するという。この呼びかけの内化こそが、主体の反省性と、主体そのものを形成する。

主体構築同様、バトラーは社会文化的性別である「ジェンダー」も行為遂行的なものとする。ジェンダーも慣習の儀式化された反復によって生産され、この儀式は強制的な異性愛の力によって社会的に強いられている。つまり人は「女」に生まれるのではなく、その社会制度において異性愛化された「女」として呼びかけられ、名付けられることで、「女」になる。そして、呼びかける言語を通してパフォーマティヴに形成されたジェンダー的主体は、その社会制度と規範に依存している。何故ならば、言語を通した反復的な意味づけによって、制度における思考の仕組みや感覚といったものが、主体の内部に取り込まれているからだ。

その私たちを構築する制度の中に、〈老い〉を肯定もしくは否定する仕組みが含まれる場合もあるのではないだろうか。クィア理論のジュディス・ハルバースタム（Judith Halberstam）は、〈老い〉を超越するためには、失敗の再定義が必要だと説明する。ハルバースタムによると、北米での老いることへの恐怖は、成功と失敗、成熟と未成熟の明確な区別から生まれる。北米西海岸のポストモダニズムに由来する、成熟や成功といった考えが成人の枠組みを規定し、そこから外れていく〈老い〉への恐怖が生まれると指摘している。北米ポストモダンの社会では、その基層になっている積極思考において失敗の概念が欠落しており、成功者（winner）と落伍者（loser）が明確に区別されるという。積極思考は、前向きに考えればすべてうまくいくという考え方で、文字通り、ポジティブ・シンキングである。一九世紀半ばのニューソート（新思想）に祖をもつ積極思考は、ポストモダンのアメリカ消費社会と若者文化との出会いにおいて、個人の人生での肯定的な物語を重視し、失敗への極端な恐怖感、若くないことへの恐れを作り出していった。[2] この価値観を元にした二分法によれば、〈老い〉は衰退していく、落伍者の末路としか捉えられない。成功という概念の外側に出るだけでなく、子どもと成人、若さと〈老い〉を分ける二分法からも解放されるために、ハルバースタムは、失敗という概念を再構築するべきだという。知の構築における新たなパラダイムを目指し、失敗を一つの生きる方法として認識するため、ここでは何者かでは「ないこと」、「ならないこと」という様態を提案している[3]（Halberstam 2011: 3, 23）。成功や成熟とはいったい何か、その基準を形作る枠組みとは何か。ある一つの小さな枠にとらわれず、その視点を乗り越えることで、失敗や未成熟の豊かさが見えてくる。成功することの反対は失敗ではないのかもしれない。成功することの反対は、成功することを欲しないことかもしれない。一つの成功にとらわれず、何者かにならないことは、何者かになる主体構築の過程において、その元にある権力や制度に拮抗し、自身の中にずれを生み出していく。老いる主体が担う姿勢とは、そのような制度の規範の中で自ら差異化していく、狭間の生のあり方ではないだろうか。

老いの問題は地球規模で重要なテーマとなっている。グローバルな規模での人口高齢化は、〈老い〉に対する新たな考えが社会的な影響力を持つことでもある。六五歳以上の人口が国民の二八・一％をしめる日本（二〇一八年）は、世界一の超高齢化社会を迎えている（総務省統計局 二〇一八）。これは昨今のシリアやアフリカからの難民の流入で、人口の平均年齢が若返りつつある西ヨーロッパ諸国の高齢化を、一気に出し抜いている。日本は、歴史的に残る敬老文化や儒教倫理がある反面、壊滅的な年金制度、人材の不足により自己負担率が高まる介護制度という二重の課題に直面している。高齢に達することは歴史的には寿がれながらも、より若い世代への、社会的な重荷となっている。

超高齢化社会である日本で、社会保障制度の変化とともに、高齢者の年齢が操作されたことも記憶に新しい。二〇一七年一月には、日本老年学会と日本老年医学会が、高齢者の定義を、六五歳から七五歳に引き上げることを提案する公的ガイドラインを発表し、衝撃を与えた（一般社団法人老年医学会二〇一七）。一九五六年に国際連合で定義されて以来、二〇一八年現在も国連の世界保健機関（ＷＨＯ）では、六五歳以上の人のことを高齢者と定義し、六五～七四歳までを前期高齢者、七五歳以上を後期高齢者と呼ぶ。しかし、日本老年学会と日本老年医学会によると、日本で現在六五歳から七四歳の人々は、身体的にも精神的にも一〇～二〇年前と比較して加齢に伴う身体的機能変化の出現が五～一〇年遅延しており、若返り現象が見られるという。この研究結果を根拠とし、両学会は、七五歳以下の人々を高齢者ではなく准高齢者と再定義し、アクティブな社会生活を送る、日本の超高齢化社会を支え、新たな未来を発展させる人々だとする。この多幸的に聞こえるガイドラインに法的な有効性はないものの、定年退職の年齢や年金制度、国民健康保険などの適用年齢に影響を及ぼすだろう。日本社会の超高齢化に伴うこうした高齢者の再定義からも、老いること、老いの年齢は、その政治的社会的状況や権力によって操作可能な概念である。

老いる主体は、ジェンダーや人間の能力といった概念、年齢を数えるシステム、労働、結婚、政治的参加、そして定年退職、健康、保険制度などの視点から考察される必要があるだろう。しかし、〈老い〉の質的側面が、老いという問題を客観化することを難しくしている。老いの過程は社会的文化的に制度化されている一方で、老いはその人の身体の中での、主観的な感覚としても描かれる。つまり、人の実年齢は、それぞれの人の老いについての考えに影響を与える。若い論者が老いのポジティヴな側面を強調する反面、高齢の論者は老いのネガティヴな側面にとらわれる傾向があり、老い（エイジング）の考えはその人の中で継続的にアップデートされるともいえよう。ただ、倫理学者のマーサ・C・ヌスバウム（Martha C. Nussbaum）も述べるように、高齢化に対する嫌悪感や負の刻印であるスティグマは、結局のところ、私たちすべての中に埋め込まれているのである。老いは、いま人文学研究に残された最後の未開拓領域であるが、それに対するスティグマは、常に自己のスティグマであるために、扱うのが最も困難なものだという（ヌスバウム 二〇一七：六―二四）。〈老い〉は、私たちの中の自己嫌悪感を乗り越える考え方を、必要とする。ただ〈老い〉は、他のどの社会的な問題より、私たち一人一人に関わることであり、私たちは生きる限り、老いを避けることはできない。それは私たちすべての人間が生きる個体である限り、死を免れないということでもある。

人は自分ができると思っていることと、自分が実際にできることとの間に違いが起きたときに、自らの身体的な老いを自覚する。歳を重ねるとき、身体は心に必ずしも従わない。哲学者の鷲田清一は、『老いの空白』の中で、老いることはそれぞれの段階のタスクとして、その状況を受け入れることだと述べている。老いて、できる、できないという境目が変化していくことに馴染むことで、〈世界〉との関係の変容を受け入れていく。老いるとき、人はそのコミュニティの社会的、時間的環境に合わせ、自らを調整していく（鷲田二〇〇三：三九―四四）。

ダンスの実践も、特定の技巧や規則において、できないということから、できるということへの、ゆるやかなシフトであると考えられるかもしれない。それは一つの芸術的制度の身体化であり、そこでの主体の構築である。そして、ある一つのダンス・テクニックを学ぼうとする者は、それを身につける前から既にできることの枠組みに囚われ、できたかもしれない多くのことがその思考から排除されている。[4] 一つのダンスの枠組みを固定化せず、〈老い〉の段階とともにそのできること自体をアップデートしていく事はできないだろうか。「踊れる」の反対は、「踊れない」ではない。それは「踊らないことが出来る」であって、それまでの踊りの枠を受けとめ、超越していく力である。

グローバル化の時代に入って、多種多様な文化が情報として溢れ、若さを評価する既成のダンスの枠組みとその美学に、疑問が投げかけられている。明治維新以降、近代芸術として日本に紹介されたバレエやモダンダンスは、それまでの日本の舞や踊と合わさって、「舞踊」と称されるようになった。その中で、ダンサーの若さや強靭さ、スタミナを評価するダンスが、芸術として見せるダンスを確立した制度――ダンス・テクニックの確立や劇場空間の近代化、舞台機構やツアーシステムの整備、振付家の地位の確立など――とともに生じた。よって〈老い〉のテーマをダンス研究に組み入れることは、欧米と日本の文脈におけるダンスの歴史と美学のアンバランスを露呈するものとなる。

生政治、美学、そして文化横断型のダンス研究の分野において繰り返される老いにまつわる価値と知覚について、議論を進めながら、ここでは病気や健康、障がい、美といった枠組みを作る境界線を、もう一度吟味してみたい。言語論におけるパラダイムシフトによって生じたパフォーマティヴな主体構築と、近代の枠組みの再設定を、ここでは三つの転回、技術的、美学的、そして芸術的な転回、として整理する。これら三つの転回と共に、いかに老いる身体が、芸術であるダンスにおいてマージナルなものとされてきたかを説明しながら、もう一つの枠組みを志向する。「出来る」の反対は、「出来ない」ではない。「出来る」の反対は、「出来る事をしない」力である。地球規模の人口高齢化の中で、私たちは間違いなく、これまで以上に老いている。近代が目指した強く、機能的な主体という、その地平を乗り越えるもう一つのパラダイムを設定するものとして、老いゆく主体が想定できないか。成功や目的を至上命題としない老いのあり方をもって、ダンスの既存の制度とダンスにおける美学に、いま新たな挑戦を仕掛けたい。

一　技術的な転回——生政治と老い

一九世紀まで、老いは死を目前にした短い期間だとみなされてきた。というのも、その当時の世界平均年齢はたった三〇才前後だったからだ。しかし、医療技術や社会的な変革に伴って個人のライフスパンが極度に長期化し、「老い」の期間は先進国の一定の割合の人々の人生において大きな割合を占めるようになった。その上、バイオテクノロジーは人間の身体をめぐる新しい概念を生み出しながら、人間の身体の境界がどこにあるのか研究を続けて来た。

バイオテクノロジーは身体の範囲に挑戦をしかけているのだが、それは人間と科学技術との関係性をも変えつつある。人間の身体とバイオテクノロジーの合流地点は人間の身体の所与の要素をも変化させ、それは老化遅延や延命治療を可能にしている。クローニングや再生医療技術の進展とともに、動物の体内での人間の臓器作製や、人間の身体を複製する技術も実現している。生と死の境界が動かせるものとなった今、その新たな定義が必要とされている。

人間の再生が可能になることで、新しいリベラルな優生学につながると危惧されている。それはナチスの人種差別的な優生学とは異なるものの、遺伝子レベルに至る医療技術で心身の能力を改善した人とそうでない人というような、人類を二分する、消費者の選択による社会的分断を作り出すのかもしれない（山中、島園 二〇一七：一七―五一、Marks 2006: 23）。このゲノム編集まで含めた医療技術を受けられる消費者が誘導する優生学は、経済的な状況によって可能な方法を選択する。そして、社会的階級の違いに至るような、次世代にまで及ぶ新しい差異化をもたらすだろう。

このようなバイオテクノロジーによる生死の変容を考える上で、哲学者のジョルジョ・アガンベン（Giorgio Agamben）が用いる、生の一対のカテゴリーを検討する意味がある。アガンベンは生死を孕む生政治の問題の中で、排除の構造を理論化し、死を孕む生政治の問題を取り上げ、それを現代医療における脳死判定や安楽死、アウシュビッツの強制収容所に結びつけて、考察していく。まず、アガンベンは、アリストテレスが論じていた古代ギリシャで生を意味した「ビオス」と「ゾーエー」の区別を用いる。古代ギリシャではこの二つの語の意味が使い分けられていた。ビオスは、それぞれの個体や集団に特有の生きる形式、生き方であり、ゾーエーは、動物や神、人間であれ生きている全ての存在に共通する、生きているという事実、生物学的な生を指す。ビオスとゾーエーは、特定の生命の形式として定義され、特にポリス的生／自然な生として対比されている。アリストテレスもプラトンも政治的に問題にしていたのはビオスという意味での生であった。ただ近代諸語ではこの対比は姿を消しつつあるという。（アガンベン 二〇〇三：七、アガンベン 二〇一六：二四五）

それが近代に入って生物的な生であるゾーエーを、権力の側が政治的な戦略に組み入れるようになる。アガンベンはミシェル・フーコー（Michel Foucault）に倣い、近代の夜明けとともに生物的な生であるゾーエーが国家権力のメカニズムに取り込まれてきた過程を説明する（アガンベン 二〇〇三：九）。フーコーによれば、古典的な君主制時代の主権は生殺与奪権、つまり殺す権利を持つのみだったが、近代以降の政治権力は、人々の生き方へ介入し、生を管理・統制を及ぼし統治する生権力に転換した。国家は、出生・死亡率の統制、予防接種、伝染病者の隔離などの公衆衛生、健康への配慮を通し、人間の生そのものを管理する「生政治」を行うようになった（フーコー 一九八六：一七五）。ここに、近代の統治性において、殺す権力から生かす権力へという権力形態の変化がみられた。[5]

近代になって政治が生政治に変容したというフーコーの議論は、一九七六年の『性の歴史一　知への意志』の終章において展開されたが、その生権力が従順な身体を規格化する資本主義の発達に不可欠だったという指摘のあと、議論の焦点は、フロイトと性的欲望の歴史、分析学に流れてしまう。そしてこの生政治の議論が再び取り上げられる一九七八年の開講講義「安全・領土・人口」においても、生政治は統治論へと移行し、議論は尽くされずにフーコーは世を去ってしまう。

ここで、アガンベンはフーコーが提起した生政治のあり方を、批判的に受け継ごうとする。この生政治のあり方は近代に特有のものではなく西洋政治の特徴であるとし、その具体的な形象として、ローマの古法に記された「ホモ・サケル（聖なる人）」を提示する。古代ローマにおいては、殺害しても罪に問われることはなく、殺して神への犠牲に供することもできない人々がいた。人間の法からも神の法からも、二重の意味での排除を伴った暴力にさらされながらも、物質のように扱われるこうした「ホモ・サケル」の生を、アガンベンは死へと露出された「剝き出しの生」と呼んだ。一切の法的保護の外に置かれた「剝き出しの生」というアガンベンの用語は、自然の生ゾーエーの政治化された形式であり、ことに支配者による暴力という形で「死にさらされた生」を指し示す。

この「剝き出しの生」は、法秩序で「あり」かつ「ない」という両義的なあり方で、例外状態にある生とされる。ポリスの内にゾーエーが包含されることで排除されるという、西洋政治の特徴である。これによって、殺害可能で犠牲化不可能とされるもの――ホモ・サケルと呼ばれるもの――の排除を通じての包含という、政治の構造が可能になるという（アガンベン 二〇〇三：一五）。このホモ・サケルという形象を通して、アガンベンは文献学の背景から、そして国民国家の枠組みに縛られてこなかったイタリアの思想伝統から、フーコーの生政治論を批判的に受け継いで、西洋政治の系譜と抵抗の歴史を提示した。

そしてアガンベンは、その法秩序の内部に位置しながら法の規制が及ばない外部空間である例外状態を、収容所や難民の例にあてはめて論じていく。アガンベンによると、全体主義国家の極限の生政治において、この剝き出しの生は、完全支配下で実験をする強制収容所の設立において現実化され、ここでは例外状態が規則となりかわった。このような例外状態が通例化した別の例として、アガンベンは現代社会での脳死判定や収容所を考える。そこでは、病院の臓器移植のために昏睡状態の植物人間や、グアンタナモ収容所の囚人が、生き残らされている。アガンベンはこう主張する。生政治はゾーエーをビオスから、人間ではないものを人間から切り離し、生き残ることを生産すると。

アガンベンによると、生政治においては、生と死はそれまでに決められた意味を失い、医療技術、バイオテクノロジーを用いる支配者の権力によって、その境界が設定される。人間の身体はもはや何らかの宗教的神によって、もしくは母から子へと、与えられたものではなく、支配者の権力によって変容され、管理される。極端なケースでは、支配権力を担う者が、その生命が生きるに値するか、しないか、決定を下す。アガンベンは、これが近代の生政治的構造の本質であり、ナチスにおいて、人の生命を絶滅させる初めての法律的強制権が安楽死という建前で認められたことを警告している。

バイオテクノロジーや再生医療の急速な発展が、人間の本質をかえ、それはまた、舞踊を含めて身体をメディアにする芸術の本質にも影響を与える。プライマリー（誕生時）や終末期医療の場における、生政治的境界も危うくなってきている。それはダウン症児を中絶する着床前診断や遺伝子操作、脳死の決定と共に生命維持装置を取り除く例にも、私たちは認めることができる。人間の自然な生物学的過程は、福祉や衛生の名の下に、これまで以上に、病院や国家から管理され干渉されている。この状況は、政府もしくは個人が、人の生と死、つまり老いの初めと終わりの瞬間を決定できてしまうということだ。そして、舞踊が身体を扱う芸術である限り、その人間の身体の境界を見極めるテーマは、舞踊という枠組みをどこに設定するかに影響を与える。二〇〇八年に、舞踏家大野一雄の自宅を訪問したことがある。チューブに繋がれて横たわった一〇二歳の大野一雄は、その時もう自ら動くことも食事をとることも出来なかった。ただそのような状態でも、音楽が流れると大野一雄の息のリズムが変わった。大野一雄はまだ踊っているのだと、その時、大野慶人は語った。

老いる身体が技術的な転回によって生き残らされた身体であるならば、これは引き伸ばされた剝き出しの生と捉えることができる。その状態にある人の生は、何らかの保護が必要であり、現在の福祉社会の中では生きることが可能になっている。死に露出された生として生きる、老いる主体は、どのように踊ることができるのか。生の喜びをうたう踊りにおいて、どのようにこの老いる主体の本質を捉えていけるのだろうか。

人間としての命が技術によって操作可能になった現在、老いは、ますます個人の人生の主要な割合を占め、老いをどう捉えるかが緊急の課題となっている。生政治によって人間の身体が所与のものである感覚が崩壊するとき、人間の老いは、もう一度、倫理的、政治哲学的に問い直されるものになろう。そして、身体の生を寿ぐ踊りから〈老い〉を見る視点が、医療技術や生政治の枠組みを転回させる、強さや効率性を至上命題としない主体、老いゆく主体のあり方を、提示できないだろうか。老いの踊りへ。

二　美学的転回——老いの美学

若さや老いとは、いったい何を意味するのか。そして、そういった記述が基づく年齢とは、年の取り方とはいったいどういうものだろうか。そしてその年齢に対してどのような美的判断がなされているのだろうか。欧米文化圏においては、老いについて語ることは社会的タブーであった。古代の老哲学者の知恵は尊敬されるが、古典的な老衰への恐怖であるジェロントフォビアが、文化の様々な側面に潜んでいる。人間の死を連想させる老いは、哲学的にそして文化的には美しさの対極に位置づけられ、醜さと同列に語られてきた。例えば、実存哲学のシモーヌ・ド・ボーヴォワール（Simone de Beauvoir）は、フランスを始めとした文化圏において、老いは、特に老いた女性については、話題にすることさえ禁じられ、美しい老女という概念が存在しなかったことを指摘している（ボーヴォワール 一九七二：六）。ここで老いは「不利な変化の漸進的推移」とされるが、その価値判断は誰が、どのようにして行っているのか。人間にとっての最盛期とは、それは肉体的能力を意味するのか、精神的能力を意味するのか、また人間にとっての進歩や退歩とは一体何を意味するのだろうか。

美もしくは芸術、あるいは感性的認識を扱う哲学的分野が美学である。近代的な美学は、一七五〇年にドイツの哲学者バウムガルテン（Alexander Gottlieb Baumgarten）の感性の学というラテン語エステティカを語源にした『美学』という著作に始まるものの、それ以前にも美の哲学や芸術論は存在していた。一七九〇年のエマニュエル・カント（Immanuel Kant）による『判断力批判』をもって近代美学は確立し、ここでは芸術において確立された美について吟味されたが、この学問領域も一つのターニングポイントに到達し、ポストモダニズム以降のグローバル化した時代では、バロック的な感性論に対する再評価の流れが起きている。ローゼンクランツ（Johann Karl Friedrich Rosenkranz）の『醜の美学』やドゥルーズ（Gilles Deleuze）の

『嫒—ライプニッツとバロック』などと呼応しながら、ドイツ文学者のヴィンフリート・メニングハウス（Winfried Menninghaus）は、歴史的に吐き気（Ekel）が美学の定義の中から疎外されてきたことを指摘する。この吐き気を巡る議論は、カント美学でほとんど論じられていなかった「吐き気を催させるもの」についてジャック・デリダ（Jacques Derrida）が一九七五年に『エコノミメーシス』で着目して以降、メニングハウスへと受け継がれている（デリダ 二〇〇六：八二―九八、長野 二〇一〇：三―二〇）。吐き気にまつわる系譜学を提示しながら、メニングハウスは吐き気と美が交錯する関係を記していく。美的なものとは「適意（Gefallen）の領域をなすものであって、それとまったく異なるものが吐き気である――これこそが、吐き気についてのもっとも簡潔でまったく異論の余地のない、しかしながらいままでは完全に忘却されてしまった基本定義にほかならない」（メニングハウス 二〇一〇：一二）[6]。

ただ、その吐き気をもよおすものを禁ずることで一八世紀の近代美学は、皮肉にもその吐き気をもよおすものを基盤にしている。メニングハウスによると、吐き気をもよおすものと瞬間こそ、それが理想の美から排除されたものであることによって逆に、理想的な美しい身体を形作っているという（同：一二―一三）。このような美学の構築において、美術における美と考えられるものは、逆説的ではあるが、美術の外側にある美とはふだん考えられないものを基盤にしている。メニングハウスは吐き気と美的な快楽との関係についてこう説明している。「〈美的なもの〉の究極の他者が、同時に、美のもっとも固有の傾向として回帰してくるのだ」（同：一二）。メニングハウスは、一八世紀から現代までの哲学、文学、芸術を中心とした文化領域における「吐き気」の位置付けと役割を概観する。そこでは、吐き気を催させるものとして、傷や皮膚、開口部といった身体の部位、悪臭や腐敗、排泄物や性行為、老人や病人、女性らしいものもあげている。芸術的な美は、そのような吐き気を及ぼすものに反転する危険性を秘めているという。

メニングハウスが本の中で言及しているカント、ニーチェ、フロイト、バタイユのようなヨーロッパの理論家は、ヴィンケルマンの唯一の例外を除いて、美的不可能性を論じるために、伝統的に吐き気をもよおすと印付けられる人物、老婆（vetula）を引用する（同：一三）。美学は、自然と美を愛でることに関する、一連の基準である。古典美学とは美の理想的描写に焦点をあてた、吐き気に対する抵抗であり、言いかえれば激しい感覚である吐き気によって、形作られてきた。その吐き気を催させるものは、男性であるこういった理論家の視点からみた、高齢であるとともに女性であるという特徴であった。ただ、吐き気をもよおす老婆は、究極の他者として古典美学で排除されてきたものの一つであるだけでなく、それに反転して対抗する、この美の最も固有の傾向として回帰する。つまり、美から排除されることで、美の概念を形成することに寄与していた吐き気を催すもの＝老婆は、反美学的美の再評価の中で、美学の範疇に包含されるのである。

二〇世紀の美術批評でも、伝統的な美学がブルジョアエリート主義的イデオロギーと西洋の形而上学の名残として扱われ始めてから、美の古典美学的基準へのアプローチに対する新たな懐疑主義が生じた。その理論化の初期から、美学は社会的規則や共通点が特定の歴史によって構成されていることを、覆い隠してきた。ポストモダニズム以降、急進的な相対主義と伝統的な価値の再文脈化がなされ、美の基準は変容している。一九八三年に美術批評のハル・フォスター（Hal Foster）は論集『反・美学』において、文化のポリティクス（政治学、政治的駆け引き）がいかにポストモダニズムと一緒に機能するかを論じている。近代のプロジェクトは問題含みで、モダニズムを開いて書き直し、脱構築する必要がある。ポストモダニズムはその戦略として、ヨーロッパ大陸の主要な物語に、他者の異なる言説をもって挑戦するという[7]。この論集『反・美学』に収められる、周縁的とされ抑圧されてきた言説によって、美的なるものという概念とそのネットワークが糾弾されている。フォスターが警告するように、ポストモダニズムにおいて、美の本質主義から決別した私たちは、決して表象の外に出ることはない。言い換えれば、決してそのポリティクスから外には出られない。ポストモダニズムは、そのような揺れ動くポリティクスの中で、美という表象の再秩序化を行っていく（フォスター 二〇〇七：一四）。

個人にとって美しいとか普通のことと見えるものは、その人が関わっているポリティクスの帰結に過ぎない。その関わりは必然的に限られているために、その人の芸術のカテゴリーという概念からはいつも何かが除外されている。ここでは、万国共通ではない用語として、「美学」を理解することが重要であろう。この美の感性はコミュニティでのポリティクスを通してもたらされることを、アルジェリア出身の政治哲学者ジャック・ランシエール（Jacques Rancière）も言及している。彼はまず、「美学」という用語が、諸芸術をそれであると認め、また、それらを思考する制度に関わるものとする。つまり、美学は行う方法と作る方法、それに対応する視覚化の形式、またその関係について考えうる方法を言語で表現する一つの様態である。それは思考の有効性というある特定の考えを前提としている（ランシエール 二〇〇九：三）。

彼によると、美学は、特定のコミュニティでの共通認識を前提とする。芸術を巡る美学の制度は、かつて芸術がそうであった、そうであっただろうという考えを基盤にして、生の新しい形式を生み出す。そしてランシエールはここで、美学からポリティクスへの議論の接続を試みる。というのも、ランシエールにおいて民主主義を指すポリティクスは、そのコミュニティのメンバーに、目に見え、口に出せる情報を提供するものだからである。政治的言説は本来、美学を表している。ポリティクスは、目に見えるものや口に出せることと、誰が見る能力や話す才能を持っているか、そして共有する空間の所有や、ある時間内で何が明らかになるかといったことがらを扱う。コミュニティに共通することは何かという視点で、行為と制作を考えるポリティクスの根幹には、感性に関する学、つまり美学がある。

知覚できる情報はまた、コミュニティに共通のものを構築し、同時に共通するものと排除するものの線引きをしていく。これを、ランシエールは美学のポリティクスと呼ぶ。ポリティクスとは基本的に美学であり、何故ならばこの双方が、目に見えるものと口にできることという共通領域を再構成するためである。ここに、美学のポリティクスに関するもう一つの疑問が生まれる。人は見えるものを見ることができ、口にできることを言うことはできる。しかし、私たちは目に見えないものや、口にできないことをどう感じることができるのだろうか。わたしたちは、決められた基準や伝統から自由になる時、一体何を感じ、そしてどのようにその美の拘束から解放されるのだろうか。

これまで欧米文化圏において老いの美しさとは、目に見えない口にできないものでもあった。しかし、ポストモダニズム後の美と芸術の再評価の流れと、グローバル化によるローカルなコミュニティの拡大によって、理想の踊り手の姿はこれまで以上に、格段に多様化している。老いから踊りへ。老いる美的身体を包含する美学的転回が、始まっているのである。

三　芸術的転回――老いと踊りの文化横断的研究

欧米の多くの文脈において不快なテーマであった〈老い〉は、文化的な現象とも捉えられる。この〈老い〉への嫌悪感や羞恥心は、芸術としての劇場舞踊においても、同じように見出せる。〈老い〉という美学は、欧米のダンスにこれまで取り込まれていなかっただけでなく、ダンサーの〈老い〉が存在しない制度が成り立っていた。

1　高齢化するポストモダン

一九六〇年代アメリカの芸術において、ニューヨークのジャドソン教会を拠点としたジャドソン教会派（もしくはジャドソン・ダンス・シアター）は、その主要な動向との相互交通の場であった。このポストモダンダンスと後に称されるようになった運動は、ダンス・テクニックによる優美な動きではなく、日常的な動きをよく用いるテクニックなしの舞踊、非舞踊とも称された。近年、老いの問題が欧米のダンスで語られるようになった一つの理由は、これらジャドソン教会派のメンバーが高齢化し、それでもなお、身をもって実験的な作品を今日において作り続けているためである。

ジャドソン教会派は主要メンバーにイヴォンヌ・レイナー（Yvonne Rainer）、トリシャ・ブラウン（Trisha Brown）、スティーヴ・パクストン（Steve Paxton）、ルシンダ・チャイルズ（Lucinda Childs）、デボラ・

ヘイ（Deborah Hay）、デヴィッド・ゴードン（David Gordon）などがおり、他にはダンス経験のない美術家ロバート・モリス（Robert Morris）、ロバート・ラウシェンバーグ（Robert Rauschenberg）なども参加していた。若い作家が中心で、従来のモダンダンスにはない方法を用いたダンス創作と発表が、一九六二年から教会での無料コンサートとして行われていた。労働や身体への負荷を通して身体への気づきを得る「タスク」というアイデア、即興や偶然性が創作に用いられた。このポストモダンダンスでは、外山紀久子によると「西洋型芸術舞踊（バレエ、モダンダンス）の前提を離れて、しばしば非西洋起源の伝統的な身体技法や舞踊の外の身体調整法に接近し、ダンサーが自分の身体を（外側から見られるものという以前に）内側から意識すること、「自己観察に集中すること」の意義がくりかえし強調」されたという（外山 二〇一三：七八）。そして、二〇〇二年にイヴォンヌ・レイナーは、「老いるアーティストの追憶」というレクチャーの中で、老いについて自らの複雑な考えを表明している。

> ダンサーや振付家のキャリアについて語ると必ず、直接的であれ間接的であれ、老いについて語ることになる。造形作家、音楽家、写真家、作曲家、作家は老い衰えることはない。彼らは円熟する。しかし、ダンサーの物質的な楽器である身体は、より弱く、固く、柔軟ではなくなって、いわば老い衰える。そしてこの身体的な衰退は、この地球のすべての生きるものに共通することなのだが、それは若いダンサーの未来に、他のジャンルの芸術家よりもさらに深く多大な影響を与える。（筆者訳）（Rainer 2002: 87）

他の芸術形式と異なり、身体を楽器として用いるダンスは、若さ、身体能力、スタミナといったものが芸術としてのダンスを構成している。ダンサーは高齢になると後進に道を譲ってダンスから引退するため、通常目にするダンサーたちは、理想化された若さを体現している。ダンスで老いについて語ることは、それゆえに欧米のダンス文化において、物議をかもす行為となる。レイナーは、一九七〇年代後半に、ダンスから映画制作へと活動の場を移していく。そこで、〈老い〉や人種、閉経、同性愛をテーマに実験的な作品を制作するのだが、このダンスから映像へと移った理由の一つに、自らの身体に起こった〈老い〉のプロセスがある（Rainer 2002: 90）。欧米のダンス文化において、老いを評価しない傾向は、ジェンダーが若さをもとに構築されることにも起因している。年齢とジェンダーは絡み合いながらカテゴリーを構築し、その文化的コンテクストに依存している。フランスやアメリカのフェミニズムの議論では、若い年齢がジェンダーの固定概念と結びつく。その反面、日本において女性のジェンダー構築は、娘や母といった家での役割が生涯をかけてより大きな影響を及ぼし、ジェンダー構築を決定づけるという（Lock 1993: 378-379）。これは、明治民法に規定された家族制度や家族国家観というイデオロギーのもと、日本の女性のジェンダーが構築されたことと関係するだろう。近代国民国家の成立と共に、遅れた日本の近代化促進のため、家父長制における良妻賢母主義教育が実施され、母性の主張が女性の地位向上を図る根拠になった（牟田 二〇〇七：七八―八二）。しかしその反面、男性を主体に想定するメディアには「少女」や若い女性が氾濫する。日本におけるジェンダー構築は、より一層時間軸である〈老い〉とともにパフォーマティヴに変化していく。

ジェンダーに関する言説は、抽象化され理論化されたものではなく、特定の分野や時代に限定されたものである。ジュディス・バトラーによる『ジェンダー・トラブル』（1999）以降のジェンダーの理論化は、フランスで否定的に考えられる老いの概念が、米国ポストモダンの政治的な文脈に合わせて、文化的に翻訳されたものである。[8] こういったジェンダー構築とフェミニズム批評を見直そうという動きは、米国での老人の概念との摩擦から生じている。劇作家で文学研究のアン・デイヴィス・バスティング（Anne Davis Basting）によると、米国のユースカルチャーがそれ以前の世代である老人への抵抗として出現したために、ジェンダーという概念自体も老人を除外することで、作られているという。バスティングは、若い世代に該当する、バトラーのジェンダーモデルの「薄さ（depthless）」を指摘し、これはユースムーヴメントに由来するためと述べる（Basting 1998: 146）。この薄いモデルでは、老いるジェンダーのあり方は議論されえないのだ。

高齢者への差別意識自体、若者世代のジェンダー事象だけを想定する欧米のフェミニズム批評に内在している。アメリカ文学者のキャスリーン・ウッドワード（Kathleen Woodward）は、年齢差別であるエイジズムはフェミニズム批評それ自体に基づいていて、欧米の女性はその老いに対する偏見を内面化しているという（Woodward 1999: xi）。深みのない、若さを基盤にしたジェンダーを想定している限り、女性は老いやその美しさの新しいモデルを見つけることはできない。

このようなジェンダーを巡る議論は、ダンス作品の中で、どのような美しさの枠組みをもたらすのであろうか。ヨーロッパでは、古典バレエの形式主義に対抗する試みであるコンテンポラリーダンスにおいても、若いバレエの身体という伝統的なイメージが支配的である。ヨーロッパを拠点に国際的に活躍する実験的な振付家、ダンサーのメグ・スチュアート（Meg Stuart）やグザヴィエ・ル・ロワ（Xavier Le Roy）は、変容したダンスの身体を舞台で提示するものの、それらは大抵の場合、彼ら自身か、もしくは二〇代、三〇代の訓練されたダンサーによって踊られる。ダンサーの背景は多様でも身体的な条件は変えず、そこで実験的な試みを行うのみで、高齢のダンサーは登場しない。障がい学研究者のオーエン・スミス（Owen Smith）は、DV8など英国のコンテンポラリーダンスのカンパニーも、実験的な表現に挑戦してはいるものの、規格化された身体のイメージに縛られていると批判する（Smith 2005: 78）。欧米の多くのコンテンポラリーダンスは、老いる身体を拒む、古典美学的美しさをいまだ継承している。

この老いる身体への抵抗に関しては、美学や批評だけでなく、ダンスの技術的側面も検証されるべきであろう。ニューヨークのジャドソン教会派がモダンダンスの概念を変革した時に、日常的な歩行が舞踊芸術となった。しかし、ジャドソン教会派は、文化的に標準で健康で健常な身体の動きによって、その芸術的枠組みに挑戦したのである。問題なく歩くことのできる人々の共通理解である動きが、「日常的な動き」と考えられた。しかしジャドソン教会派の問いかけは、ダンサーの身体の範囲を超えることはあっても、健康で健常な白人の身体という範囲を超えることはなかった。芸術と生活の境界線を揺るがすことを試みたジャドソン教会派においてさえ、老いたダンサーや障がいのあるダンサーは登場しなかったのである。ポストモダンダンスのダンサーは、ダンスの訓練を受けていても受けていなくても、若くて美しく、健康であった。

では、「歩くことが出来る」とは、「踊ることが出来る」とは、どのような身体の、どのような能力を想定しているのだろうか。ダンス・テクニックで身体を調整していくことは、多数派の作った規範に沿って、踊る身体をデザインすることである。差異をもつダンサーの場合は、ダンスやバレエの伝統的な訓練方法が、それぞれ固有の身体に適応しない。伝統的なダンス訓練の方法は、ダンサーの身体が若く健康、健常であることを前提としているからだ。ダンスのテクニックとは、例えば、バレエ、モダンダンス、そしてアクロバットなどだが、それらは踊る身体を規律づけ、支配する。さらに、伝統的なダンス訓練の過程では、身体は効率の良い機械のように扱われる。特定の身体が望ましい動きを作り出すために生産される。したがって、ダンス・テクニックの権威付けを受け入れることは、ダンサーのローカルな歴史、つまりその人の生まれ持った身体的特徴を抑圧することになる。[9]

しかし、ダンス・テクニックは振付作品に不可欠なものではないかもしれない。一七世紀に登場したコレオグラフィ（振付）という名称は、記号を使ったバロックダンスの舞踏譜を意味していた。振付はダンスの伝承を可能にし、ダンスの作者を個人として規定できるものであったが、次第に振付が、ダンスを作る自己表現の行為を意味するようになった。この身体の動きの記号的連なりを意味する振付が、ダンス・テクニックに代わる一つの枠組みとして機能する場合も考えられる。ダンス研究者のアンドレ・レペッキ（André Lepecki）は、最近の実験的ダンスにおいて、かなり拡張された振付の概念を提唱していて、それは「ある方法において獲得し、方向付け、決定し、解釈し、モデル付け、コントロールし、もしくは人間の仕草や振る舞い、意見、そして言説を固定化する力を持つ何か」であるという（Lepecki 2012: 86）。このような拡張された振付の作品において、既存のダンス・テクニックは、もはや必要とされないだろう。つまり、これまでのダンス・テクニックは、脚や手の高さや角度、動線、ジャンプ力などが基準に達しているかどうか判断される動作の型、型の連鎖であった。このようなダンス・テクニックが若くて動ける身体を基準につくられ、ある到達点を示すのとは異なり、レペッキの振付概念が要請するのは、より柔軟で、多様な身体技法である。この拡張された概念では、振付を、モビリティ、再配置、体型、意図、ある身体を見せるものとして展示する趣向の装置と考えている。拡張された振付の概念がダンスする別の身体のあり方を引き出す時、老いる身体の眼差しで、わたしたちの世界を複眼的に見直すことが出来るかもしれない。老いと踊りの身体を巡って、ポストモダン以後のダンスのポリティクスを考えるために、日本の舞踊の状況に歩み寄っていこう。

2　日本の舞踊での老い

欧米の伝統とは大きく異なり、発展継承の過程として、老いの概念は日本の舞台芸術の構造全体に影響を及ぼしている。そこではまた、障がいを持つ身体や老いる身体が歴史的に異なる連想を引きおこす。欧米においては、双方とも舞踊芸術の歴史において辺境におかれるが、日本では、障がいをもつ身体が辺境に置かれるのとは対照的に、修行を経て訓練された老いる身体は高く評価される傾向がある。日本のダンサーにとって老いは、より高次の能力に至る必然の過程だと考えられ、名人と認められるには、時に高齢である必要さえあるかもしれない。舞踊家は六〇歳、七〇歳で高く評価され、プロとして舞台に立ち続ける。日本舞踊家の花柳寿南海など幾人かは、身体の衰えにもかかわらず八〇歳になって、重要無形文化財各個指定（もしくは人間国宝）に認定される。[10] 老いは、日本のダンサーにとっては、損失でも、踊れない前提ともならない。この背後には、老いの美意識を支える芸術的制度と、社会的な構造がある。

日本の社会構造の主要な単位は、歴史的に様々な変遷はあるものの、かなりの間、家の制度であった。そして日本の舞踊は芸の継承のため、この社会的な家制度を家元制として取り込んできた。家元とは文字どおり家族のもとを意味し、これは学校もしくは流派の創始者か、組織における代表の肩書きであり、その階級的、世襲的関係を伴う。そして、日本の舞踊においては長く、家元にのみ新作の振付を行うことが許されていた（郡司 二〇〇一：三二）。

舞踊人類学者のトミエ・ハーン（Tomie Hahn）は日本舞踊を論じながら、家元がそのジャンルの発展形成をコントロールする力を持っており、伝統の実践がこの家元の構造の中に根ざしていることを説明する。この構造は、制度の内側から、芸の継承を維持し統制するものである。家元制度は茶道や日本舞踊、音楽、能、乗馬、花道、武道のような多くの場で広く認められ、日本の舞踊は伝統もモダンも、この制度に同化している。伝統の継続性の価値を重んじるダンスの場合、家元構造は信頼できる制度として、伝統の権威ある実践を統制していく（Hahn 2007: 33）。

伝統の実践は、家元制度と結びつき、そして同じ姓を共有する踊り手のあいだに、血縁関係にある想像の共同体を作り上げる。この共同体の中では、ダンスの振付や経験に基づいた知識は一人からもう一人へと受け継がれ、舞踊が一つの生きる道となるまでに、一つの身体からもう一つの身体へと継承される。従って、理想の人物像が、家の最古参である老いた踊り手となる。雇用契約に基づくカンパニー制度と異なり、家元制度での踊り手は、その家の名を名乗る一員となって、日常を含めた生をどう生きるかが要求される。修行中は内弟子として師匠の身の回りの世話をしながら、芸と一体化している生き方を学ぶ。そして人が二つの生を同時に生きることが出来ないように、家元制度の中では同時に別の師匠や流派に所属することは許されない。その人の人格の向上と芸の向上が切り離せないという芸道の考えを背景に、家元制度はその踊り手の生き方全体に、継続的かつ長期にわたって影響を与え、そうすることで家の芸を継承する。ハーンは、学ぶことと教える制度の間の結びつきと、踊りでの老人の崇敬について明確にしている。

師弟制度での教授は、制度として内在的に、経験という深い価値と、老人への敬意を伝える。日本の伝統芸能のサークルにおいては、（西洋のバレエやモダンダンスなどのジャンルとは異なり）踊り手は高齢になるまで踊り続ける。一人の踊り手は、三〇歳過ぎからその旬であると考えられ、亡くなるまでもしくは、動けなくなるまで踊り続ける。若い時分の美しさは技巧が洗練されなくても観客の目を捉えることができる反面、円熟した踊り手は人生についてより多くの経験を体現しており、その要素が舞踊に吹き込まれると、ここでは信じられている。（筆者訳）（Hahn 2007: 38）

ハーンは、家元制度のなかでは年上が皆の面倒をみるために、結果的に、年長者に尊敬が集まることを指摘する（Hahn 2007: 38）。家元制度は、封建制の規則を踏襲する。家という単位は、神道のイデオロギーの中では一つの再生の形であり、一家が続く限り、世代を超え循環した時間が流れていく。家元制度によって、日本の舞踊の長い伝統は維持され、そこでは家元という一家における最も古いメンバーの一人がそのジャンルを統制する。この制度では、内弟子制を含めた徒弟制度が、年齢や経験と結びついて階級の基礎を作っている。そこには、踊りの伝承にともなって踊り手の世代を超えた生まれ変わりが見られ、踊り手の経済面も家全体で支える。踊り手は老いても、踊りは受け継がれていく。その反面家元制度では、古典偏重と新作の軽視があり、個人の自由を許容しないために、分離独立した流派が乱立する可能性も秘めている。ただその結果として、この政治的な組織は欧米の若さ、能力主義とは全く異なる美学的価値付けを作り出している。

日本において老いの美を慈しむ芸術的言説が多く見られることも、老いる身体の価値を支えている。能役者の世阿弥の芸術的言説は、多くの芸能に影響を与えている。世阿弥の言説は実践理論であり、身体的な訓練を通して達成される。身体的な座禅の実践と共に、仏僧は悟りに至るように、芸術家も日々の実践と反復を通して、芸術を創造し、その実践を継続するにつれ、異なったレベルの理解に達する。芸術家の芸の達成は、その芸術家の人格の発展と並行する。心と体が相互依存する禅仏教の理念のように、ここでの芸術の美学的価値は、その芸術家の生き方と切り離すことはできない。

『風姿花伝』において、世阿弥は芸術家の年齢にしたがって、七歳から五〇歳過ぎまで、花の比喩を用いて、稽古の段階について説明する。そして、父の観阿弥が五二歳で舞った時のことを描写しながら、世阿弥は彼の能が印象深いもので観客もそのパフォーマンスを称賛したことを述べている。

> 一体亡父は、その頃には色々の芸の見せ場はもはや若い者に譲ってしまって、極くやりやすいものをひかえ目に色どってやりましたが、花は一段と優れて見えたのであります。これは真実芸道を会得した結果の花であったがゆえに、その能は、衰えても枝葉も減った老木になっても、花だけは散らないで残っていたのです。この亡父の唯一の例が、眼前確かに老骨に残っていた花の証拠と言えるでありましょう。

（世阿弥 二〇〇二：一一四）

若い演者の時分の盛りとは対照的に、まことの花は老いていく演者においてこそ残っている。世阿弥の喩えは、日本の伝統芸能における老いの美学を象徴しており、それは演者がより年齢を重ねた時に、衰えて枝葉は落ちても、その最良の時分を披露する、というものだ。これは観阿弥の「舞うことをしない」力であったのではないか。そして、父であり師匠のその姿に、まことの花を見ることができる、息子でかつ弟子である世阿弥の美意識こそ、〈老い〉と踊りを支える一つの美の感じ方なのである。

3　大野一雄の踊り

日本の舞踏家大野一雄（1906–2010）は、一九八〇年のフランス・ナンシー国際演劇祭に七三歳でデビューして以来、欧米において老いてもなお美しく踊り続けるダンサーの象徴であり続けた。日本では、伝統芸能においても他ジャンルであっても、老いを恥じることなく舞踊家は作品を作り舞台で踊り続ける。ただ、そのような高齢の舞踊家がこれまで国外で活躍することは無きに等しかった。大野は、舞踏というジャンルのグローバル化と共に、日本以外で大きな成功を収めることによって、国境を越えて活躍した初めての高齢の日本のダンサーとなった。それまでの高齢の舞踊家が国内での活躍にとどまっていたのとは対照的に、大野一雄のパフォーマンスは日本の老いの美意識を、舞踏という新しい名称のもとに、大々的に国際的なダンス・コミュニティに紹介したと言えよう。

大野一雄は、かつてモダンダンスの公演として《老人と海》（1959）という作品を踊った後、モダンダンスのテクニックの限界について発言している。

『老人と海』で考えたことは、テクニックの限界ということだよね。テクニックというのはもちろん生活と関係あるんだけれど、芸術の限界をやるだけやっても、魂がはいっていないことがある。（略）それでテクニックと生活が、実は矛盾してるんじゃないかって思うようになった。[11]（大野 一九九二：二八）

この時期を境に、大野一雄はダンス・テクニックをなぞることは魂を失くし自然の現象に逆らい、他の人の物事をコピーするだけと見なすようになった。その後、大野は舞台に出るまでにかなりの稽古を行うものの、舞台ではほぼ即興で踊った。大野は、経験が心に染み込んでいるから、動きやしぐさを記憶する必要はないと考えていた。そのため、彼が踊る時には、その心が身体を導いていた。

モダンダンスのテクニックでは、心を導いていく一つの身体の形が、整えられていた。モダンダンスのテクニックは、ダンサーが出来るようになった動きを再構成する。対照的に、大野の心はその身体の動きを導いていく。大野の方法は、一方で、即興によって、制度化されたテクニックや決まった振付から自由になる方法と説明できる。他方で、その自由な即興の中で立ち上がるのは、それまで六〇年、七〇年かけて身体の中に染み込んできたものであり、それは振付やダンス・テクニックを習得する時間軸をはるかに超えるものである。この濃縮した踊りを作り出すために、日本の舞踊家は何十年もかけて踊り続け、結果として老いる必要があるのかもしれない。

これまで学んだものに意識的にならずに、大野一雄は刹那の自由をダンスで獲得し、制度化されたテクニックから解放される。歳を重ねながら踊り続けることで、その制度に従属した記憶を解き放つ力を拡張させ、それによって意識化の世界の境をくぐりぬける。老いのプロセスと共に、ある人々はそれまでの記憶を忘れる力を獲得していく。舞踊評論家の合田成男は、大野の踊りは、年老いて呆けて見えるためにいいとさえ述べる（岩名 二〇〇六：二〇六）。言い換えると、これは思い出さないことを知っている能力である。冒頭の議論に戻るならば、成功や失敗、「踊る」「踊れない」という地平を超えた、「踊ることをしない」力といえようか。それは、近代のダンス・テクニックの抑圧から解放された、カテゴリーの外にある、老いゆく主体ではないだろうか。

大野は、もはや美しい身体で舞台上にいる必要はなく、それよりも、自由になるために、すべて彼が学んだことを忘れてしまう。大野はそうして学んだことを乗り越えることによって、もう一つの新たな自由を獲得する。その結果、彼が生き、動くことすべてが、一つの芸術としてのダンスになっていく。大野一雄は踊りによって、引き伸ばされた生である〈老い〉に歩み寄り、それを乗り越えてしまった。そして大野一雄の生が、近代の作り出した劇場舞踊の枠組みをアップデートし、〈老い〉という視点で新たに塗り替えてしまった。近代の劇場舞踊は、考案された振付を記憶し、テクニックで踊ることの出来るダンサーが舞台上で観客に見せるものでり、意識的なコントロールの枠組みにとらわれている。そこには、作り込まれ洗練された芸術の美しさはあるものの、目に見え、言葉に出来る世界にとどまっている。見える世界と見えない世界との境界で踊る、意識の狭間にある、老いゆく主体。そして二〇〇〇年、大野一雄はアルツハイマー病であると診断された。

大野一雄の踊りに見られるような、生きる身体の限界内での自由について、鷲田清一は舘野泉というプロのピアニストの例をあげて説明する。舘野は、六六歳の時に脳出血のために右腕が動かなくなったものの、闘病による長い沈黙の後、ピアノを、左手でもう一度弾くことを決意する。すると、彼の豊かな音楽性が、片方の手においても豊かに花開き、多くの人々の心を動かしたという。鷲田は、重要なのはその身体の限りの中で何を試みようとするか、そしてそれが個人や歴史、時代や場所、もとの、ピアノという音楽芸術の由来を超えて、価値の新しい形式へと変容することだと述べている（鷲田 二〇〇五：一〇）。

ダンサーが老いる時、この根本的な問題に直面する。老いていくダンサーがその身体の限界内で何を試みるか。もし欧米の古典的なダンス・テクニックが、〈老い〉を身体能力やコントロール、意識的思考の喪失とするなら、老いて踊る日本の舞踊家は、そのダンスの美学とポリティクスに抵抗するものとなるだろう。理想的なダンサーがテクニックを駆使して踊るコントロールと意識の世界、それは近代という時代が設定した大きな振付である。大野一雄という老いゆく主体は、その境界を晴れやかにそして軽やかに超え、その老いる生そのものが新しい踊りとなって、変容していった。その時、出来ることだけを目指して疾走した近代という枠組みの疲弊が、地球規模で高齢化した私たちの目に見えるようになる。出来ることばかりに目を奪われ、出来ないことがもたらすもう一つの豊かな地平はこれまで目に見えなかった。老いから踊りへ、そして踊りから老いへ。ここに、〈老い〉と踊り双方における芸術的転回がある。〈老い〉を医療や福祉の問題だけではなく、舞踊において捉えることは、私たちを覆い尽くす西洋化という日本の近代化以後の枠組みを、複眼的に見直すことではないか。その歴史的拘束から自らの身体を脱植民地化し、「踊らないことが出来る」力で、軽やかに飛び越えること、それが日本の舞踊から、〈老い〉の問題に投げかける大きな示唆である。そのパンドラの箱が開かれた今、〈老い〉と踊りは、そのポストモダン的抵抗の姿勢と、そのグローバル化した複数の視点の歩み寄りをもって、老いる近代が残したダンスの制度と、ダンスの美学に挑戦をしかけているのである。

注

1 哲学の言語活動は、一般的かつ原理的に概念を記述するもので、思考された内容を表現するもの、つまりパフォーマティヴの対立概念であるコンスタティヴ（事実確認的言表）なものによってなされる。それゆえに、ここである状況を産出ないし変形し、操作するものとなるパフォーマティヴの射程を導入することで、デリダの思考は真／偽の対立措定から逃れる。デリダはパフォーマティヴを、物を模倣し写す反復としてのミメシスではなく、擬態の関係であるとし、そのことで哲学のパラダイムを挑発した。ジャック・デリダ、豊崎光一著・訳『翻訳そして／あるいはパフォーマティヴ脱構築をめぐる対話』法政大学出版局、二〇一六年。

2 ニューソート（新思想）運動は一九世紀半ばのアメリカにおいて興隆したキリスト教的土台をもつ新宗教で、神秘思想のスウェーデンボルグと動物磁気で著名なメスメリズムの影響を受け、心のあり方をコントロールすることで物質を乗り越え心身の健康を回復させ、治療的な応用も行う。催眠治療を行ったフィニアス・クインビーを開祖とし、彼によって病から癒されたウォレン・フェルト・エヴァンズらが続き、クリスチャン・サイエンスなどの宗教を生み出し、一九七〇年代に生じるニューエージ運動の基盤となった。日本にも光明思想として浸透している。（ラーソン 一九九〇）

3　ただハルバースタムの議論は、主にクィア理論の視点からピクサー映画を扱い、ヨーコ・オノによるパフォーマンスアートには触れるものの、舞踊に直接言及するものではない。

4　ジル・ドゥルーズは、サミュエル・ベケット論の中で、可能なことの実現は排除によって行われるとする。人は可能なことを実現する時、何らかの目的や計画や選択を前提にして、それらはいつも先行する選択や目的にとってかわるためである。ただ、ベケットの人物達は可能なことを実現せずに使用することで、可能性を尽くし、可能性の次元そのものを消尽するという。（ドゥルーズ、ベケット　一九九四：七―八）また、ジョルジョ・アガンベンがアリストテレスの用語から展開させた、欠如的現前としての潜勢力がある。この潜勢力は、赤ん坊のようにそれができないこととは異なり、それをしないことが出来る力とされ、肯定と否定が排除し合わない。その例には、建築家が建築していない時にも建築する潜勢力を持っている様や、メルヴィルの小説の主人公バートルビーの様子が挙げられている。（アガンベン　二〇〇九）

5　フーコーは、権力のさまざまな機構や打算のうちに人間の自然的な生が含まれていくことを、生政治と定義した。しかし、アガンベンの主張によれば、フーコーはその研究の中で病院と監獄を扱ったものの、生政治の典型的な場と考えられる全体主義や強制収容所を分析するにはいたらなかった。また、第二次世界大戦後に全体主義国家の構造の研究を行ったハンナ・アレントも、その全体主義的人間の状態において、強制収容所での特殊な生を取り上げることはなかった。アガンベンによると、アレントは全体主義の起源を巡る研究と、人間である条件についての研究に概念的な接続を行うものの、生政治に関する視点を欠いていた。アガンベン自身は、この二人の仕事を批判的に継承することを主張している。（アガンベン　二〇〇三：一六六）また、生政治における政治は政治的本質をもっていないような生き物を、剥き出しの生とする。その生き物とは、ナチスの強制収容所の中で限界の生を生きた収容者、通称「ムスリム（ムーゼルマン、回教徒）」と呼ばれ、栄養失調の極致にあって屈辱と怖気と恐怖によって全ての意識と人格が無化され、絶対的極まる無気力に至った者で、アガンベンは彼らを人間が非―人間に移行した究極の生政治的実体とする。（アガンベン　二〇〇一：五一―一一三）

6

メニングハウスはこの書籍において、クリステヴァによる「アブジェクション」論は不潔な身体を前にしての吐き気や特定の食物にたいする嘔吐の理論として論じている。自我と他者が未分化である子は、語る主体となるために、吐き気を起こさせる卑しい対象として母の身体を排除「アブジェクト」し、棄却する。クリステヴァの論にはメンデルスゾーン以後の吐き気を巡る議論やフロイトの吐き気との関連付けはないものの、イメージ論や芸術論へと広く応用され、この影響を受け、吐瀉物や粘液、身体の分泌物などを多用する「アブジェクト・アート」が成立し、その代表として芸術家シンディ・シャーマンの写真などがある。また美術批評家のロザリンド・クラウスは、自らの唱えた「アンフォルム」とクリステヴァの「アブジェクション」を差別化して、芸術作品に嫌悪感を催させる要素への一義的な意味論化とみなし、批判した。

7

フォスターは、モダニズムを拒絶し現状を讃える反動のポストモダニズムに対して、「抵抗のポストモダニズム」を提案する。「抵抗のポストモダニズム」とは、サイードやハーバーマスに代表されるような、伝統の批判的脱構築に関わるポストモダニズムで、これは社会的政治的な帰属関係を隠すよりも探求し、文化コードを搾取するのではなく問題化する。（フォスター　一九八七：五）

8

バトラーは、自らの仕事を振り返って、その『ジェンダー・トラブル』での仕事は文化翻訳の一つで、ポスト構造主義理論は米国のジェンダーとフェミニズム批評の政治的に困難な状況に、影響を与えるべくもたらされたとしている。（バトラー　二〇〇〇：六六—八三）「文化翻訳」の概念は、元は特定の文化の意味を他者に伝達するという文化人類学の用語であった。それを、ポストコロニアリズムのホミ・バーバやガヤトリ・チャクラヴォルティ・スピヴァックが、脱植民地化や移民の置かれた二つの社会・文化の間にある異種混淆性の立場から、一方から他方への（多くの場合宗主国から植民地へ、西洋からその周縁へという）文化の転移や翻訳ではなく、その過程において両文化が変容していくという主張に展開させた。バーバやスピヴァックの概念から借りたバトラーにおける「文化翻訳」は、ヘーゲルの普遍概念の再検討を行う上で生じてきた理念的装置で、普遍性概念を成立させる際にヘゲモニーの主張が消滅することを避けるものである。ここで文化翻訳を必要としない普遍性の主張は、植民地主義的、拡張主義的な論法に過ぎないとされる。

（バトラー、ラクラウ、ジジェク 二〇〇二：二二―六六）

9 マルクス主義ダンス研究者のランディ・マーティンは、振付からテクニックを切り離してダンスを政治的な行為として捉えている。（Martin 1998: 151-179.）

10 花柳寿南海は重要無形文化財各個指定を二〇〇四年に八〇歳の時点で受けている。

11 大野の《老人と海》でのテクニックと生活について、以下の論文（木村 二〇〇七：二九―三九）も参照。

＊付記　本編は The Aging Body in Dance: A Cross-Cultural Perspective（Routledge, 2017）に収録された Overview での議論を一部含んでいる。

参考文献

ジョルジョ・アガンベン（二〇〇一）『アウシュビッツの残りのもの――アルシーヴと証人』、植村忠男・廣石正和訳、月曜社
ジョルジョ・アガンベン（二〇〇三）『ホモ・サケル――主権権力と剝き出しの生』、高橋和巳訳、以文社
ジョルジョ・アガンベン（二〇〇九）『思考の潜勢力 論文と講演』、高橋和巳訳、月曜社
ジョルジョ・アガンベン（二〇一六）『身体の使用　脱構成的可能態の理論のために』、上村忠男訳、みすず書房
一般社団法人老年医学会ホームページ「高齢者の定義と区分に関する、日本老年学会・日本老年医学会　高齢者に関する定期検討ワーキンググループからの提言（概要）」https://jpn-geriat-soc.or.jp/proposal/pdf/definition_01.pdf（最終アクセス日時二〇一七年四月一日）
岩名雅記（二〇〇六）「ディスカッション　大地に供する」『アート／表現する身体――アフォーダンスの現場』佐々木正人編、東京大学出版会、二〇四―二一二頁
大貫挙学（二〇一四）『性的主体化と社会空間　バトラーのパフォーマティヴィティ概念をめぐって』、インパクト出版会

大野一雄、大野慶人、中村文昭（一九九二）「舞踏という表現方法」『現代詩手帖』、(6): 18-33.
J．L．オースティン（一九九一）『オースティン哲学論文集』、坂本百大監訳、勁草書房
奥野佐矢子（二〇〇六）「言語のパフォーマティヴィティによる主体構築に関する考察―ジュディス・バトラーの思想を手がかりとして―」『教育哲学研究』、九三号：八五―一〇一。
木村覚（二〇〇七）「『死者』と一緒に踊る老体――『ラ・アルヘンチーナ頌』分析」『言語文化』、二五号：二九―三九。
郡司正勝（一九五七）二〇〇一）『踊りの美学』、演劇出版社
世阿弥編（（一九七二）二〇〇二）『花伝書（風姿花伝）』、川瀬一馬校注、現代語訳、講談社文庫
総務省統計局人口推計（平成三〇年（二〇一八年）三月確定値、平成三〇年（二〇一八年）八月概算値）（二〇一八年八月二〇日公表）http://www.stat.go.jp/data/jinsui/pdf/201808.pdf（最終アクセス日時二〇一八年一〇月一日）
ジャック・デリダ（二〇〇六）『エコノミメーシス』湯浅博雄、小森謙一郎訳、未來社
ジル・ドゥルーズ、サミュエル・ベケット（一九九四）『消尽したもの』宇野邦一、高橋康也訳、白水社
外山紀久子（二〇一三）「受信型身体とは何か：20世紀アートとスピリチュアリズム」『埼玉大学（教養学部）紀要』第四九巻、第二号：七五―八九　URL: https://sucra.repo.nii.ac.jp/?action=repository_action_common_download&item_id=15959&item_no=1&attribute_id=24&file_no=1（最終アクセス時二〇一七年四月一日）
長野順子（二〇一〇）「おぞましさの美学の帰趨：「吐き気」の芸術的表象について」『美学芸術学論集』六：三―二〇．URL: http://www.lib.kobe-u.ac.jp/repository/81002350.pdf（最終アクセス日時二〇一八年一〇月一日）
マーサ・C・ヌスバウム（二〇一七）「老いとスティグマと嫌悪感」、田中あや訳『思想』（六）No.1118：6-24.
ジュディス・バトラー（二〇〇〇）「『ジェンダー・トラブル』序文（一九九九）」高橋愛訳『現代思想』二八巻一四号（一二）：六六―八三。
ジュディス・バトラー、エルネスト・ラクラウ、スラヴォイ・ジジェク（二〇〇二）「普遍なるものの再演」『偶発性・ヘゲモニー・普遍性　新しい対抗政治への対話』、青土社、二二一―六六頁

ジュディス・バトラー（二〇一二）『権力の心的な生――主体化＝服従化に関する諸理論』、佐藤義幸、清水知子訳、月曜社
ハル・フォスター編（一九八七）『反美学――ポストモダンの諸相』、室井尚、吉岡洋訳、勁草書房
ミシェル・フーコー（一九八六）『性の歴史Ⅰ　知への意志』、渡辺守章訳、新潮社
シモーヌ・ド・ボーヴォワール（一九七二）『老い』上、朝吹三吉訳、人文書院
牟田和恵（二〇〇七）「近代国家とフェミニズム」『〝ポスト〟フェミニズム』、竹村和子編、作品社、七八―八二頁
W・メニングハウス（二〇一〇）『吐き気　ある強烈な感覚の理論と歴史』、竹峰善和・知野ゆり、由比俊行訳、法政大学出版局
山中伸弥、島薗進（二〇一七）「特別対談　幹細胞研究の倫理的課題」『科学知と人文知の接点――iPS細胞研究の倫理的課題を考える』、弘文堂、一七―五一頁
マーチン・A・ラーソン（一九九〇）『ニューソート――その系譜と現代的意義』、高橋和夫ほか訳、日本教文社
ジャック・ランシエール（二〇〇九）『感性的なもののパルタージュ――美学と政治』（叢書・ウニベルシタス）、梶田裕訳、法政大学出版局
鷲田清一（二〇〇三）『老いの空白』、弘文堂
鷲田清一（二〇〇五）「〈健康〉と現代社会」『理学療法学』vol. 三二、no. 1: 6–10.
Basting, Anne Davis.（1998）*The Stages of Age: Performing Age in Contemporary American Culture*. Ann Arbor: University of Michigan Press.
Hahn, Tomie.（2007）*Sensational Knowledge: Embodying Culture through Japanese Dance*. Middletown, CT: Wesleyan University Press.
Halberstam, Judith.（2011）*The Queer Art of Failure*. Durham, NC: Duke University Press.
Lepecki, André.（2012）"Moving as Thing: Choreographic Critiques of the Object," *October*, vol. 140, Spring: 75–90.
Lock, Margaret.（1993）*Encounters with Aging: Mythologies of Menopause in Japan and North America*. Berkeley;

Los Angeles; London: University of California Press.

Marks, John. (2006) "Biopolitics," *Theory, Culture & Society: Problematizing Global Knowledge – Life* (*Vitalism*) / *Experience* 23 (2–3): 333–335.

Martin, Randy. (1998) *Critical Moves: Dance Studies in Theory and Politics*. Durham: Duke University Press.

Rainer, Yvonne. (2002) "Skirting and Aging: An Aging Artist's Memoir," Sid Sachs ed, *Yvonne Rainer: Radical Juxtapositions 1961–2002*. Philadelphia, PA: University of the Arts, 87–96.

Smith, Owen. (2005) "Shifting Apollo's Frame Challenging the Body Esthetic in Theater Dance," *Bodies in Commotion: Disability and Performance*. Edited by Carrie Sandahl and Philip Auslander. Ann Arbor: University of Michigan Press, 73–85.

Woodward, Kathleen, ed. (1999) *Figuring Age: Women, Bodies, Generations*. Bloomington: Indiana University Press.

第Ⅰ部　踊りの遺産

第1章　制作と稽古と継承のはざま――ピナ・バウシュの《春の祭典》が遺したもの

ガブリエレ・ブラントシュテッター（古後奈緒子・針貝真理子 訳）

はじめに

「舞踊における老いゆく身体」という主題に関する私の考察は、舞踊における「老い」についての観念をどのように拡大しうるのかという問いに向けられている。「老い」をめぐる問いは、例えば身体能力や美の喪失に向かうのでなく、伝達や変容、「さらに先へ譲り渡し」／さらに先へ生き続けるといった諸々の過程に触れるようなやり方で、いかに立てられるのだろうか。

考察の中心にあるのは、ピナ・バウシュ（Pina Bausch）本人、彼女の振付の遺産、そしてその遺贈物の今日の舞踊家たちへの譲り渡しである。彼女の振付の精神と身体性は、いかにして何を通してさらなる効力を持ち続けるのか。すなわち、ものを生みだすエネルギーはどのように蘇生され、反‐復され、伝達されゆくのか。そうしたことを今日の私たちは、いかに経験し記述できるのだろうか。

ピナ・バウシュの《春の祭典（Le Sacre du printemps）》は、疑う余地なく二〇世紀の舞踊史に刻印された作品である。初演から経過した四〇年もの歳月を振りかえると、新たな問いが生じ、また古い問いも新しい探求の動きや別の回答を求めているように思われる。

この「刻印」は何に拠って立つものなのか。バウシュの死後に新たに持ち上がった言説史とアーカイヴ状況のコンテクストにおいて、それはいかに変化するのか。新しい原典や記録は作品の見え方をいかに塗り替えるのか。さらには過去を振り返る読みにおいて、いかなる伝達——身体による「徹底操作」(ジークムント・フロイト(Sigmund Freud)の意味における)と「再充填」(ハンス・ブルーメンベルク(Hans Blumenberg)の意味における)——が生じたのか？

以下に行われる分析と読解が例にとる原典と上演は、一九八七年にピナ・バウシュが市田京美と行った《春の祭典 リハーサル(Probe Sacre)》[1]と、二〇一三年一一月二三日にヴッパタールで行われた、ピナ・バウシュによる一九七五年の三部立て夕べ《春の供犠(Frühlingsopfer)》の再上演である[2]。《春の祭典》が振付家とダンサーの刻印をもつということは、何を意味し、そもそもどのように示されるのか。そして、他人の身体や伝達行為それ自体によっても、また上演や議論に新たな光をあてるコンテクストのうつりかわりを通しても、この刻印の軌跡が反復可能、伝達可能となり、それにより形を変え得るとは、どういうことなのか。振付家の身体からの「刻印」の剝離は、いうなれば最初から、つまり《春の祭典》に手をのばす最初の瞬間から始まっている。バウシュが自分自身の身体(Körper)でもってその肉体(Leib)に書き込んだ動きが、他のダンサーに伝達されたからである。「けれども振付家としての責任がいつも、自分の踊りたいという衝動を後まわしにさせました。こうして私は、私自身の中にある愛と果てのない願望を、他人に譲り渡すことになったのです」(Bausch 2007)。

独自の舞踊言語、すなわち個人の「刻印」を見つける過程と困難について、バウシュは京都賞のワークショップ講演の中で語っている。「人には言葉を失い、途方に暮れ、救いもない、これ以上どうしたらいいかわからないと思われる瞬間が繰り返し訪れるものですが、まさにそこから何かが始まるのです。大事なのは、言葉やイメージや動きや雰囲気などを用いて、もとからそこにあったものを感じさせる言語を見つけることなのです」(ibid.)。

言葉を失う瞬間——使い慣れた語彙がもはや使えないような局面における——は、バウシュの京都賞講演に従えば、言葉の言語においても舞踊「言語」においても、別の、「私たち皆が持っている精密な知を予感させる」「よりぴったりの言語」(ibid.)を(案出／)発見する潜在力を孕んでいる(ibid.)。思い出そうとする際のあの記憶の空白、立ち止まり、つっかえ、そして能力の喪失こそが——場合によっては——別の話法を創造的に見つける可能性をひらく。「それは、問いなど必要としない何かを見つけることなのです」(ibid.)。

一　《春の祭典　リハーサル》——市田京美とのバウシュのリハーサルについて

言葉と言語伝達による「譲り渡し」に身体による継承が取って代わる。振付家である彼女の身体からの引き受けは、体現される形だけでなく「老いゆく身体」とその変容が潜在するものとしても、譲り渡し生き続ける行為となる。市田とのリハーサルからは、バウシュがその箇所を、おそらく全作中のあらゆる振付単位も踊りの身振りもそうなのであろうが、自ら生みだした動きの中から完璧に記憶しており、あらゆる動き、あらゆる衝動のリズムを、極めて緻密に身体で具現化できることがわかる。またそれとともに、身振りと空間配置の特質が、動きのクオリティーや方向付けと同様、ダンサーとしてのバウシュ自身の物語と密接に結びついていることも明らかになる。というのもそこには、バウシュがエッセンのフォルクヴァング学校での専門教育を通して、クルト・ヨース（Kurt Jooss）やヨース＝レーダー・メソッド（Jooss-Leeder-Methode）、ハンス・ツュリッヒ（Hans Züllig）、ジャン・セブロン（Jean Cébron）らに媒介されたドイツ表現主義舞踊の遺産が顕在しているからだ。[3] とはいえあまりにもしばしば、バウシュは表現主義舞踊の遺産とフォルクヴァングの伝統に結びつけられてきた。同じくらい重要なのが、彼女がニューヨーク滞在中に出会った舞踊観や振付家で、代表的なところではアンソニー・チューダー（Anthony Tudor）、アルヴィン・ニコライ（Alwin Nicolais）、ポール・テイラー（Paul Taylor）がおり、そして、ポール・サナサルド（Paul Sanasardo）とドンニャ・フォイヤー（Donya Feuer）との共同制作がある。「初期作品でのあなたの様式を言葉にしていただけますか？」[4]（Climenhaga 2013: 172）といった、インタビューでバウシュに頻繁になされた質問に対し、これら「教師たち」の動きのコンセプトと実際に動き徹底的に取り組むことを通して自らの刻印を発展させたという主張が、今なお決定的であることは言うまでもない。「振付家としてのあなたに何の影響を認めますか？　ヨースからは影響を受けましたか？」といった質問に対しては、次のように答えている。「簡単には言えません。生きているだけですでにたくさんの影響を受けるのですから。出会う人すべて、学んだ技術

（中略）その中で最も大事なのは人間性だと思います。それはヨースやチューダーといった人々にとっても極めて重要でした。人間的な側面です。けれどご存じのように、ヨースはヨースで、チューダーはチューダーで自分の道を見つけなければならなかった。私もそうでした」（Climenhaga 2013: 176）。

リハーサルにおいては、言語伝達的かつ非言語伝達的な、運動とダンステクニックに関する経験的側面に基づく伝達過程が、動きのボキャブラリーに備わる三つのアスペクトをめぐって結晶する。《春の祭典》の振付全体を特徴づける鍵となるモチーフ、すなわち「カーブ」、呼吸、視線を際立たせる見方である。

リハーサルのさまざまな進行の中で、バウシュは市田とともに動きながら、横隔膜から波打つように生成し、胴と腕を伝って前方へ伸びゆく様々な体のカーブに精緻さを加えてゆく。「これは前へ、ね？（中略）それから引っ張ってまとめて、こんなふうに。肘、肘……（中略）それからどこか……ここはまだ丸い。ぜんぶまだ丸く、丸く。見てください。まあるく、前へ」（Probe Sacre 2013: 36）。バウシュはここで、横隔膜の収縮とともに肩を伝ったムーブメントが肘から腕へと、いかにカーブを展開し、空間における前方への方向づけに導いて行くかを見せている。（図1-1）（図1-2）

《春の祭典 リハーサル》は、呼吸を用いることが表現にとっても、形式の正確さにとってもいかに重要であるかを、様々な観点から示している。動きの質やダイナミクスの構築やフレージングの鍵となる瞬間において、バウシュは呼吸を用いることがいかに重要かを強調しつづけている。それはしばしば、単に聞こえるように息をするとか、伸びやスイングの動きを、深く吸ったり吐いたりしながらするといったことだったりする。一つ一つの動きのフレーズを生みだすのに最大限に厳密な痕跡を残しながら呼吸を取り入れるこのよ

図 1-1　ピナ・バウシュ、ビデオスチール　Pina Bausch: *Probe Sacre*, DVD und Buch, Paris: L' Arche Éditeur 2013. 録画映像からの静止画、選出：Gabriele Brandstetter.

図 1-2　ピナ・バウシュ《春の祭典》 Norbert Servos: *Pina Bausch. Tanztheater*. München: K. Kieser Verlag. 2003. S. 140. 写真：Gert Weigelt.

うなやり方は、身体の表現に「声」を与え（歌手の呼吸にも似て）、テンポの流れを調節する際の音色、感情的な深み、そしてダイナミズムを与える。[5] 呼吸はバウシュの《春の祭典》において、動きを形成する基となるエレメントなのだ。同時に呼吸は、この作品における群舞の全体的なダイナミクスの一部となっている。喘ぎながら激しくなり緊張を高めてゆく「集団の」呼吸に、疲労、困憊、パニックの徴候が感じられ聴き取られ得るものとなる。努力は隠されない。こうした格闘や集団で度を越すことがあらわれた身ぶりは、バウシュの動きのコンセプトの基本的な部分をなしている。すなわち、一九八〇年代初頭の受容の過程で生じた論争の中で、ドイツ側の批評家からはバウシュの「リアリズム」（ヨッヘン・シュミット Jochen Schmidt）(Climenhaga 2013: 255)[6] と「経験の演劇」（ノルベルト・セルヴォス Norbert Servos）（同書の脚注）と解釈され、アメリカ側の批評家からは「バウシュの排泄演劇」[7]（アーリン・クローチェ Arlene Croce）(ibid.: 194) は土を敷いた舞台に「馬小屋の臭いがする」と言われ、「バウシュのカンパニーでの生活」は「世界苦とともにある動物小屋」と評された (ibid.)。あるいは単に「表現主義的」（アナ・キッセルゴフ Anna Kisselgoff）(ibid.: 255) と切り捨てられた美学である。

ピナ・バウシュの《春の祭典》の振付における、体の曲線と呼吸に並んで重要な三つ目のエレメントは、視線である。バウシュが稽古の過程でダンサー達と共に「眺め」、観察し、直接的間接的に、一見距離をとっているかのように見えるが同時に最大限の注意を払い、細部と全体を視野に収める仕方、「そっと耳を傾けながら」、感じ（取り）ながら（傍らで）見ること。それは、総じてダンサーたちとのフィードバックの内に、運動を生みだし作品を構成するのに本質的な要素を示している。(Brandstetter and al. 2017)

動きの「譲り渡し」のシナリオには、舞台上のダンサーと観客席の間で眼差しを介して打ち立てられる関係も組み込まれている。この関係は閉じることなく星座のような相関図をなす布置である。インタビューの中で、ピナ・バウシュはそのことに触れている。「客席の一人一人が、なんらかのやり方で作品の一部なのです。あなたは目にしたものに応じて、自身が経験したこと、夢想すること、感じることを持ち込む。内側で何かが起こるのです。それを起こるがままにしておけば、あなただけが、それは頭で考えてできることとは違う何かであるとわかります。そうして皆が、それぞれの経験にしたがって、異なる感覚、異なる印象をもつ。また、見る日が違えば違った風に感じもするでしょう」(ibid.)。この発言は、「解放された観客」(ジャック・ランシエール (Jacques Rancière)) のバウシュ的構想と呼びうるものだろう。

《春の祭典》でバウシュは、視線を特別なやり方で用いてもいる。《供犠のダンス》のリハーサルビデオの中で、犠牲となる女性ダンサーが突然の激しい動きで腕を折り曲げ横に引き上げて、そのポーズのまま凍り付く際、バウシュは市田にいかに眼を動かすか指示を出している。パニックに陥りどちらに行けばよいのかもわからぬことを表し、打ち開かれた瞳でせわしなくあちこちの方向を「走査」する眼差しで。それは死に至る自らの運命を逃れるため、彼女が闇雲に走り出さんとする、あの息を呑む瞬間のことである。(図1-3)(図1-4)

このようなリハーサルの諸局面からは、ピナ・バウシュのタンツテアターと日本の舞踏の間に繰り返し類似性が認められる理由も明らかになる。双方の舞踊形式は、表現主義舞踊にルーツを持っており、ともに一九四五年以降に、身体言語の新たな形式を模索した。そしてつまるところ、——ゲル・ファン・レーヴェン

図1-3　市田京美《春の祭典》 Pina Bausch: *Probe Sacre*, DVD und Buch, Paris: L' Arche Éditeur 2013. 録画映像からの静止画、選出：Gabriele Brandstetter.

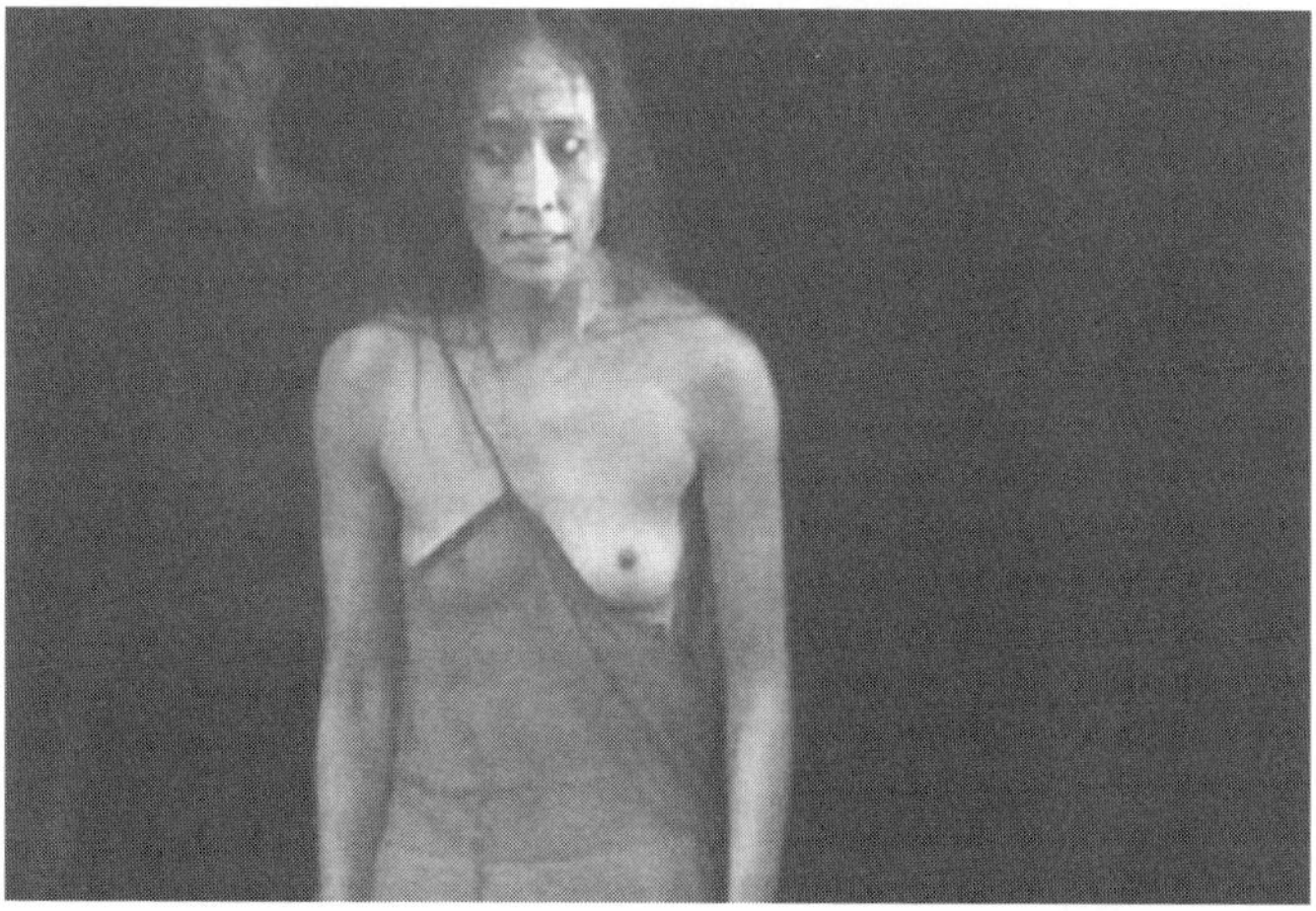

図1-4　市田京美《春の祭典》 Pina Bausch: *Probe Sacre*, DVD und Buch, Paris: L' Arche Éditeur 2013, S. 69. 録画映像からの静止画、選出：Herbert Rach.

(Ger van Leuwen)（エーファ・ファン・シャイク（Eva van Schaik）とのインタビューの中で）によれば――、双方ともに「メランコリーの地脈」を持っている。「死があらわれる以前の生など存在するのか？」(Climenhaga 2013: 54)

二　《春の供犠》――コンテクストと伝達の作法

ピナ・バウシュの《春の祭典》の継承は、彼女亡き今後、どのようになされてゆくのだろう。作品の「老い」と遺産としてのダンサーがいかに保持され、若い世代のダンサーに譲り渡されてゆくのだろうか。ピナ・バウシュの遺産を相続すべく、アーカイヴと「ピナ・バウシュ基金」に収蔵された記録においても、若い世代のダンサーたちによる作品の習得においても、並行して尽力がなされている。バウシュの《春の供犠(Frühlingsopfer)》(1975) 初演と、（二〇一三年秋の）全三部立て《春の供犠》の夕べの再演の間には、ほぼ四〇年という歳月が流れている。つまり、《春の祭典》に出演したダンサーたちは、数世代にわたっているということである。

三部立てのダンスの夕べ《春の供犠》は、一九七五年一二月三日にヴッパタールのオペラハウスで世界初演を迎えた。その最後の演目《春の祭典》は以来、ヴッパタール舞踊劇団の最も公演回数の多い演目の一つとなり、一九七八年に《カフェ・ミュラー（Café Müller）》と形成する新たな布置においてプログラムの主役をなしている。残りの二部――《西からの風（Wind von West）》と《第二の春（Der Zweite Frühling）》

は、単独で再演された後、レパートリーから消えた。二〇一三／二〇一四年の記念シーズン――「ピナ四〇――ヴッパタール舞踊劇団四〇周年」の枠組みの中で、三部立ての夕べ《春の供犠》の「再構築」が、ドミニク・メルシー（Dominique Mercy）の監修の元で上演された。フォルクヴァング芸術大学（エッセン）と、ジュリアード音楽院（ニューヨーク）の学生たちが、フォルクヴァング・スタジオ（エッセン）のダンサーたちとともに参加している。[8]

ピナ・バウシュはすでにフォルクヴァング学校の学生時代に、ストラヴィンスキー／ニジンスキーの《春の祭典》に取り組んでいた。ある学期課題をその振付について書いたのだ。彼女はとりわけ《春の祭典》の、後にミリセント・ホドソンが（ニジンスキー本人に倣って）「優美に対する犯罪」[9]と呼んだ身体技術の美的次元に関心を持っていた。すなわち内向きの足（そして捻転した身体）の使用と、それに結びつく「《春の供犠》の苦痛に満ちた雰囲気」[10]を表現する身振りに。

一九七五年に彼女が《春の供犠（Frühlingsopfer）》のタイトルでまとめた全三部の夕べは、バウシュ自身による《春の祭典》の創作と生産／生成の、このような地平で捉えるのが適切であろう。このプログラムはいかなるドラマトゥルギーに従っているのか。いかなる繋がりと主題の結びつきが可視化されるのか。そして、このプログラムが属するコンテクストは、二〇一三年の再構築に際しての《春の祭典》の解釈可能性に、いかに影響するのか。

実質、ピナ・バウシュの三部立てダンスの夕べ《春の供犠》は、三部作と呼ばれうるもので、プログラムの構成は、演劇史における「三幕もの」および幕構成のドラマトゥルギーの伝統の内で捉えられる。バウシュの夕べがこの上演慣習を、彼女自身の三部作において取り上げると同時に変形させたにしても。

この夕べの三作品が形成するドラマトゥルギーを貫く糸を探せば、そこにはまた、――ストラヴィンスキーの音楽の重要性に加え――主題のリレーが見いだされる。

それは春という主題である。《西からの風》は、関係の始まりにある女たち男たちの、相互の求め合い、愛の始まり（そして終わり）、親密さ、セクシュアリティを示す。同時に動きの言語はバウシュその人の、ダンサーおよび振付家としての「春」のなごりを留めている。ダンサーの動きは、バウシュのフォルクヴァング学校での研鑽とアメリカにおける経験（マーサ・グラハム（Martha Graham）からアンソニー・チューダー、ホセ・リモン（José Limon）、ポール・テイラーにまたがる）をつなぐ語彙を開示している。それは彼女が自分自身の振付のために、いわばアメリカの「西からの風」により発展させ拡張したものである。その風は作中を吹き抜け、彼女のこれからの仕事がかたちづくる歴史の中へも息吹を遺している。

《第二の春》は、一組の男女の「秋」において演じられる、第一の春の（不可能な）回帰との戯れである。ここでは「老いゆく身体」という主題が、作品の語りの地平においてもありありと見て取れる。というのもそこでは老いつつあるカップルが、青春、夢、憧れ、成就したセクシュアリティについて回想するからだ。同時に「加齢」をもたらす日常の儀式も見られる。それにより、「春」という主題は実際には「純粋な」ものではなく、開花とはじまりにはすでに破局、喪失、終了、没落が混入していることが暗示される。それは春の内にある秋と冬だ。このように見れば、ピナ・バウシュの三部構成のダンスの夕べ《春の供犠》についての省察は、こう書きかえることもできるだろう。ピナ・バウシュの四季と。

その夕べの三作品すべてが、男女の関係、つまり接近や喪失あるいは行き違い、愛と終局、セクシュアリティ、暴力、死を問題としている。ダンスの表現形式は、これら実存的問いを表す振付の構造と同様に、非常に多岐にわたっている。この夕べの三作品において多様な変奏の中で繰り返し現れた主題のひとつは、タイトルに表された「春の供犠」である。《西からの風》において男性と女性は、彼ら自身のファンタジー、夢、そして人生の物語の「犠牲者たち」なのだ。彼らは、《第二の春》では規範やジェンダーの典型への適応とともに、その社会的役割の「犠牲者」として現れる。そして《春の祭典》では、「犠牲者」は、すでにニジンスキーの振付で演出された祭儀的集団暴力において中心的主題となる。バウシュ版において犠牲となるのは、狂乱に向かって高揚しゆく——孤立と集団化のあいだにある——集団のダイナミクスのただなかで、はじき出される「選ばれし者」である。観衆と踊り手を等しく「茫然とした」状態に置いたまま、選ばれし者は崩れ落ちる。「そして、何もなくなった」(Probe Sacre 2013: 44)。

ここで個々のパートと閉じられた集団、双方のあいだでの決定的瞬間となるのが、選ばれし者を「はじき出す」選抜の時である。ピナ・バウシュはインタビューで、「選ばれし者」を踊るソリストの名を（大役の慣例である）プログラムの特別クレジットになぜしないのか尋ねられたことがある。一九八五年にグレン・ローネイ（Glenn Loney）はこう質問を向けた。「供犠において、毎回違う少女が犠牲になるということなのですか？　ダンサーたちも、観客と同じように、誰が選ばれるか知らないと？」[11]バウシュは答えて、『誰が選ばれるのかを、観客が予め知るべきではないからです。知ればサスペンスはどこにありますか。もちろん、団の皆は誰が選ばれし者をやるかわかっています。だって、稽古で毎回違う少女を選んだりできませんよ。』

ピナ・バウシュは思慮深げに『でもなんて恐ろしい考えかしら！』彼女は、公演を前にした男に誰が犠牲になるかを教えて弄んだと言っている」(Climenhage 2013: 94)。ピナ・バウシュの考えるカンパニーとは、固有の人格からなる集団である。集団形成の根底にもまた、「選択」の原理（選ばれし者）がある。「ダンサーについて私が最も興味を持つのは、その人格、他人には再生できない彼に固有なものです」(ibid.)。《春の祭典》に関しては、まさにこのような状況が、特定の役割を特定のダンサーに与える必要をなくしている。正反対に、役割（例えば「選ばれし者」）は、稽古の中で精密に踊りこなされるほどに変化し、そのつどのダンサーの人格によって形作られる。[12] バウシュ曰く、「私はダンサーの周りやスターの周りにダンスをデザインはしません。スターなどいませんし。けれどもダンスが発展してゆくとき、その役を誰ができるか、別の役は誰にできるか見えるものなのです」(ibid.: 96)。

こうしたやり方で、バウシュの《春の祭典》は様々な層において展開している。すなわち、バウシュとダンサーたちから、振付を自らのものにし譲り渡してゆくダンサーへの、動きの素材の譲渡において。そして、まさにこのコンテクストや歴史的美学的布置、参照関係の層を重ねなおす中で、伝達すなわち「より古いもの」の新たな状況への変容が発動する。例えば《春の祭典》が、もはや「春」を扱う他の二作品との「三部立て」ではなく、《カフェ・ミュラー》と「二部立て」で演じられるようになった時などがそうである。それはバウシュが死に至るまで自ら踊り続けた《カフェ・ミュラー》の中の表現である。そこでは振付家の身体は舞台上でダンサーとして現れる。そして、彼女の死後にあってもピナ・バウシュのイメージがこのパート（役割）の死後の生を刻印しているのである。

おわりに

今やいくつかの問いが開かれた。バウシュの振付の集合体は、未来にいかに譲渡されてゆくのか。彼女の「刻印」を担い、その「刻印」をさらに先へと譲り渡す「バウシュの」レパートリーはどのような外観を呈するのか。レパートリーはどのカンパニーとダンサーたちに託されるのか。そしてそもそも、これらの決定はどのようになされ得るのか。これらすべては将来的に、アーカイヴ、遺産、規範をめぐる議論の新たなコンテクストとディスクールとして、未来のダンサー、劇場機関、研究者たちが取り組むようになるだろう。それは、ダンスにおける老い行く身体の「未来」を求める来るべき問いなのだ！

《春の祭典》にとっては、「移行」のプロセスが振付家の身体からの剝離として示されることやその仕方がとりわけ重要である。何度もバウシュが強調し、市田京美との《リハーサル》でのように示してみせるのは、《春の祭典》を自分自身のために案出したということだ。一九八五年のインタビューで「振付は自分の身体にするのか」(Climenhaga 2013: 96) と尋ねられ、バウシュは答えている。「ええ、私は素材をつくり、ダンサーに渡す。それから一緒に遊び始めます。でも最初は私が教えます。彼らがその振付で何ができるか見るのです」(ibid.)。《春の祭典》にとってこの方法は、まさにピナ・バウシュの身体から発した動きの案出の多層化された体内化として、よりいっそう重視される。この原則――「コンセプトと動き」、「自分自身で」行う (ibid.: 95) ――は、クリストファー・ボウエン (Christopher Bowen) がインタビューの中でバウシュに次のように述べるくだりで強調されている。「ロンドンで観客の一人が、女性全員が皆あなたであるよう意図されているのか、といぶかしく思っているのを聞きました」。バウシュは答えて「いい考えね。でも女性だけじゃないの……」[13]。

複層的身体――タンツテアターのそのつどのダンサー――への伝達は、振付家の「刻印」を反復し、書き－直しと繰り返しと抵抗のプロセスの中で変容させる。ジョー・アン・エンディコット（Jo Ann Endicott）が、《春の祭典》の再構築の作業を見て述べたことに倣えば、「再構築」とは蘇生行為であり[14]、「作品を墓から掘り起こす」（ibid.）ことなのである。それは一つの譲り－渡し――過越という解放――であるが、その到達範囲は、可能な限り正確な刻印の模倣と、幽霊の呼び起こし、つまり「墓からの」反復－取出をとのあいだを揺れうごいている。ステファン・ブリンクマン（Stephan Brinkmann）は、この想起と譲渡（自身の身体におけるものも含む）の組み合わせを、ならい書きという定式で表している。

「私はしばしば、自らの身体で書いたというバウシュの発言について考えます。すると私には、上演とリハーサルは、ならい書きという行為であるように思われます。その中で私たちは、彼女が先を行った道を歩く。それは身体による想起の形式であり、接触を生みだす方法なのです」（Brinkmann 2012: 164）。

ピナ・バウシュの《春の祭典》の死後の生は、反－復、再－生、再－刻印といった多層的な行為の中から、力（Kraft）と、感情的衝撃を引き出している。老いと譲渡は（力とダイナミクスの）喪失の旅ではなく、エネルギーを変化させるプロセスであることがここで示される。

この伝達の物語は、反復ばかりではなく――反復の「反」において――抵抗をも生みだす。それは、ピ

図 1-5　グザヴィエ・ル・ロワ《春の祭典》 Xavier Le Roy: *Le Sacre du Printemps*, 2008, 写真：Corinne Schweizer.

ナ・バウシュの「刻印作品」との対峙においてその遺産を参照したり、引用を含む改作の中で《春の祭典》に対する問いを立てたりする、若い世代のダンサーや振付家の抵抗可能性である——それは、振付の素材の中にすでにあったが、この譲り渡しの摩擦において可視化され得るものに、光をあてる探求運動なのだ。

例えば、グザヴィエ・ル・ロワ（Xavier Le Roy）の《春の祭典》（2007）は、ストラヴィンスキーの音楽を、サイモン・ラトル（Sir Simon Rattle）の指揮パフォーマンスを通して身につけるものである。ル・ロワは《春の祭典》をソロ作品として踊るのだが、その中で彼は、ピナ・バウシュの犠牲の役を踊った女性の赤いドレスを参照し、赤いTシャツを着ている。それは、この振付家兼ダンサーがピナ・バウシュの《春の祭典》の動きのフレーズを引き受けながら《春の祭典》〔という音楽〕の訴えかけを〔オーケストラではなく〕観客の中へ向かって指揮するパフォーマンスである。（図1-5）

図1-6　ジョセプ・ガルシア・カバレロ《春の祭典》〔《春の無［権］と同年に発表されたカバレロのソロ》〕Josep Caballero García *SACRES*, 2013, 写真：Dieter Hartwig.

ジョセプ・ガルシア・カバレロ（Josep Garcia Caballero）は、《春の無[15]［権］（No [ˈRait] of spring）》（2011）において、反抗的であると同時にメランコリックな仕方で、ピナ・バウシュの遺産の伝達と継承に関する問いに取り組んだ。カバレロは一時、ピナ・バウシュのカンパニーで踊っていたことがある。自らのソロにおいて彼は、自らの振付を練り上げる過程で山積していった著作権の問題を主題としている。ストラヴィンスキーの音楽とピナ・バウシュの振付の両方において、彼は厳しい制約を受けたからだ。自らの身体のどこでなら、ピナ・バウシュの《春の祭典》という遺産の精神と回想は掘り出され、提示されることが可能だったのか？　またそれが許されたのか？　作品の中で彼は、バウシュの《春の祭典》の中で踊った経験と身体の記憶をコラージュにした。それは同時にさらに古い《春の祭典》上演の数々を呼び起こす降霊－媒体であり、著作権へのアクセスを求める彼の骨折りを文字作品のかたちで壁に投影してみせるものであった。（図1－6）

二つの《春の祭典》の版は、（他のものもここで挙げるべきなのだが）、ピナ・バウシュの《春の祭典》の精神のなにがしかを伝達する。つまり「境界を越えてゆく」ということの意味のなにがしか、そして個人的なるものから発して——今日の世界にとっての——アクチュアルな状況への新たなパースペクティヴを投影する力のなにがしかを伝える。「古いもの」を未来へと伝達すること。それは、ピナ・バウシュがヴッパタール舞踊劇団のために案出した特殊な方法である。「私たちは個人的なものを示しますが、それは私的なものではないのです」（Bausch 2007: 12）。

注

1 ピナ・バウシュのリハーサル記録は次を参照のこと。（Probe Sacre 2013）

2 Aufführung von „*Frühlingsopfer*. Dreiteiliger Tanzabend von Pina Bausch. *Wind von West/Der zweite Frühling/Das Frühlingsopfer*“（Rekonstruktion）; Musik von Igor Strawinsky, Uraufführung 3. Dezember 1975, Opernhaus Wuppertal. 筆者はこの三部立ての夕べを、二〇一三年一一月二三日ヴッパタールでの再構築で鑑賞した。

3 バウシュはこれら教師達を最も重要な導き手であり手本であったと述べている。京都賞ワークショップ講演を参照のこと。（Bausch 2007: 4）

4 ナディーン・メンスナー（Nadine Meisner）とのインタビュー「一緒に踊って」（1984）を参照。（Climenhaga 2013: 167–176）

5 この箇所は例えば、バウシュが稽古中に動きをそんな風に「導い」たら、ダイナミクスとスピードの調整が妨げられると指摘しやって見せるような時を指している。

6 ドイツのタンツテアターとアメリカのモダンダンスの間の分類と違いをめぐる論争については、以下を参照のこと。

Cf. "The Thrill of the Lynch Mob or the Rage of a Woman?", edited and with a postscript by Ann Daly, *TDR*, Spring 1986T, reprinted in（Climenhaga 2013: 251–263）

7 Arlene Croce, "Bausch's Theatre of Dejection"（*The New Yorker*, 1984）, reprinted in（Climenhaga 2013: 192–199）

8 プログラムを参照。

9 Millicent Hodson, *'Nijinsky's Crime against Grace. Reconstruction score of the original choreography for "Le sacre du printemps'*, Stuyvesant（NY）: Pendragon Press 1996.

10 バウシュの学期課題を参照。

11 Glenn Loney, "I pick my dancers as people'. Pina Bausch discusses her work with the Wuppertal Dance Theatre"（1985）, in:（Climenhaga 2013: 88–98）

12 バウシュの《春の祭典》中の供犠の踊りの振付の詳細な分析のためには、この役割のキャスティングの選び方を比べねばならない。

13 Christopher Bowen, "Every day a discovery..., . Interview with Pina Bausch"（1999）, in:（Climenhaga 2013: 99–103）

14 二〇一三年一一月二三日の公演を機に行われたトークのメモに基づく。

15 Josep Caballero Garcia « *No*［*'rait*］*of spring* » Premiere am 26. 04. 2013, K3 Tanzplan Hamburg P1 und SACRES, Premiere am 15. 11. 2013, Symposium Tanz über Gräben. 100 Jahre ‚Le sacre du printemps', Radialsystem.

参考文献

Bausch, Pina（2007）„Kyoto-Preisrede", in *Etwas finden, was keiner Frage bedarf*. The 2007 Kyoto Prize Workshop in Arts and Philosophy, Inamori Foundation, 12. 11. 2007, 4.

Brandstetter, Gabriele, Kai van Eikels and Anne Schuh（eds）（2017）*De/Synchronisieren?: Leben im Plural*. Hannover: Wehrhahn Verlag.

Brinkmann, Stephan（2012）*Bewegung erinnern. Gedächtnisformen im Tanz*. Bielefeld: transcript.

Climenhaga, Royd（2013）*The Pina Bausch Sourcebook. The Making of Tanztheater*. London: Routledge.

Probe Sacre/Une répétition du sacre/Sacre rehearsal.（2013）Text german, engl. and french. With DVD（45: 55 Min.）. Paris: L'Arche Éditeur（in collaboration with Pina Bausch Foundation）.

第2章　老いと舞踊の哲学——絶対的他者としての老者の舞

貫 成人

私の関心は、人がどう動くのかではなく、何が人を動かすのかということにある。
（ピナ・バウシュ）

はじめに

二〇一五年五月にベルリンのＨＡＵ３で上演された、デンマークの女性アーティスト、メッテ・インヴァルセン（Mette Ingvartsen）の《69の体位（69 positions）》は、タイトルが暗示するようにセクシャリティをテーマにした作品である。客席数一〇〇ほどのＨＡＵ３の小さなステージには金網のゲージが設けられ、その中に集められた観客の目の前で作家本人が全裸となり、話しかけ、人々に作業を要求したりするパフォーマンスが二時間近く続く。だが、ここで問題は若い女性アーティストの作品そのものではなく、その冒頭で言及された六〇年代フリーセックス運動の旗手キャロリー・シュニーマン（Carolee Schneemann）との往復書簡である。全裸の男女がもつれ合う《肉の悦び（Meat Joy）》（1964）などで知られたシュニーマンは、インヴァルセンとの共作依頼に断りの返事を出した。その理由は、皺と染みだらけになり、筋肉は落ち、すっかり老けた自分の体を舞台で見せるわけにはいかない、といったものである。

欧米の舞踊において老いが隠蔽され、忌避されていたことは、しばしば指摘される。パリ・オペラ座などのダンサーは、男女を問わず四〇歳前後で引退する。舞踊作品で老人が描かれることも稀である。《コッペリア（Coppélia）》や《白鳥の湖（Swan Lake）》に老博士や老王が登場するとはいえ、あくまでも脇役にすぎない。

欧米におけるこの状況は、日本から見ると驚くべきものだ。土方巽は一九八六年、五八歳で、大野一雄は二〇一〇年、一〇四歳で、それぞれ亡くなる直前まで踊り続けた。六代中村歌右衛門が舞台を退いたのは死の五年前の一九九六年、七九歳のときである。武原はんが一九九二年、ＮＨＫホールで吾妻徳穂、藤間藤子とリサイタルをおこなったのは亡くなる六年前。当時、はんは八九歳だった。そのほか、能や歌舞伎、各地民俗芸能などに、高齢の演者は珍しくない。ほとんどの能作品では老人老女が中心的役割を演じる。

一九八〇年代以降の欧米では、多少、状況は変わりつつあるとはいえ、日本などと比べて依然、老いへの忌避感覚は強い。こうした傾向はどうしておこったのだろう。また逆に、老者の舞踊はなにを意味するのだろう。本稿では、老いを哲学的に分析・解明することによって、老者が踊ることがもつ意味を明らかにしたい。以下、老いについて一般的な考察をおこなったあと（一）、老いの社会史、また、それと連動した舞踊やアートにおける老いの位置づけの変化を確認し（二）、老いについての哲学的分析を試みたあと（三）、老者が踊ることの意味と可能性を明らかにしたい（四）。問われるのは、そもそも老いとはなにか、また老いの舞踊は若年者や壮年者にはできないなにを可能にするか、という問題だ。

一　老いの実相

年齢を重ねるにつれ、かつてはわからなかった人生の機微や事情が腑におちるようになり、理解が深まってゆく。運や才能さえあれば、富や名誉、権威、権力を蓄え、家族や子孫に恵まれる人もいるだろう。一方、「盛りを過ぎた」頃から徐々に体力や健康、知力などに不具合が発生する。歯や髪が抜け、視力がおち、内臓不調が生じ、若い頃のように走ったり、跳ねたり、重いものを持ち上げたりできなくなる。自分の人生についても、かつて夢見ていた可能性を次々に断念し、それにともなって欲望も萎えていく。若くて自分より優秀な者、自分に理解できない理論が登場すれば、焦りと嫉妬をおぼえ、権力や権威をもちいて潰しにかかるかもしれない。さらに年齢を重ねれば、通常の生活を自力で営むことさえが困難となり、介護が必要になる。認知症など、知的混乱も深まるだろう。ついに寝たきりになり、死期が近づけば、身体を起こしてコップで液体を摂取することはおろか、自分で吸い飲みを使うこともままならなくなる。入れ歯をしていればその取り付け・取り外しも一大事だ。

老いは両義的であり、そのことは古今東西の哲学者思想家の発言にも反映している。

年齢を重ねてはじめて賢慮が得られる点について、孔子は、「われ十有五にして学を志す、三十にして立つ、四十にして惑わず、六十にして耳順う、七十にして己の欲するところに従いて矩を踰えず」と述べた。

年を重ねることによってはじめて、自分の欲望が社会的規範と合致し、徳が完成する、というわけである。西洋でも「ホメロスのネストルの頃から、老年期は知恵と連想されることが多い」（セイン 二〇〇九：五〇）。

　他方で老いの無力も強調される。プラトンは「老年期は第二の子供期」（『ソクラテスの弁明』）であると述べ、モンテーニュもまた、老いとともに人は「子供に帰」る（モンテーニュ 二〇一四：八二六）と書いた。自分の生活を自分で維持できず、自力で生きられない点、「老」は「幼」に似る（鷲田 二〇一五：一一）。

　だが、こうした一般論としてではなく、各人ごとに見ると、老いは両義的どころか多義的だ。なるほど、仏教の中心教義「一切皆苦」の内実は「生老病死」だが、このうち「生」「死」と「老」「病」は、現実においてはずいぶんその様相が異なるのである。ひとはだれもが気づいたときにはすでに生まれているし、また、ハイデガーが言うとおり、生まれたときから「死へむかう存在」である。死は誰にでも等しく訪れる。だが、病は万人に等しく運命づけられているわけではなく（参照：小泉 二〇〇六：九）、モーツァルトや中原中也のように老いを迎えることなくこの世を去る人もいる。一般に、生活習慣病などの病気や怪我の有無、貧富や役職の差、子供や家族の有無、さらに、老者を取り巻く文化や時代、地域、モラルなどのあり方に応じて、老いは千差万別であり、「著しい多様性」（セイン 二〇〇九：二〇、cf. 三九、四〇）がある。

「加齢」「老化」「老人」など、老いをめぐる概念群についても一筋縄ではいかない。

　加齢は老いの構成要件のひとつであり、時間の経過とともにだれもが自動的にこうむる自然なものと考えられる。だがその一方、「一八歳で投票権、六〇歳で定年」など、年齢がもつ意味は社会や法制度に左右される。すでに奈良時代の「律令」において、六一～六五歳を「老」、それ以上を「耆」とよび、納税義務

（「調庸」）の半減や兵役・刑の免除、身の回りの世話をする侍丁の手当などの措置がとられたという（新村 一九九一：七）。

一方、一〇代の少年棋士や二〇代の野球選手や相撲力士について「老成」「老獪」「老練」という言い方をするように、老いは加齢や年齢とはかならずしも一致しない。医学の観点から見ると、十代で老人になる「ウェルナー症候群」（白澤 二〇一一：三三）などの難病があり、体力や健康状態次第では「四〇代で老衰状態」（セイン 二〇〇九：二一）になることもある。古代・中世のヨーロッパでは、「閉経後」の女性はすでに老人とみなされた（同：二六）。一方、現代では、「いま七八歳ですが、自分が年寄りだとは思っていません。でも、高齢者であるとは思っています」といった発言も十分ありうる（同：四〇二）。

加齢がかならずしも老いではなく、老いはかならずしも加齢を要件としない。しかも老いや加齢は生物学・生理学的概念であるとともに、社会的、政治的、あるいは文化的概念（鷲田 二〇一五：八六、cf. iii）だ。「老い」や「老人」は加齢と賢慮、無力の三要件が、その都度の文脈や個体ごとに組み合わさって存立する事態であり、その本人、また第三者にとって肯定的でも否定的でもありうる。

踊る主体	老者	非老者
老いが踊る	①大野、鶴見、盆踊りなど	②？？
老いを踊る	③大野、能	④マラン、能

ところで、老者をとりまく事情は、舞踊においてさらに複雑になる。舞踊においては〈老いの自己言及〉とでもいうべき構造が見られるからだ。まず、老いは舞踊表現の対象となる。マギー・マラン（Maguy Marin）の《メイ・ビー（May B）》（1981）（表の④）や能の《高砂》

《小町》（表の③④）などのように、演者の年齢とは無関係に「老い」が踊られ、あるいは表現される。ブラントシュテッター（Gabriele Brandstetter）の言う「イメージ」、渡辺保の言う「役柄」としての老いである。一方、晩年の大野一雄のように、演者自身が高齢で、「老い」た者が踊る場合がある（表の①③）。「老い」は舞踊において表象の対象とも、主体ともなる。尼ヶ崎彬は、前者を「演じられる身体」「登場人物の老い」、後者を「演じる身体」の老いとした。「老いが踊る」ケースには前述の大野一雄など、舞台人のほか、「日舞なしに自分の老年はありえない」と語る鶴見和子（鶴見・西川・花柳 二〇〇三）、あるいは盆踊りやコミュニティダンスの参加者など、非舞台人も含まれる（表の①）。ヴッパタール舞踊団やオランダのネザーランド・ダンス・シアターNDTⅢなどの場合、ダンサーが老いていく過程を観者もまた共体験する。

老いや、それをとりまく概念群とその多様性をふまえたうえで、本稿では比較的ニュートラルな用語として、年齢を重ね、体力的に衰えた者について「老者」という語を用い、老者による舞踊を主として考察対象としたい。

すでに述べたように、日本においては違和感のない老者による／を表象する舞踊は欧米においては稀であった。老者が／を踊ることの哲学的含意や構造をさぐるための糸口を見いだすために、まず、その背景となった社会史的状況を概観する。

二　老いをめぐる歴史の諸層

西洋の舞台においては老いが隠蔽・蔑視されがちだが、それは、古代から近世にいたる彼の地の世相を反映したものだった。

「老い」の社会史をえがいたセイン（Pat Thane）によると、しばしば、「進歩史観が支配する近代は古老の知恵を必要とせず、若者が重視されるが、伝統重視の前近代では老人が尊重される」と言われる（セイン二〇〇九：九）。だが、それは神話にすぎない（同：五六）。老人蔑視は「過去のほうが深刻だった」し（同：一一）、それどころか過去に比べて老人が尊敬されなくなったという言い方自体、遠い古代からされていた（同：一七―一八）。欧米に比べると老人重視の伝統があるとされる東アジアでも、『楢山節考』のモデルとなったような状況があったのかもしれない。老人を尊重するか、社会から心理的・物理的に排除しようとするかは、モラルの問題ではなく、当の共同体がもつ資源の限界からの要請であり、共同体が生き残るかいなかの問題だ。無力でも未来をもつ幼児と違い、未来も自活力もない老者は、資源の乏しい共同体にとっては、ときにその存在を危うくする要因となる。

古代から近世にかけてのヨーロッパでは、なるほど、伝統祭儀や宗教儀礼において老人が尊重されることもあったが（同：六六）、全体としては老人に対してネガティブな態度がとられた。多少なりとも富裕な老人のあいだでは、財産は死ぬまで自分で管理することが共通認識だったが、それは、金庫の鍵を渡した途端、子供が老親虐待をはじめるからである（同：六〇 etc.）。一般には、「第二の子供期」（同：六〇）、「セックスに狂った魔女、などステレオタイプ」（同：六八）が氾濫し、一七世紀以降もなお、「六〇歳で身を引く……八〇歳で世の愚か者となる。九〇歳で子供にからかわれる。一〇〇歳で神の恵みを受ける」（同：一六二）という言い方があった。

状況が変化したのは、南北アメリカ大陸やアジア諸国などの植民地化によってヨーロッパの景気が上昇しはじめた一七世紀以降のことである。フランス革命下で敬老の日（同：二四六）が設定されるなど、一八世紀には、老人が尊敬と親愛（同：二三三）の対象となり、孫を甘やかす祖父母の表象（同：二七七、二四二）など、画家たちも〝満ち足りた老人〟（同：二六八）を描くようになる。

産業化・都市化、すなわち近代化が本格化する一九世紀になると、一八八四年にビスマルクによるドイツ第二帝国「国家社会主義」体制下での「年金」制度が（同：三四六）、また、他の国でも労働組合などによる年金制度が整えられた。中世の聖職者にはじまった引退制度は、一七世紀には富裕者層（同：二一八）、一八・一九世紀に中産階級、二〇世紀に労働者階級に一般化し（同：解説四一一）、平均余命が長期化した二〇世紀には、六〇歳か六五歳で引退（同：三六八）する者について「第三の人生」（同：三五二、デーケン 二〇〇〇）という言い方が生まれる。老人施設も整えられた（セイン 二〇〇九：三九一）。

景気上昇と近代化に伴って、欧米における老人観は否定から肯定に転換したが、こうした傾向はアートにおいても見て取ることができる。ヨーロッパの絵画や文学のなかには、老人について、「ラオコーン」など、賢者としての表象を描くものもあったが、むしろ、『リア王』など、惨めな老後を描くことによって、人生の儚さの教訓とし、あるいは、老人を嘲るものが主流だった。こうした傾向に変化が生じたのもやはり、景気上昇が始まった一七世紀である。このころ、レンブラントやレイノルズ、リオタール、シャルダンなどによって、老いる自我像が描かれた（同：二七〇）。自分が老いる過程を直視しようとする心性の登場だ。

二〇世紀になると、老いや老人についての表象、もしくはその利用法はさらに多様となる。ルシアン・フロイド（Lucian Freud）やジャーメイン・グリア（Germaine Greer）などは、老衰そのものを正面からとらえる（同：三八二、三八六）。逆に、やなぎみわ《マイ・グランドマザーズ》では、若い女性に老婆のメイキャップを施すことによって、女性たちの人生を現在とは別の角度から透視した。映画『バベットの晩餐会』（同：三九四）は、老人の熟練の技が寒村の陋習を破る奇跡を描く。嘲弄の対象だった老いが直視の対象となり、さらに、独特の視点や破壊力を持つものへと変化したのである。

老いや老人についての価値転換が舞踊においておこったのは、一九八〇年代以降だった。先にも触れたマギー・マラン《メイ・ビー》（1981）には、全篇を通じて老人的身体が登場する。ピナ・バウシュ（Pina Bausuh）《ダンソン（Danzón）》（1995）では、クリスチアーナ・モルガンティ（Christiana Morganti）演じる、着ぐるみで太った「老婆」が、男性に抱えられると突如、軽々と回転してみせ、《天地（Tenchi）》（2004）などにおいてはドミニク・メルシー（Dominique Mercy）が老人として登場した。二〇〇〇年には、プロのダンサーではない、《六五歳以上の紳士淑女版コンタクトホーフ（Kontakthof mit Damen und Herrenab 65）》が発表され、二〇一六年現在、ヴッパタール舞踊団のダンサー自身、六〇歳過ぎても踊っている。そのほか、マイヤ・プリセツカヤ（Maya Plisetskaya）（1925~2005）やスザンヌ・リンケ（Susanne Linke）（1944~）、スティーブ・パクストン（Steve Paxton）（1939~）、アンナ・ハルプリン（Anna Halprin）（1920~）なども高齢で舞台に立った。

こうした傾向の背景にはダンスの特殊事情もある。一九世紀末のバレエ・リュス以降の欧米舞台舞踊史は、

「若く、美しく、強く、技術を持った身体」というバレエのカノンから逸脱していく過程だったからだ。イサドラ・ダンカン（Isadora Duncan）はバレエテクニックを、マリー・ヴィグマン（Mary Wigman）は美しい身体を、ジャドソン教会派はテクニック一般を、ピナ・バウシュは若い身体というオブセッションを否定した。ジェローム・ベル（Jérôme Bel）やグザヴィエ・ル・ロワ（Xavier Le Roy）、ボリス・シャルマッツ（Boris Charmatz）など、二〇〇〇年前後のノン・ダンス、コンセプチュアル・ダンスにおいてはダンスの素人や障碍者などが舞台に登場する。健常者以外の演者によるものとして、わが国にはすでに八〇年代から劇団態変、また、近藤良平が主宰するハンドルズがあった。こうした流れからしても、老人が舞台に登場するのは当然の帰結である。

三　老いの哲学

では「老い」についてはどのような哲学が可能なのだろう。実は、老いについてのポジティブな哲学を求めた途端に障壁にぶつかる。西洋の哲学者たちの老いについての見解はほとんどネガティブなものばかりだからだ。

1　欧米哲学における「老い」

プラトンは、老いとともに「すべての悩み苦しみが押しよせ、すべての楽しみは剝奪され、人生最大の耐えがたい時期となる」（『ソクラテスの弁明』 セイン 二〇〇九：七四）とソクラテスに語らせている。プラトンの反逆の弟子アリストテレスも、「高齢者は用心深く、……過度に悲観的で、人を信用せず、意地悪く、疑い深く、心が小さい……」（『弁論術』セイン 二〇〇九：七四）と、散々だ。

古代ローマの哲学者キケロには、『老年について』という著作がある。キケロは「老年が惨めと思われる理由」として、「公の活動から遠ざかる」「肉体を弱くする」「快楽を奪い去る」「死から遠く離れていない」（キケロ 二〇〇四／二〇一五：二二）という四つをあげ、活動的な老年もある（同：三一）など、いちいち反駁しているが、結局、快楽への欲望がないのはむしろよいことである、体力はあるだけで十分、楽しみがないわけではない、など、挙げられるのはむしろ諦めに近いことばかりだ。おなじくストア派のマルクス・アウレリウスに至っては、「老いぼれはじめると、……なすべきつとめの数々を正確に数え上げ……現象を明晰に分析し……錬成された思考を大いに必要とする諸事に対し、心眼を据えて見張る……はたらきは……衰微する」（アウレリウス 二〇〇六：四七四）と断言する。

人間観察に秀でたモラリスト、モンテーニュも老いについては悲観的だ。老いは、「年齢が自然に霊魂にも肉体にも……もたらす……衰弱と極度の退化」（モンテーニュ 二〇一四：四七五）である。モンテーニュの発言からうかがえる唯一の老いの利点は、「人のために暮らす」のではなく、「せめてこの人生のはしくれは……自らのために生き」ることだ（同：三一二）。近世哲学の先駆けデカルトも、老者については「泣きやすい」（デカルト 二〇〇二：一三三）など、否定的だった。

こうした老人否定一辺倒の傾向には、近代後期になると多少、変化が見られる。いわゆる「三大幸福論」

を見てみよう。ショーペンハウアーによると、老人は「成心がない」ので「ありのままに見る」（ショーペンハウアー　一九五八：二三二）。「老年期になると、現実世界からはなに一つ得ることができないとわかり、この洞察にすっかり安住して、どんな現在でも……享受し、些細なことにも喜びを感ずる」（同：二三〇）。とはいえ、基本的にはショーペンハウアーもまた老年については否定的だ。「生命力の点から言えば、三六歳までは金利生活者みたいなものだ。今日支出した分は、明日になるとちゃんとできている。けれどもそれからあとは金利生活者が資本に手をつけだした恰好である」（同：二三八）。

キリスト教の立場をとるヒルティは、「老年はたいてい突然始まる」（ヒルティ　一九六二／二〇一五：三三七）とのべ、「生活享楽者」「悠々自適」の老人（同：三三九）、「より高いいのちへの前進」という三つのタイプを区別する。とはいえ、年齢を重ねてなお「より高いいのち」へと進もうとするのは、ヒルティによれば、「来世を信じる人たちのみ」（同：三四〇）である。

二〇世紀の哲学者では、フッサールが、幼児から成年への成長は諸能力や知識を獲得していく過程だが、老化はそれを喪失していく過程として「超越論的に構成可能」だと述べるが、これは老いをネガティブにとらえる見方だ（Nuki 1989）。すべてを同一の原理に回収するキリスト教や西洋哲学による「全体性」を、絶対的他者としての「顔」によって転覆しようとするレヴィナスでさえも、「無限な時間によって、老いてゆく主体に永遠の生命がもたらされるわけではない」（レヴィナス　二〇〇五／二〇一五下：一九六）とする一方、「子供との関係は……多産性である」（同下：一九五）とし、「永遠」のよりどころを老いではなく、出産に見ている。

西洋哲学をベースにした池上哲司によれば、もはや生きる必要はなく、一切から解放してくれる死よりも、生き続けなければならず、善悪から解放してくれない（池上 二〇一四：一三三）「老いは……苛酷」である（同：一二五）。

西洋哲学、もしくはそれをベースにした論者にとって、老いはことごとく、しかも場合によっては死よりも恐るべきものなのだ。伝統的な哲学は、ソクラテス以来、「よく生きる」ことを目指し、しかも、プラトン対話編での各対話冒頭、ソクラテスがつねに確認するように「普遍性」を求める。死は万人に訪れるため、哲学は「死の訓練」によって、それに備える。それに対し、余りにも個別的で、しかもよく生きることに資するわけではない「老い」が伝統的西洋哲学において考察圏外におかれたのは無理からぬことでもある。老いをポジティブにとらえる数少ない哲学者であるヒルティにおける「前進」も、なるほど、百歳をこえてなお「人生がまだまだ展開している」と語る日野原重明（白澤 二〇一一）に見られるように、キリスト者固有のものとは言い切れないとはいえ、若者とも共通する、老年固有とはいえない理想だ。キケロやモンテーニュ、ショーペンハウアーにおける「和解」は、むしろ諦念とよぶべき心境である。

2　東洋思想における「老い」

東洋では、多少事情が異なるようにも見える。加齢による徳の完成を認めた孔子のほか、貝原益軒もまた、「人生は五〇歳くらいにならないと血気がまだ不安定で、知恵も出ないし、……歴史的な知識にもうとく、社会の変化にも慣れていないので、間違った言も多く、行いに後悔することがしばしばである。人生の道理も楽しみも知らない」（貝原 一九八二／二〇一五：四一）と述べて加齢による成熟を肯定し、また、「およそ人間には三つの楽しみがある。ひとつは……善を楽しむこと。二つは健康……を楽しむこと。三つは長生きして長く久しく楽しむことである」（同：四四）と述べ、長寿をそれ自体、価値あるものとした。「天性虚弱で多病な者も……養生の術を守って保養すれば、かえって長生きすることができる」（同：三三）という『養生訓』の根本思想は、怪我や病に冒されず長寿を楽しむことを勧める点にある。

とはいえ、一方、「老いては子に従え」「老いては麒麟も駑馬に劣る」など、老いをネガティブにとらえる思想も存在し、仏教においては「生老病死」が「一切皆苦」の内実だった。東洋、とくに東アジアでも、老いに対する態度はたかだか両義的である。

加齢や老いについて、とりわけ西洋哲学が積極的な分析・評価をしえないことは、二〇世紀以降、老いを巡る制度が整備され、また、その評価も改められたことを考えれば驚くべき事である。だが、哲学の装置を用いて老いを分析し、その可能性をさぐることは不可能ではない。

3　老いの哲学的分析

時間経過に伴う知的・身体的変化としての老いに関しては、「世界内存在」（ハイデガー 二〇〇三）の構造転換、それがもたらす「権力論的」「生政治的」転換（フーコー 一九九二）、最後に、こうした一切から帰結する認識機能的転換という点から哲学的分析が可能である。

第一に、老いに関して指摘される、経験の蓄積による賢慮は、若者とは異なる時間地平の構造から生まれる。

ショーペンハウアーは、「青年期の立場から見ると、人生は無限に長い未来である。老年期の立場からは、きわめて短かった過去である」（ショーペンハウアー 一九五八：二三四）と述べた。

若者にとって未来は不確定で、今後、開かれる道やステージに関して、可能性は無限である。いまは不遇でも、なにかのはずみで一発逆転があるかもしれないし、その逆もある。それまでの経歴と無関係の方向に転進する可能性は無数にあり、未来に可能な経路はいくらでも枝分かれする。さまざまな可能性が期待できるため、欲望も無限に湧きだして絞りようがない。ステージや境遇が変わるたびに、自分についての過去の物語も容易に変わる。中学校の拙劣な環境故に高校入試に失敗した者にとって、中学時代は自分のすべてを決した忌まわしい過去かもしれないが、その後、大学入試に成功すればもはや取りあげるに足らない過去となり、自分についての物語からフェイドアウトする。

それに対して、老者にとって過去はすでに確定し有限である。自分の現在を作った過去の事件も限られたものとなり、人生の物語はもう動きようがない。未来の可能性も、もはや限定される。かつての野心も次々に放棄・断念されて、もはや不要と判断され、むしろ「総括したいという欲求」（鷲田 二〇一五：七九）が生まれる。これこそが、老者の諦念、「成心のなさ」（ショーペンハウアー 一九五八）である。

第二に、老いや加齢による衰弱は、一般に、ひとが「世界内存在」として世界に住み着くために必要な基本要件を奪っていく。

調理や食事、排泄、洗面、入浴、通勤、パソコンやスマホ操作など、通常、ひとは様々なことが身体的に可能である。パソコンのキーボード、包丁や調味料などの調理道具は、自分の「意のままになる」対象であり（鷲田 二〇一五：八〇）、それぞれをどのように操作するのか、必要なスイッチや道具がどこにあるかはいちいち目で見て確認するまでもなく、からだが覚えている。必要なさまざまなことが「わたしにはできる（ich kann）」ことによってひとは世界に住み着くのであり、こうしたあり方をメルロ＝ポンティは「非人称的身体」とよんだ（メルロ＝ポンティ 一九七四）。手慣れた習慣的行為を行うときには、もはや、一人称の「わたしが」いちいち熟慮しなくても、わたしならぬ、すなわち人称を持たない身体が自動的・自然発生的に課題を処理してくれるからである。

ところが、老いとともに、こうした仕方で世界に住み着くことが不可能になる（鷲田 二〇一五：四〇）。しかも、非人称的身体が無力化すると、逆説的なことに、非人称的身体というものがあったことが表面化する。その事情は、ハイデガーが道具についておこなった分析に似る（ハイデガー 二〇〇三）。ハイデガーによれば、パソコンや包丁など、わたしたちの身の回りにある道具は通常、それとして対象化されることがない。パソコン使用中にその仕様を気にしていたのでは作業が滞る。パソコンの仕組みを確かめなければならなくなるのは、それがうまく機能しなくなったときだ。道具は、それが道具として機能しなくなったとき、すなわち故障したときにのみ対象化される。非人称的身体についても同様だ。咀嚼をおこなうためには一本一本の歯や口内の筋肉など、歩行をおこなうためには大小の筋肉や腱、関節、半月板などが、それぞれ複雑に協働しあう必要があるが、そのひとつひとつがいかに重要であるかは、歯が抜けたり、関節痛になったりしたとき、はじめて実感される。老いにおいては、こうした機能不全がより大規模に発生し、非人称的身体の機能全体が、櫛の歯が抜けるように失われていく。こうして、通常の非人称身体がどのようなものであり、また、それがいかに通常の生活を支えていたのかが痛感される。「ひとは老いのなかで、ひとが……〝ひと〟であることの条件により深く直面する」と鷲田清一は述べた（鷲田 二〇一五：四三）。老いにおいて、人間が人間であるための原構造が露呈するのである。

第三に、老いにともなう人間的生の基本要件喪失の結果、ひとは近代社会におけるその位置を変えざるをえなくなる。

近代社会とその中における各人のあり方については、ロックなどの社会契約論からその概要がえられる。ロックの考えとは次のようなものだ。自然状態においてひとは自然権、すなわち生命・身体の所有権、ならびに、自分の身体を用いて獲得した財産の所有権・可処分権、さらに抵抗権・処罰権をもつ。ただし、その権利が自然状態においては十分安全に確保されないため、ひとびとは、自らがもつ処罰権を第三者である公権力に譲渡し、法による保護を確保する契約を結ぶ。公権力の保護のもと、私有財産の増大に努めるのが通常の人々の活動であり、こうして資本主義体制が可能となる。

ところが、老いとともに身体能力が衰えると、ロック的図式における所有権の対象（としての身体）が劣化すると同時に、所有者の主体（としての身体）も劣化することになる。所有者はいわば、その足下を掬われるのであり、その点で、認識主体と認識対象の同時消滅をまねく死と類似する。とはいえ、すでに述べたように、死と老いは非対称的だ。ハイデガーは、自分の死について、認識対象である自分の死が、認識者の存在消失と同時に出来するため、だれも自分の死を認識できず、また、それを追い越して、自分の死の先へは行けないと述べた。老いにおいては、逆に、所有物の劣化が所有者自身の劣化と同時に、長い時間をかけて進行し、しかも、だれもこの過程からは脱け出せない。所有物としての身体が劣化したからといって、それを処分し、新品と交換することはできず、たかだか補助具や補助者に頼ることしかできないのである。

所有物と所有者の同時劣化は、しかし、ロック的図式に即して考えれば、より深刻な事態をもたらす。すなわち、自然状態、また、契約後の社会において各人がその構成員、「市民」たりうるのは、自然権、すなわち生命・身体・財産の所有権をもつからである。ところが老人は、こうした権利の根拠となる実質的な身体とその能力を失いつつある。その結果、老者における市民権そのものが、実は、形骸化・空洞化過程にはいり、同時に、各老者の自立性と自律性を、不可逆的な仕方で剝奪するメカニズムが起動する。

そのメカニズムを取り出すには、フーコーの権力論を援用する必要がある。近代社会が成立するうえで、ロックをはじめとする社会契約論者や「自由思想家」の理論は、たしかに後になってから近代社会やその個人主義、自由主義、民主主義を擁護する理論的拠り所にはなったかもしれない。だが、実際に、一八世紀以来の欧米などで機能し、「市民的主体」「近代的自我」を形成、あるいは構築したのは「生の権力」だった。

「生の権力」とは、一八世紀半ば以降、フランスやイギリス、また、若干遅れて明治日本など、各地で徐々に整備された学校や軍隊、また、工場において、人々に働きかけた規格化の圧力である。すなわち、義務教育や徴兵制が整備されると、国民全員が一生に一度、必ず通過する学校や軍隊において、まず、行進などの身体技法、そして、さまざまな「知識」や世界観、国語能力などの規範が刷り込まれ、もともとは多様だったひとびとが一様に「規格化」される。しかも、そのように、教師や教科書など外から与えられた規範を身につける過程で、各人は、自ら自分の行為を、外的規範に則して制御する自我構造をもつように改鋳され、自己規律化される。このメカニズムをフーコーは、ベンサムが提案した監獄施設である「パノプティコン」になぞらえた。パノプティコンとは、独房がドーナツのような円形に並び、その中央に監視塔が置かれる監獄設計である。このように設計された監獄においては、囚人は自己制御を迫られる。すなわち、中央に置かれた監視塔内部は独房からうかがえないため、独房に閉じ込められた囚人には、いつ自分が監視されているかわからず、そのため、いつ監視されていてもいいように、自分の行為を自ら規制せざるをえない。こうした自己規律化の所産こそが、自分で自分を制御する自我、すなわち、自由思想家や明治大正期の日本人作家などによって「近代的市民」「近代的自我」「市民的主体」とよばれ、あるいはフロイトによって「超自我」とよばれたものにほかならない。それは、フーコーが「大文字の主体（Sujet）」とよぶ「近代的主体」ではなく、実は、権力の網の目によって構築され、それに従う「小文字の sujet」、すなわち「臣従体」にすぎないのである（フーコー　一九九二a）。

だが、このことが老い、または老者について考えるうえでどのような意味をもつのだろう。なんといっても、生の権力によって形成される「近代社会」、とりわけ一九世紀末以来のそれにおいて、老後の生と暮らしは年金によって保証されているのだ。

ところが、まさにこの状況こそが老者の脱自立化をもたらしている。なるほど、教育や福祉の公的支援充実は、あたかも「先進性」の証のように語られる。だが、フーコーの取り出した生の権力は、一九世紀半ば、その標的が性に関する欲望という「個人的」「内面的」なものにかわったとき「性言説」となり、その後、二〇世紀中盤になると、政府予算による生の一元的管理、すなわち「生政治」に変貌した。生政治とは、政府による公衆衛生や予防注射、病院、公教育、年金、医療、保険、介護保険によって、各人の生存を可能とし、管理することによって、逆に、公権力なくして各人の生存すら不可能なものとし、それによって各人の国家への依存忠誠と、国力増大をはかる国家の生存戦略である。教育福祉支援とは、じつは、技能や知識、自己制御ができる自我などの個人的資源、また健康や生活など、各人が生存するための前提条件を国家が与え、逆に、各人がみずからの生殺与奪の権利を公権力に握られる、生政治に他ならない。権力の標的は、いまや、単に社会的生としての「ビオス」だけではなく、生物的生としての「ゾーエ」にも及ぶ（アガンベン二〇〇七）。

このような構造において老化は、現象学的生理学的構造と権力論的構造の結合点となる。しかも、老者が近代において強いられる構造的依存は、若年者や壮年者に比べてはるかに深刻である。まず、自立的な収入源を持ちえない老者は、年金や介護保険、老人福祉施設に頼るほかはなく、その生存の可能性、生殺与奪の権を全面的に国家に委ねざるをえない。しかも、おなじく福祉や教育支援の対象となる幼児や少年が、成長するにつれ、国家への依存状態からある程度は脱しうるのに対して、老者の国家への依存関係は不可逆的であり、いちどこの関係に回収されれば、通常、そこから脱出することはできない。

しかも、この依存関係においては、乳児が成長するに伴って経験する自己規律化とは逆向きの規格化が作用する。もともと乳児は、自分と母親とを区別しない自他未分状態にあり、自分の唾液や排泄物にまみれてもそれを不潔とは感じない。その後、排泄物などを不潔と感じるように躾けられるトイレットトレーニングやエディプス期、さらに、生の権力における自己規律化などを経て、徐々に、自分と他人とを峻別し、自分の感情や考えをうっかり他人に漏らさない「個人の鎧」（エリアス 一九七七・一九七八／二〇〇四）を身につける。ところが、老人ホームにおいて、被介護者は、他人にもっとも隠しておきたい身体部位を介助者にさらけ出し、その操作に任せなければならず、しかも、そこからもはや降りることができないという「暴力性」（鷲田 二〇一五：二四）に曝される。その過程で被介護者は、自他を峻別して他人の視線から自分の秘密を守る「個人の鎧」を解除され、自己責任の主体という自我構造を解体されざるをえない。老者は、生の権力とは逆ベクトルの規格化を被るのである。

第四に、とはいえ、こうした老者独特の立ち位置が、かれら固有の視点を可能にするとも言うことができる。幼児は、今述べたように、エディプス期や自己規律化を経て「近代的主体」として構築され、労働者、消費者となり、また、「性言説」に促されて自分の階層の拡大再生産に励み、近代資本主義体制を支え、強化する。老者は、こうした近代の軌道からはずれた存在であり、逆ベクトルの規格化を経たその自我構造は、もはや近代のシステム全体の外部にはみだしている。こうした老者について鷲田は、「〈反世界〉」「〝この世界〟の外部への感受性」（同：八九）をもち、「世界を別様にも表象しうる意味の空間」（同：八九）をひらく者と言う。尼ヶ崎によれば、それは、「人生から超越した死者の目」、能における死者におけるような「他界からの視線」であり、「社会的拘束の外部にあるがゆえに純粋な、神に等しい存在」「隠者」「翁」だ。

以上の分析から次のような構造が判明した。第一に、老者の時間地平において、過去は固定し、未来の可能性は縮小するため、ショーペンハウアーの言う「成心のなさ」が帰結する。第二に、老いは通常の生を可能にする「私はできる」の喪失過程であり、そこでは、通常、隠蔽されている生の根源構造、すなわち「私はできる」そのものが露呈する。第三に、「私はできる」が喪失するがゆえに、老者は、所有物かつ所有者としての身体を喪失し、その結果、ロック的契約要件が空洞化する。老者はその生存を全面的かつ不可逆的に公権力に委ね、それとひきかえに「個人の鎧」が解除されなければならない。第四に、その結果、老者は近代システムの全体から外れた異界の視点となる。生の根源構造を露呈し、個人の鎧が解除され、異界の住人になった者が〈老者存在〉である。

なるほど、〈反世界〉に接しうるような存在はただ「いる」というだけで意味がある（鷲田 二〇一五：九四―九五）のかもしれない。だが、そうした「反世界からのまなざし」に世界がどう見えるかを、いまだ十分老いていない者はどのようにして知りうるのだろうか。〈老者存在〉はアートや舞踊と、どのように関わるのだろう。

四　老いと舞踊――弱さを逆手にとること

〈老者存在〉と舞踊との関係についてはいくつかの可能性がある。

老者にとっての舞踊としてまず思い浮かぶのは、コミュニティダンス、または、老人ホームの「お遊戯」である。アランは「体操と音楽は、名医プラトンの用いる二大療法であった。体操とは、筋肉が筋肉自身に対してなす適度なトレーニングである」としたうえで「音楽はダンスの姿をしてあらわれる」（アラン 一九九八／二〇一一：二八六―二八七）と述べた。アランの幸福論は、知的な反省よりもむしろ身体の適度な運動によって精神の平安を実現しようとする点に特徴があり、ここでいう「名医プラトンの……二大療法」によって癒やされる対象には、老者の身体だけでなく、精神も含まれる。幼い頃から身につけた日本舞踊によって豊かな老後をおくったという鶴見和子もその一例と言えよう。

だが、本来多様であるはずの老者に、達成すべき課題が一律に決められ、同じ動きが強いられるとき、老いの多様性は抑圧される。それは、障碍者アートが陥るのと同様の問題だ。イギリスの障碍者カンパニーであるカンドゥーコなどでは、さまざまな障碍者が健常者さながらの演技を披露し、それはそれで感嘆に値する。だが、ハンディキャップをもった者が健常者にいかに近づくかということのみが問題とされるとき、健常者にはできず、ハンディキャップをもった者にしかできないことが見落とされる可能性がある（貫　一九九九）。

それでは老者でなければできない舞踊とはなんだろう。

一〇〇歳近い大野一雄が、舞台に車椅子で登場したとき、大野は、上体すらほとんど動かさず、僅かに動く右腕だけを持ち上げ、なにかを宙に放り上げ、手の平を拡げて、落ちてきたものを受け止める動きを繰り返すだけだった。だが、それだけで観客は、大野の大きな手を離れて宙を舞い、その手に受け止められる無数の花びらを見る。その大野の姿に、満場の観客は感動し、落涙したのである。

ウィトゲンシュタインは、「私が腕を上げるという事実から、私の腕が上がるという事実を引いたら何が残るのか」（ウィトゲンシュタイン　一九七六：六二一）と書いた。デカルト以来の心身二元論の哲学においては、腕を上げる動作の前には、腕を上げようという意志があると考えられていた。ウィトゲンシュタインは、動きの前に動こうとする意志は存在しないと述べて、心身二元論を否定したのである。

日常の動作を理解するうえでウィトゲンシュタインの洞察が示唆に富むことに疑いはない。しかし、大野一雄の舞踏という特例においては、ウィトゲンシュタインの哲学もあっけなく転覆されてしまう。

花びらを宙に舞わせる老人は、もはや演じてはいない。ただ大野一雄として存在するだけである。ひとえに踊ることを愛していた大野にとって、腕の僅かな動きも、踊りであることに変わりはない。しかし、過去数十年、大野の踊りをともに生きてきた観客は、その動きに、かつての自由自在の動きの欠如・非在を知覚する。過去の自在な動きと、現在の不自由な身体とのギャップからは、大野の舞踊への純粋な欲望が迸る。そして、それを観客は痛烈に感じ取る。踊りへの渇望は大野の根源的な生への欲望（desire）、大野の存在そのものだ。そして、根源的な生への欲望こそ、ピナ・バウシュがそのリハーサルでくりかえしダンサーに問いかけた、「その人を動かすもの」、舞踊の根源にほかならない。

ところで、こうした大野の姿からは、同時に、異界からの視線も煌めき見える。

一般に、異界からの視線を舞台において実現するためには複層的な構造を必要とする。能においては、異界と現実が反転する（古東 一九九二：二九〇以下）が、それは、シテが演じる亡霊や死者が異界を立ち上げ、その視線から、ワキ方がいる舞台上の「この世」を語ることによって、観者自身が異界への視線と同化し、異界からの視線が実現するからだ。

それとは別の仕方で異界からの視線を実現したのがアラン・プラテル（Alain Platel）率いる Les ballets

C de la B の《聾者バッハ（tauberbach）》（2013）だ。この作品は、ブラジルの精神病院で、入院患者であるひとりの中年女性を襲う狂乱のオルギア、性の倒錯を延々と描き、理性という束縛を越えた情念が舞台を逆る。ところが、最後、狂人たちが、白く輝く照明のなかゆっくり舞台を横切るとき、かれらは一瞬にして、遠い聖なる存在に変貌する。この構造は、フーコーが『狂気の歴史』において描いた、狂気と理性をめぐるどんでん返しを思わせる。近世開始以来、「狂気」「狂人」は常に「理性」によって収監・監視、また、治療と称する虐待・分類・監禁の対象となってきた。その「狂気」「狂人」が、同書の末尾では、原告席にたち、健常者である読者全員を告発する。近世以来の「理性」は、「狂気」を疎外・否定することによってのみ、「否定の否定」である自己自身を「理性」として確立しえたからであり、読者は全員、その「理性」の側に立っているからである。おなじく《tauberbach》の観者は狂人によって告発され、被告席に座らされる。ここでは、観客である自分自身が対象化されることによって、異界からの視線が実現する。

大野は観者を告発するようなことはしない。ただ、老いた大野一雄として存在するだけである。だが、欲望と動きに齟齬が生じた、その姿は通常の日常、観者にとっての現実を構成する根本原理「わたしにはできる」を可視化する。絶対的無力であることを包み隠さずみせる、無垢なその存在は、構築された「近代的主体」「個人という鎧」に守られた観客の鎧に槍となって突き刺さり、観者をも武装解除する。その結果が、見る者すべてが流す滂沱の涙だ。ただ存在するだけで、大野は異界からの視線を観客に突きつける。それは、現行のすべての秩序を転覆する、（レヴィナスの「顔」に似た）絶対的他者である。

舞踊は、こうして、絶対的弱みを変えて、現実の根底を揺さぶる脅威にする。老者であるからこそ実現できるもの、それは舞踊の根源、人間の条件の表出であり、現実の解体なのである。

参考文献

ジョルジョ・アガンベン（二〇〇七）『ホモ・サケル――主権権力と剝き出しの生』、高桑和巳訳、以文社
尼ヶ崎彬（二〇一四）「ダンスの〈アカルイミライ〉」（国際シンポジウム「老いと踊り」二〇一四年五月二三―二四日、東京ドイツ文化センター）
アラン（一九九八／二〇一一）『幸福論』、神谷幹夫訳、岩波文庫
池上哲司（二〇一四）『傍らにあること――老いと介護の倫理学』、筑摩選書
ウィトゲンシュタイン（一九七六）『哲学探究』（ウィトゲンシュタイン全集八）、藤本隆志訳、大修館
ノルベルト・エリアス（一九七七・一九七八／二〇〇四）『文明化の過程　上・下』、赤井慧爾・中村元保・吉田正勝ほか訳、法政大学出版局
貝原益軒（一九八二／二〇一五）『養生訓』、伊藤友信訳、講談社学術文庫
キケロ（二〇〇四／二〇一五）『老年について』、中務哲郎訳、岩波文庫
小泉義之（二〇〇六）『病いの哲学』、ちくま新書
古東哲明（一九九二）『〈在る〉ことの不思議』、勁草書房
ショーペンハウアー（一九五八）『幸福について――人生論』、橋本文夫訳、新潮文庫
白澤卓二（二〇一一）『老いの哲学――なぜあの人は１００歳になってもボケないのか』、主婦の友新書
パット・セイン（二〇〇九）『老人の歴史』、木下康仁訳、東洋書林
鶴見和子、西川千麗、花柳寿々紫（二〇〇三）『おどりは人生』、藤原書店
デカルト（二〇〇二）『省察・情念論』、井上庄七・野田又夫・森啓訳、中公クラシックス
アルフォンス・デーケン（二〇〇〇）『第三の人生――あなたも老人になる』、松本たま訳、南窓社

新村拓（一九九一）『老いと看取りの社会史』、法政大学出版局
貫成人（一九九九）「ヌードを脱ぐ。〝男〟を捨てる。」、『シアターアーツ』一〇号、一九九九年一〇月
ハイデガー（二〇〇三）『存在と時間』、」原佑・渡辺二郎訳、中公クラシックス
ヒルティ（一九六二／二〇一五）『幸福論』、草間平作訳、岩波文庫
ミシェル・フーコー（一九九二a）『監獄の誕生――監視と処罰』、田村俶訳、新潮社
ミシェル・フーコー（一九九二b）『狂気の歴史――古典主義時代における』、田村俶訳、新潮社
マルクス・アウレリウス（二〇〇六）『自省録』、鈴木照雄訳、講談社学術文庫
メルロ＝ポンティ（一九七四）『知覚の現象学』、竹内芳郎・小木貞孝ほか訳、みすず書房
モンテーニュ（二〇一四）『随想録』、関根秀雄訳、国書刊行会
エマニュエル・レヴィナス（二〇〇五／二〇一五）『全体性と無限』、熊野純彦訳、岩波文庫
鷲田清一（二〇一五）『老いの空白』、岩波現代文庫
Nuki, shigeto（1989）“Das Problem des Todes bei Husserl. Ein Aspekt zum Problem des Zusammenhangs zwischen Intersubjektivität und Zeitlichkeit.” *Phänomenologie der Praxis im Dialog zwischen Japan und dem Westen*. Ed. Hiroshi Kojima. Würzburg: Königishausen und Neumann, 155–169.

第3章　ダンスにおける痛みの身体

イヴォンヌ・レイナー（外山紀久子 訳）

はじめに

一九五〇年代後半にルース・セント・デニス（Ruth St. Denis）のソロ公演を見た。場所はニューヨークのダンス・スタジオ、たぶん六番街のダンス・プレーヤーズだったと思う。彼女は今の私（二〇一三年一月現在七八歳）とほぼ同じ年頃だった。私より優に四、五インチ背が高く、薄く透ける繊維の、長い袖なしの黒いガウンをまとっていた。髪は白かったが、私の注意を惹いたのは彼女の腕だった。ドレスの漆黒に映える雪白の腕、というだけでなく、それが唯一の動きの出処だったからだ。二の腕下部の弛みがそれ自身の自律的な揺れる運動を創り出していた。それが私の回想の主な内容だった。あの象牙色の波打つ腕、超越的なスピリチュアリティに向かって哀願し、あるいは何かそのような訴えかけをしている、高く掲げられた両腕。

同じ頃、イザドラ・ダンカン（Isadora Duncan）の最後の存命の養女マリア－テレサ（Maria-Theresa）による《さよなら、ダンス（Farewell to Dance）》という公演にも足を運んだ。がらんとしたスタジオで、伴奏者は年老いた白髪の男、アップライトのピアノにかぶさるように背を丸めてベートーヴェンのソナタを弾いていた。《テンペスト》（二短調一七番）だったかもしれない。彼女がまだ走ることができるのに感心した。透明な素材でできた暗い色の布を空中になびかせながら、繰り返し床に倒れてはまた立ち上がって、勢いを増す嵐に追立てられているかのように、肩越しに不安そうな眼差しを投げかけながら走る。痛切に心に響くものだったが、少し悲しくもあった。この公演は彼女が毎年行ってきた五回目の《さよなら》で、これが最後になるだろうと思ったものだ。

マーサ・グラハム（Martha Graham）のなかで私のお気に入りのパフォーマンスは、彼女が六〇代でメディアの役を演じた《心臓の洞窟（Cave of the Heart）》だった。自ら殺した子供たちの長く赤いはらわたを、自分の胴着から血塗れの奔流のように引っ張って貪り食う様を見せながら、ステージの右から左へ獰猛にブーレ（bourrée）で進む彼女は当時でもまだ目を釘付けにした。後年、若い頃に自分自身のために創出した役柄に執着して失笑を誘ったということはあったかもしれないが。

とすると、「さよなら、ダンス」と告げるのに適った時はいつだろう？　いつ、どのように、かつてなく——明白に——より困難なものとなった動きに携わろうとして、憐憫や戯画の対象になるのを避ける方法を考え始めなければならないのだろう？　振付家・舞踊家は昔から、絶えず若いままの自分のカンパニーのメンバーより目に見えて年取ってからも尚その傍らで踊り続ける。若いパフォーマーは同じ程に若々しいダンサーと入れ替わるのに、年を重ねていく振付家はそのまま舞台に立ち続ける。マース・カニンガム（Merce Cunningham）はステージを退くまで、自分自身のための特別のソロを創った。ポール・テイラー（Paul

Taylor）とトリシャ・ブラウン（Trisha Brown）はともに振付は続けながら、ある時点で身体的な制約のもとで踊るのを止めた。いつ舞台を去るのかはきわめて個人的な問題であって、意志、快楽、身体的な健康状態に左右されるが、それらは全て老化とともに避け難く訪れる衰えの影響を被るのである。

一　私の場合

私自身の状況はと言うと、これまでに挙げた人々とは異なる展開を見せてきた。安定したダンス・カンパニーを維持する時のごたごたを引き受ける気は皆無だったので、四〇歳になる頃には物語的な実験映画の製作に専念するべく、ダンスの世界から完全に足を洗った。二〇〇〇年にホワイトオーク・ダンス・プロジェクト White Oak Dance Project の依頼でダンスに復帰《幾多の夏の後、白鳥は死ぬ（After Many a Summer Dies the Swan)》した時点で、老化とダンスの問題に直面していること、それがミハエル・バリシニコフ（Mikhail Baryshinikov）という人物に具現された形で出てきていることに気づいた。バリシニコフは、いかにも黒幕的な存在としてではあるが、彼のグループのはるかに若い五人のダンサーたちと一緒に舞台に立つことになっていた。私が過去からかき集めてきた振付の技術的な要求をミーシャはなおも楽々こなしていたとは言え、他のダンサーたちとの違いに気付くか、それとも無視するかを選ばなければならなくなる状況に観客を追い込む代わりに、彼の年齢とその名声をともになんらかの仕方で強調する必要があると感じられた。そこで、いわば彼のアウラや威信を等身大にまで削ぎ落とすために、かかとを踏まれて、靴を調節し、レースの紐を結び直し、他の者たちに追いつくように急ぐことを余儀なくされる、といったような、ふざけた介入の瞬間を組み込んだ。それは、この状況を解決すべき問題として振付家が意識しているというメッセージを伝える一つの方法だった。この作品の上演で一回だけ、私が舞台に出て他の者たちとユニゾンの動きを踊って退場したことがあった。カメオ〔短い一場面だけの名優登場〕、いや、より正確には、高度にプロフェッショナルな奇行による「軟膏の中の蠅」と言った感じか――何しろ私は彼らについていくことがほとんどできずにいたのだから。

その後の数年はパフォーマーとして自分のダンス作品に出演することから遠ざかっていた。例外は二〇〇九年にロス・アンジェルスで行われた《ROSインデクシカル（RoS Indexical）》〔ROSは《春の祭典（The Rite of Spring）》を指す〕（2007）の公演でパット・キャターソン（Pat Catterson）の代役を務めたときで、彼女は母親が亡くなって舞台に出ることができなかったのだった。運良く、舞台装置は詰め物を厚い張り地で覆ったソファで、ダンサーたちはしばらく踊っては合間にたびたびそこに赴いた。短いイントロダクションで観客に事態を説明した後は、間欠的にアクションに入ったり、次のキューまでソファで休んだりと、できることをやった。私の「硬さ」に触れている論評もあった。そう、この身体はおよそ柔軟だったためしがなく、細心の注意を払って毎日そのメンテナンスに努力していても、硬くこわばっていた。今回は代理で参加しているのだからと正当化することができ、観客に対して何を見ることになるのか予め警告するだけの注意深さがあった。不在のダンサーの替玉として文字通り「そこに立っている」のだと。

次に自分で踊るはめになったのは二〇一〇年、私のトレードマークになっていた《トリオA（Trio A）》

(元々のタイトルは《心は筋肉である、パートI（The Mind Is a Muscle, Part I)》、一九六六年に三一歳で制作したもの）を踊った時だ。《トリオA》のこのヴァージョンは、《トーク付き老いぼれ版（Geriatric With Talking)》という副題が示すように、ダンスにおける老いについての私の哲学とでも呼べるものを要約していた。つまり、「全てさらけ出す」。もし観客の前に登場しようとするなら、しかも昔のようにたくましく、正確に、同じ素材を実行することができないのなら、正直であれ――何が起こっているのかを瞬間ごとに彼らに伝えること。まさしくこれが私のしようと決めたことだ。言葉は、必要な意識をこのパフォーマンスに付与するものので、見るものの側に憐れみや恩着せがましい態度への傾きが生じないようにしたかった。このダンスを縫うように通過する間、自分の経験しつつあることを、動きの流れを邪魔することなく、即興で彼らに語った。

この動きは脚をゆっくり上げるもので、バットマン〔バレエで、第五ポジションから片脚を前・後・横に上げそれをもとに戻す動作〕ではないのに、どうして私はもうこれより高く脚を上げることができないのでしょう？　ああ、とにかくやるだけ、やっつけてしまえ。

そして、たった今目撃しているのは極端な舞台ビビりの状態だということを、あなた方に言わなければなりません。ここしばらく人前で踊るということをしてこなかったので、それがどういうものになるか予想していませんでした。

一連の回転の後で床から特定の仕方で起き上がろうとしながら、もう滑らかにこの動きをすることはできません、左脚を外向きに曲げて起き上がる、といった動きですが。でもどうして、（這い上がりながら）この他のやり方でも同じようによくはないでしょうか？　動きを続けていて、止めない以上。

ある程度予想していたのだが、観客はそれを巧みな冗談だと思って、私が何か言うたびに笑った。半数以上は《トリオA》のことをよく知っていたのは疑いない。私は公演の最初にその事実に触れた――「みなさんは多分ユーチューブで見たことがあるでしょう」――だから自分たちが見ているものについて二重の意識を持っていたはずだ。一九七八年の私が四四歳でそれを踊っている時のフィルムと、当時七五歳の私が目の前でそれを具体化している様子と。その時のダンスは十分それとわかるものだったと確信している――抑揚のないフローや観客を見ることとの拒否の印象をそのまま留めていた（話す時でさえそれを執拗に維持していたので、全体の浮かれ騒ぎにさらに拍車がかかった）。欠けていたのは、写真でしか記録のない一九六六年版――三二歳の時――の身体の伸びやかさ、純粋な身体的力。

二　老いていくパフォーマーたちとどう創作するか？

近年自分の振付における老いのみならず、老いてゆくパフォーマーたち、自分自身を含め、三八歳から六六歳まで幅のある年齢層のグループを私がどのように扱ってきたか。この問題に対する私のアプローチで最初にして最重要なものは、三つの近作のタイトルに示されている。《螺旋状に降下する（Spiraling Down）》、《介助生活：気のいい奴らその２（Assisted Living: Good Sports 2）》、《介助生活：お金持っている?・（Assisted Living: Do You Have Any Money?）》。ひとたび提示されるや、老いの問題はどこでも語られるようになり、何の関わりもないような題材を包括する場合さえありうる。このところ私の運動についてのアイデアは大部分既存の源泉から出てくる。紋切り型のバレエのコンビネーションや日常の身振りに加えて、ローレルとハーディ〔Stan Laurel 1890–1965 & Oliver Hardy 1892–1957. アメリカの映画コメディアンのコンビ〕、サラ・ベルナール〔Sarah Bernhardt 1844–1923. 悲劇を得意としたフランスの名女優〕、ロビン・ウィリアムズ〔Robin Williams 1951–2014. アメリカの俳優〕、スティーヴ・マーティン〔Steve Martin 1945. アメリカのコメディアン・作家〕、ジャック・タチ〔Jacques Tati 1908–82. フランスの映画監督・コメディアン〕、グルーチョ・マルクス〔Groucho Marx 1895–1977. アメリカの喜劇映画俳優マルクス四兄弟のひとり〕。もはや振付を革新的な動きの問題として考えていない。ダンサーたちに運動選手のような過度な力量を求めることはないが、私の振付はある程度卓越した技巧を要求するのはたしかだ。たとえば、ユニゾンで踊ること、長いモノローグの朗唱、しかもその内容は――ニュースから寄せ集めた経済、性的アイデンティティ、悪い冗談、法律問題、政治の報告等々――同時に行われるステップとかみ合わないもので、さらに最近は、無表情なドタバタ喜劇やしくじりの数々。作品は多様な訓練やスキルを備えたダンサーたちを必要とするのである。

これらの最近の作品のなかで、私は自分にダンサーではない役を与えてきた。主として（他の人の書いた）テキストの朗読を通して、カーニヴァルの客引き、歴史家、社会批評家、政治アナリスト、儀式の指導者、兄の認知機能の低下を物語るナレーターといった様々な役を演じる。私が好む自己提示の様態は「存在」だ。ステージの上に存在することが大好きなのだ。もはや「踊る」わけではない。私のグループ――「レインディアーズ（Raindears）」と非公式に知られている――で最年長者は六六歳、まだまだ意気軒昂だ。《トリオA》を通常の順序でも逆順でも踊る。他のメンバーにタップダンスのルーティーンを教える。彼女の顔には皺が刻まれているが、身体は一番若いメンバーのそれと同じくらい元気だ。一時間ウォーミング・アップに使い、カニンガムの練習メニューを全部こなす。その身体は、私のそれと同じように、耐久力のある彼女のリアリティである。違いは、彼女の身体が「踊る」ことを続けてきたという点だ。

おわりに

結論として、ここで《トリオA：トーク付き老いぼれ版》から想起した引用をもう一つ。

《トリオA》のこのヴァージョンを劣化や衰えの証拠ではなく、アヴァンギャルドのダンスの新しい形式として考えてほしいのです。老いていく身体はただそれだけで意味を持っており、よしんばもう輪くぐりのジャンプができないとしても、不適当とか劣っているとか判断される必要はないのです。

実のところ、ダンスにおける老いゆく身体の進展は、高級文化の宮廷の門を打ち壊し、それに取って代わるヴィジョンや意見を持っている烏合の衆の入場を許した、一九六〇年代の私の仲間たち、同僚たちの最初期の野望を満たすものである。沈黙、騒音、歩くこと、走ること、がらくた――それらがみな記念碑性、美、優雅さ、プロフェッショナリズム、英雄的なものといった支配的な基準を切り崩したのだった。この、今や十全に認知され敬意を払われている領域に、ダンサーの老いゆく身体を迎え入れる機はとうに熟している。老いることは究極のゴールにして障害だ。私自身それに向き合わなければならない。そこで私は自分に言う、イヴォンヌ、テキストを読むのを続けていいよ、でも踊ること、痛みを感じること、全てを続けなさい。「もう踊らない」と弱々しく訴えるのは終わり。踊って、いい子だから、踊って、そして私を観察する全ての人に挑戦する、「この私を憐れまないで」。

たしかに、友人たちからの共感は少しばかり必要としても。

＊　初出はPAJ: A Journal of Performance and Art, Volume 36, Issue 1 (January 2014): 3–6.
＊＊　節のタイトルはレイナーによるものではなく、訳者によって挿入した。

第4章　コンテンポラリーダンス、長寿、人生の意味

ラムゼイ・バート（越智雄磨 訳）

はじめに

一九六〇年代にジャドソン・ダンス・シアターのメンバーたちによってもたらされた美学的革命が予見していなかった思わぬ成果は、年老いたダンサーたちのパフォーマンスの可能性を広げたことだと言えるかもしれない。いささか方法は異なるが、同様のことが、一九七〇年代にピナ・バウシュ（Pina Bausch）によって発展したタンツ・テアターへの革命的なアプローチについても言えるだろう。私が一九九九年にニューヨークで教鞭をとっていた時、イヴォンヌ・レイナー（Yvonne Rainer）がジャドソン記念教会に舞い戻り〔一九七〇年代以降レイナーは映画製作に活動の場を移し、長らくダンスから離れていた〕《圧迫されたトリオA（Trio A Pressured）》を上演するのを幸運にも見ることができた。彼女の最も有名な作品《トリオA（Trio A）》に基づいた新しいプログラムである。レイナーは当時六五歳であり、この作品で彼女と共に踊ったスティーヴ・パクストン（Steve Paxton）は六〇歳だった。同年、ブルックリン・アカデミー・オブ・ミュー

ジックでは、ピナ・バウシュが《ダンソン（Danzón）》の中で彼女自身のために創作したソロ・ダンスを踊るのを見ることができた。彼女はその時五九歳だった。私はまたアナ・ハルプリン（Anna Halprin）がニューヨークの九二丁目ＹＭＨＡで《祖父のダンス（The Grand Father's Dance）》を踊るのを見た。彼女は七九歳だった。一九九四年に、トリシャ・ブラウン（Trisha Brown）は自身のための新しいソロ作品《あなたが私を見ることができなかったなら（If you couldn't see me）》を創作した。彼女はその時五八歳で、すでに一〇年近くそのソロを踊り続けていた。デボラ・ヘイ（Deborah Hay）は一九九九年以降、自身による七つのソロ作品を上演し、二〇〇一年にはミハイル・バリシニコフ（Mikhail Baryshnikov）とのデュオ《シングル・デュエット（Single Duet）》を創作した。その時ヘイは六〇歳で、バリシニコフは五三歳だった。一九六〇年代にジャドソン・ダンス・シアターに関わっていたブラウン、ヘイ、パクストン、そしてレイナーに加えて、ヴッパタール舞踊団の何人かのダンサーたちは六〇代、七〇代に入ってなお、踊り続けている。

本論文は五〇代やそれ以上の世代の人々のためのダンスが、いかに健康や福利を増進しているのかを論じようとするものではない。今言及してきた老いたダンサーたちに踊り続けることを可能にしている振付及びダンス・ムーブメントへのある種のアプローチを考察の対象としている。老いに関する支配的で消費主義的な言説へのカウンターとして機能するポテンシャルを秘めた作品の創造と上演の可能性を検証するのである。ジグムント・バウマン（Zygmunt Bauman）が述べるように、消費主義は、誰もが被る可能性のあるあらゆるトラブルへの処置を、もし消費者が十分に真面目に探すならば、店頭で見つけ、購入できるのだと約束する（Bauman 1998: 42）。シルバー世代の消費者――退職した者、あるいはそれに近づきつつある者たち――

は、実際に老いを見えないようにするわけではないにせよ、せめて老化の始まりを忘れる助けとなる品物やサービスを追い求めている。だが、一九六〇年代と一九七〇年代の間に起こった美に関する観念の革新、および実演者と観客との関係性の革新は、今日の劇場舞踊にとって、老境に入ったダンサー達への異なる見方を可能にする選択肢を新たに広げる一助となった。この革新は、より広いカウンターカルチャー運動の一部であった。しかしながら、高齢の消費者をも対象として取り込む消費者のニッチ・マーケティング［特定分野や潜在的な顧客層の開拓を重視したマーケティング手法］の現在の形態もまたカウンターカルチャーにルーツを持っている。このことはカウンターカルチャーのラディカルな価値が、今なお批判的なエッジを維持しているのか、あるいは新たな資本主義的消費ビジネスの形態に回収されているのか、という問いを立ち上げる。年老いたダンサー達によるパフォーマンスは、隠れた消費者層である「シルバー世代」の消費主義という支配的な物語を強化しているのだろうか、あるいはそれに抵抗する潜在力を秘めているのだろうか？　この論文は、老いることにまつわる言説を検証することによって、また一九六〇年代、七〇年代のカウンターカルチャーと現代のダンスの諸実践との論理的なつながりを確認することによって、こうした問いに答えようとする。それは消費者文化の中で促進される個人主義的な価値観と、他者とのさまざまな関係を通して決定される状態としての年齢に関する観念とを比較対照することでもある。関係性こそ、消費者文化の中で促進される老いに関する考え方とは異なるオルタナティヴな思考法を提供する近年のダンスの実践を支えているのである。

一　老いをめぐる様々な言説

老いをめぐる言説は、文化的にまた歴史的に特殊である。一九九五年、スティーヴ・パクストンは五五歳の時に、ジャッキー・ランスレー（Jacky Lansley）とファーガス・アーリー（Fergus Early）から受けたインタビューで、次のように答えている。

今難しいことは、当時（パクストンが若かった時）難しかったこととは異なります。まず、私は自分がまだ踊っていることにかなり驚いています。何らかの誠実さを持ったダンサーならば、三五歳で踊りをやめるだろうと思っていました。おそらく、それは正しいのでしょうが、実際のところわかりません！いずれにせよ私は三五歳を超えて二〇年踊りを続けています。そしてそれは本当に興味深い二〇年でした。なぜなら以前には、気がつかなかった身体に内蔵されたシステムや新たに追求すべきアイディアを今でも発見し続けていると感じるからです。（Lansley 2011: 97–8）

パクストンが「身体に内蔵されたシステムを発見する」と述べる時、それは、神経—骨格—筋肉の連携から成るシステムが運動感覚の経験を生じさせる方法のリサーチを指しているが、この点については後ほど検討しよう。

「何らかの誠実さを持っている」と考えられるダンサーが三〇代半ばに差し掛かった時、プロとして踊ることを止めるべきである、という考えはヨーロッパや北米で支配的な考え方ではあるが、世界の他の国や地域においてはそうではない。日本では、中島那奈子が指摘しているように、ダンスと老いに関して全く異なる考え方が存在している。

〔日本では〕芸術の領域にいるダンサーたちは、年齢を重ねるほどよりよく踊ることができると考えられていることが重要である。舞踊家は老いると、身体の年齢に合わせて踊りの形を補正する。（中略）花柳寿南海や四世井上八千代などの日本の伝統舞踊の多くの職業的な舞踊家たちは、八〇代に入っても踊りを続け、人間国宝として認められている。年齢を重ねることは、こうした職業的な舞踊家たちにとって、踊る上での究極的なステータスなのである。(Nakajima 2011: 103)

異なる文化圏においては、ダンスと年齢の関係について、このように異なる観念が存在するという事実は、歳を重ねることの持つ性質が社会的に構築されているということを示している。興味深いことに中島が言及した日本の舞踊家と同様に、パクストンもまた、踊る身体の年齢に合わせてそのダンスの性質を調整してきたと先の引用において述べていた。ブラウンやハルプリン、パクストン、レイナー、その他のダンサーたちは、六〇年代、七〇年代にダンサーの訓練に関して新しい考えをもたらし、スペクタクルや名人芸に対抗して自ら起こした美学的革命を通じて、年齢に応じて実践を変化させていくことが可能だったのである。

マーガレット・グレット（Margaret Gullette）は、年齢には三つの捉え方があると指摘している（Gullette 2004）。暦年齢、生理学的年齢、社会的年齢の三つである。ある人物が重ねてきた年齢は暦年齢にあたる。生理学的年齢は身体の状態と関連しており、そこでは、いかにその身体がよいコンディションにあり、健康であるかが問題となる。社会的年齢は、社会が年齢に応じて人を見る社会的視線の内面化を通じて判断される。二一世紀の西欧諸国の人々は、他者との関係を通してというよりも、むしろ商品やサービスの消費経済の内にある様々な関係を通して自己意識を定めるようにますます奨励されている。つまり、ベビーブーマー〔出生率が高まった第二次大戦後のベビーブーム時代に生まれた人々〕として知られる世代は長寿に関連したニッチ消費主義の格好のターゲットなのである。

二　消費主義と老い

ここで、この論文を書いている私が六三歳〔本稿執筆時〕であることを告白せねばならないだろう。つまり、私はベビーブーマーとして知られる比較的高齢のカテゴリーに属している。私は第二次大戦後の二〇年の間に生まれた世代の一人である。ベビーブーマーは、相応に繁栄を謳歌し、ヘルスケアが大いに改善した時代に生まれ成長したことから、一般的に健康良好と言われ、後続の世代より裕福な世代である。一九七〇年代にヴッパタール舞踊団に参加したダンサーたちの多くはベビーブーマーである。ドミニク・メルシー（Dominic Mercy）、ジョセフィン・アン・エンディコット（Josephine Anne Endicott）は二人とも一九五〇年生まれである。ジャドソン・ダンス・シアターのメンバーたちは、ピナ・バウシュと同様に、わずかに早く一九三九年から四五年という戦前ないし戦中の年に生まれている。ジャーナリストのマイケル・キンズリー（Michael Kinsley）は『ザ・ニューヨーカー』誌の記事において、ベビーブーマー世代は「物質的な所有の内に純粋な幸福に近いものを見出してきたと考えられている」と考察した。これを突き詰めれば、マルコム・フォーブス（Malcom Forbes）、すなわち『フォーブス・マガジン』の発行人である億万長者が最近述べたとされている「死ぬ時に最も多くの玩具を持っている者が勝ち（He who dies with the most toys wins）」という言明に到達するだろう。キンズリーは次のように述べている。

両親が最初に与えてくれたもの――遺伝、文化、金銭――と純粋な運との間で、私たちが、長生きしようとして自らできることは多くない。たとえあなたが、ダイエットや体操、睡眠、ビタミン摂取などあらゆる正しいことを行い、それによって二、三年の寿命を延ばしたとしても、それが精神的偉大さの証になることなどあるだろうか？　自身の予測寿命を引き延ばすことは、何をするにせよ考えられうる限り最も利己的な動機だろう。ぜひそうすればいい。私もそうしよう。しかし、どうかおじぎをして拍手喝采を受けようなどと期待しないでほしい。（Kinsley 2008）

キンズリーがここで言及しているように、消費主義は利己的であることを奨励している。消費者の選択の自由は極めて個人的なものである。観客たちがしばしば年老いたダンサーたちによる上演に拍手を送るのは、大抵は、彼らがもっぱら正しいことを行っていて、老いてなお踊っているからという理由であることは疑い得ない。しかし観客たちは単純に予測寿命を引き延ばそうと励むダンサーたちの個人的な欲望に拍手を送っているのだろうか？

一九九九年にアナ・ハルプリンの踊りを見たとき、彼女が七九歳でまだ踊っているという事実は、彼女自身にとっては全く瑣末なことであり、それについて尋ねられることに飽き飽きしていると言っていたことを思い出す。彼女はダンスそのものの価値が注目されることを望んでいた。ハルプリンのように長寿を巡る消費主義的な言説に異議を申し立てるパフォーマンスを創作してきたアーティストは、こうした実践が持つ倫理的側面と美学的側面の双方に触れる問題を提起している。倫理とは、他者に対して私たちが負う責任のことであり、哲学者エマニュエル・レヴィナス（Emmanuel Levinas）が主張するように、意識に先行して他者に情動を揺り動かされる経験のことである。この論文が焦点を当てるダンス作品においては、年齢は、消費経済の中で普及している価値の確認を通してではなく、むしろ、このような他者との倫理的関係を通して同定される。

三　老いとダンス・パフォーマンスのポテンシャル

西洋における、老いに関する支配的な言説は、衰退や悪化に関するものである。マーガレット・グレットが指摘するように、これは「男女双方に対して、喪失や孤独、精神的および物質的なリソースの減衰として老いを本質的に経験し、語ることを奨励する暗黙の有力な文化的『メッセージ』」である（Gulette 2004, 8)。哲学者シモーヌ・ド・ボーヴォワール（Simone de Beauvoir）は六二歳の時に、このような言説がいかに機能しているのか、その一例を書き示した。ボーヴォワールは、彼女自身それまでと何も変わったようには感じていなかったにもかかわらず、他の人々は彼女が老いていると考えていたことを記している。彼女が主張するように、これは老いにまつわる複雑な真実であり、他の人々との関係の内に存在するものである。

老いとは、外側から見れば他の人が客観的に決定する私という存在と、それを通して私が自分自身について持つ自己認識との弁証法的関係なのである。私の中で年老いているのは大文字の他者、すなわち、他の人々にとっての私である。そしてこの大文字の他者とは、私自身でもあるのだ。（Beauvoir 1972: 284)

社会的なプレッシャーが、社会が規定するような年齢に相応しいかどうか、という目で自身を見るように強制しているというのである。

トリシャ・ブラウンは一九九六年にソロ作品《あなたが私を見ることができなかったなら》に関して、クリスティ・アデア（Christy Adair）から受けたインタビューに対して、舞台上では真摯に注意が向けられる存在であるのに、路上に出ると典型的な老女に格下げされてしまうと嘆いている。彼女は時々そばを通りかかった人びとにこう言いたい気持になった。「馬鹿な人たちね。私は知的で、情熱に溢れているのに。私の中でそういうものがもう失われてしまったとどうして決めつけるの?」(Adair 1996: 51)。ボーヴォワールとブラウンはともにステレオタイプな規範に従って判断されるよりも、むしろ自分自身が感じているように他者から見られたいと望んでいる。彼女らは、多くの他者から成るマルチチュード(多数性)の一部としてありつつ、彼女らが持つ特異な差異を認識されることを望んでいる。哲学者ジャン＝リュック・ナンシー(Jean-Luc Nancy)が著作『複数にして単数の存在』で述べたように、「特異なるものは本来、各々が一なるものであり、それゆえに他のあらゆるものたちと共にあり、その一部でもある。特異なものとは複数的である」(Nancy 2000: 32)。ナンシーはマルチチュード(多数性)や複数性について語っているが、そこでは年齢、「人種」、ジェンダー、その他アイデンティティに関わる諸々の構成要素が、包摂的かつ非差別的な方法で認められる。特異な差異を認めることは、他者との関係の形成や倫理的関与に向かうプロセスの一部となる。これはユートピア的な状況に見えるかもしれない。しかしダンス・パフォーマンスはユートピア的なオルタナティヴを想像する機会、すなわち夢の資源を提供するポテンシャルを秘めている。他者との倫理的関係を成り立たせるものとして年齢を理解するということは、老いにまつわる支配的な物語に対する一つのオルタナティヴである。

先に述べたように、一九六〇、七〇年代の新しいダンスや当時のカウンターカルチャーと二一世紀の消費文化との間には複雑な関係がある。一九六〇年代と七〇年代にアメリカとドイツを拠点としたダンサーたちが開始したダンスにおける美学的革命と身体化された経験に関する新しい考え方は、カウンターカルチャーのオルタナティヴな価値観の一部を成し、またその形成を促してもいた。しかしながら、これらの価値観はまた、ベビーブーマーたちをターゲットにした新種のニッチ消費主義の発展にも貢献した。リュック・ボルタンスキー（Luc Boltanski）と、イヴ・シャペロ（Eve Chiapello）は、一九九九年に刊行した『資本主義の新たな精神』において、一九七〇年代のカウンターカルチャーのルーツは、一九六〇年代後半の学生革命とともにストリートに引きずり出された資本主義的な消費文化への不満にあると主張する。彼らの資本主義批判は「その非正当性、日常生活の貧しさ、技術化とテクノクラートの統治下で進行する世界の非人間化、〔…〕自律性の喪失と創造性の不在」（Boltanski 2007: 170）を標的としている。工業化が及ぼす社会的影響に対する批判は、二〇世紀のより早い時期にすでに現れていた。ヨーロッパとアメリカ合衆国における一九六〇年代のカウンターカルチャーに見られる特有の傾向は、一九五〇年代から六〇年代にかけての消費主義の大規模な拡大に対する抵抗にある。この反消費主義的な運動は、ヴェトナム戦争や西欧の旧植民地で起こっていた戦争に反対する政治上の既成勢力への反権威主義的な不信と並走していた。同時代に現れた踊る身体を呈示する新しい方法は、このような批判に直接的に関係していた。

一九六八年四月、《トリオA》がその第一パートとなる《心は筋肉である（The Mind Is a Muscle）》の完成版を初めて通して上演したプログラムのために書かれた長々しい宣言文の中で、レイナーは次のように述べている。「もしほとんどの踊りに見られるアイディアの貧困、ナルシシズム、偽装された性の露出趣味に対する私の怒りが清教徒風のお説教とみなされるならば、私が身体を――身体の重さ、その量塊、ありのままの身体性を――愛しているということもまた真実である」。こうした「身体」の平凡な、日常的な特徴に価値を見出す観点は、ボルタンスキーとシャペロが分析した消費文化の非正当性に対するカウンターカルチャーからの批判と一致している。レイナーのようなミニマリストによる日常的なムーブメントの探求は、何よりもまず美学的だった。しかし、ヴェトナム戦争への抗議としてレイナーが行った《回復期のダンス（Convalescent Dance）》と銘打たれた《トリオA》のソロヴァージョンが示すように、その探求から後に社会的かつ政治的な新しい異議申し立てに結びつく文化的な実践が生まれたのである。

《回復期のダンス》は一九六七年二月二日に、「怒りの芸術週間（Angry Arts Week）」の一部として上演された。これは、レイナーの当時のパートナーであるロバート・モリス（Robert Morris）が教鞭をとっていたニューヨークのハンター・カレッジで行われ、一連の展示やパフォーマンスがプログラムに含まれていた。レイナーは子供の頃に患った虫垂炎から併発した腹膜炎と腸の壊疽に長らく苦しみ、その手術から回復しつつある時だった。このような状態にある自分自身を提示することによって、レイナーは性格付けや表現の持つわざとらしさを回避したのである。この作品は戦争に対する感情的な反応を表現したのではなく、レイナーの身体の脆弱さとヴェトナムで戦って負傷した兵士たちの状態とを関連付けていた。レイナーは傷ついた兵士の役を実行するために、あるいは戦争の普遍的な悲劇を表現するために、彼女自身として存在することをやめたわけではない。そうではなく、《回復期のダンス》は、レイナーの身体的な弱さと兵士の負傷との連帯を創造している。この連帯は、レイナーが患った病と手術の後遺症によって衰弱したという事実に拠って成り立っている。レイナーは、《回復期のダンス》について、《トリオA》を構成する振付のシークエンスを最も完璧に実現したヴァージョンだと考えていることをサリー・ベインズ（Sally Banes）に伝えた。なぜなら、彼女の回復しつつある身体の状態は、その上演をまさに真正な明白さで満たしていたからである

(1980: 52)。この明白さは、それ以上の何かを付け加えることなく、レイナーがなすべきあらゆることを可能にし、彼女の身体をよりオブジェに近づけ、その個人性を削いでいった。彼女自身が書いたように「理想的には、人は自分自身ですらない。人は中立的な『実行者』である」。彼女の受動性、そこにただ在ることへの固執——彼女の身体が耐久力のあるリアリティであり続けているという明白な事実は、国家とその愛国的なプロパガンダに抵抗するための場を創造していた。

私は先に、伝統的な日本の舞踊家が老いるにつれて踊りの形式を踊る身体の年齢に合わせて補正するという中島の説に触れた。同様に、レイナーは病から回復しつつある身体の状態に合わせて、《トリオA》の上演を変化させている。そうすることによって、思いがけず彼女にとって最も完璧な上演が実現されたのだろう。一九六五年の「ノー・マニフェスト」として知られる宣言において、レイナーは「ヴィルトゥオジティ(超絶技巧)にノーを!」と書き付けた。ヴィルトゥオジティを有するダンサーとは、見る者を眩惑し、驚嘆させる並外れたレベルの技術を持つ者のことである。ヴィルトゥオジティが希少なものである場合、それはダンスのマーケットにおける売れ筋の商品になる。だが、華々しく派手で、高い技術を要求する動きを遂行するヴィルトゥオジティは、ダンサーが年を取るに連れて失われていくものである。歩行やランニング、静止して立つ、座るというような単調な動きに見られる日常的なるものに向けられる鋭敏な感性は、ヴィルトゥオジティに対する拒絶と見なすことができるだろう。規範的なヴィルトゥオジティは、それを持つダンサーとそうでないダンサーとを峻別する一方で、レイナーが記述するようなミニマリスト的な感性は、個々の身体が有する特異性を賞賛しつつ、技術の共有を強調する点において、平等主義的であり非ヒエラルキー的である。

ダンス批評家のジル・ジョンストン（Jill Johnston）は、一九六二年六月にジャドソン記念教会で行われた最初のダンス公演について、「デモクラシー」と題した批評を『ヴィレッジ・ヴォイス』誌に寄稿した。デモクラシーという語によって、彼女は平等な社会を言い表そうとしたのだろう。スティーヴ・パクストンの一九六七年の作品《サティスファイイン・ラバー（Satisfyin' Lover）》は、民主主義的で平等なダンスの実践に関する明瞭な例を示している。舞台上の上演空間を多数のパフォーマー（三〇人から八四人）が、予め決められた順序で、一人ずつ、あるいは集団で歩いて横切るという作品である（スコアは Banes 1980: 71–74）。ジル・ジョンストンは一九六八年にこの作品について、パクストンの関心が「甚だしく多様な身体を取り揃え、あらゆる人生を生きてきた、あらゆる年代の身体」を使用することにあると指摘した（Johnston 1998: 154）。この作品においては、どんなパフォーマーであってもヴィルトゥオジティを披露することはできないが、それぞれの身体の特異性が露わになる。ナンシーが指摘したように、特異性とは複数の連続体の内にある一つの個例であるがゆえに、特異なるものとは、多くの他者とともに、多くの他者の中に存在する単数の存在である。《回復期のダンス》と《サティスファイイン・ラバー》は、ダンサーたちの特異な存在を際立たせるパフォーマンスを通して、価値のある広く開かれた知識と経験を共有するコモン・スペースを創造する方法を示している。老いたダンサーたちによる上演の正当な評価を可能にするのは、このような倫理的かつ美学的なシフトにおいてである。

四　カウンターカルチャーとダンス

一九七〇年代にヘイとパクストンはニューヨークを去り、バーモント州北東部の田舎にあるダンサーと芸術家から成るコミューン「マッド・ブルック・ファーム」に移住した。ボルタンスキーとシャペロが観察したように、消費社会は「大衆文化の製品の消費者を、標準的なメッセージの受動的な受信者にすることによって規格化してしまう」ために批判されるが、その一方で、ダンスへの新しいアプローチは、ヘイやパクストンのようなダンサーに、彼らにとってより真正だと思われる表現方法の探求に向かわせた。一九八一年のインタビューで、パクストンは同時代の身体的経験の多くは真正なものではないと批判している。彼は「身体は、その偉大な能力でもって風景の中に溶け込むように、自然によってデザインされ、また自然の中で進化してきた」と確信していた（Paxton 1982: 13）。一九六〇年代のニューヨークにおいて、人々はどのように生活し、働いていたのだろうか。パクストンは次のように観察している。「ニューヨークの住民は職場や地下鉄で一日中座り、夜にはテレビを眺め、たまに起き上がっては少し歩いているだけである。このような生活では私たちは自らの潜在力の一パーセントしか使用していない」（Paxton 1982: 13）。現代の都市生活は、住民にどれほど自らの身体を使用していないかに気づかせることがない。パクストンは、コンタクト・インプロヴィゼーションのような実践を通して、人々が動きに関する個々の潜在力をより発揮し、より真正な生活を送ることができると信じていた。

パクストンがコンタクト・インプロヴィゼーションの基となる動きの方法の探究を開始したのは、彼が所属していた「グランド・ユニオン」――非ヒエラルキー的な即興のダンスを目指した集団――が一九七二年オーバリン・カレッジでレジデンスしている最中のことだった。一九七二年にパクストンは次のように述べている。「グランド・ユニオンは、シアターでの社会的な組織形態についての一〇年にわたる探求――それは集団の中に個人の自由を創り出し、新しい意識へと駆り立てることを目指した――の現時点での現れのように思える」(Paxton 1972: 131)。パクストンがここで述べていることは、明らかにカウンターカルチャーのラディカルで政治的な大志と同一線上にある。彼が言う「新しい意識」とは、社会的な組織の形態に言及している点では確かに政治的であり、同時に、インプロヴィゼーションの実践が身体に集中する意識に依拠している点では身体的である。

デボラ・ヘイに見られるカウンターカルチャー的な価値観の受容は、パクストンと比較すると、はっきりとは政治的ではなく、よりスピリチュアルで詩的である。ヘイは一九六〇年代後半のニューヨークにおいて比較的固定したメンバーから成るグループとさまざまな振付のアイディアを試しながら、後に《サークル・ダンス(Circle Dance)》となる素材を探し始めていた。彼女は「私自身が持っていたアイディアは自分にとって次第に重要ではなくなっていきました。個人的にも集団としても私たち全員に起こっていたこと、〔…〕共に動くということが、よりずっとエキサイティングなものだったのです」(Hay 1975: 4) と述べている。《サークル・ダンス》の上演において重要な点は、彼女が書いているように、「円陣を組んだ全員のエネルギーから生み出される経験」(Hay 1975: 7) である。それは、ヘイが書いているように「明らかに、これまでにダンスの経験が無くても踊りたいと望む人たちのため」のものである（Hay 1978: 128）。言い方を変えれば、どんな専門的な知識も要求せず、身体的な経験に感覚を研ぎ澄ます意思だけが必要とされていた。こうしたことは平凡なもの、日常的なものを評価する価値観に由来していた。ヘイは《サークル・ダンス》を構成する個々のダンスを一九六〇年代から七〇年代初頭に発表された古典的なポップソングに振り付けた。集中して聞く必要のない、聞き流すことのできる親しみやすい音楽であり、ダンスそのものはシンプルで日常的な動きから構成されていた。こうした禁欲主義は、高められた幾分か瞑想的な意識へと導いた。あるダンスは特殊な方法で呼吸することだけで構成されており、ヘイがこのダンスのために選んだポップソングが流れている間中、この行為は繰り返された。あらゆるダンスに対する彼女の指示は、「動きはゆっくりと繰り返され、あなた自身の感情と呼吸から生まれます。〔…〕それは歌のリズムと共に進行します——その場所に留まっている時もサークルを回っている時も」（Hay 1975: 9）というものだった。

このようなダンスの実践に見られる平凡で日常的なものを重んじる態度は、自分自身であることの自由を賞賛し、資本主義社会での真正な経験の欠如と見なされるものの拒絶を表している。ヘイは「各個人が、動く上での独自で明確な方法を持っています。各人が自分自身に固有の方法で動いていますが、サークルのパターンによって互いに繋がってもいます」と述べている（Hay 1978: 124）。彼女が主張するように、このダンスの参加者たちはアメリカ合衆国に拡散しつつあった「新しい文化の意識（a new cultural consciousness）」を実証していた。そして、ヘイはそれが何であったかを示すために、老子の道家思想、ヒンドゥー教の哲学、アメリカン・インディアンの信仰、さらにはウィリアム・ブレイク（William Blake）やウォルト・ホイットマン（Walt Whitman）の詩から、スピリチュアリティに関するテキストを引用した。この新しい文化の意識は、禁欲的なまでにスピリチュアルで詩的な次元で、現代の生活における真正性の欠如と考えられるものに対するオルタナティヴを提案していた。

それに類似するカウンターカルチャー的な意思の現れとして、ピナ・バウシュによってドイツで新たに発展したタンツテアターを捉えることができる。身体に向けられた新しい感性、個性や個人の自律性の首肯は、ピナ・バウシュの一九八二年の作品《ヴァルツァー（Waltzer）》におけるジョセフィン・アン・エンディコットによる有名なソロの中に認められる。「あなた方の助けはいらない、誰も手を出さないで！　結構よ！」という叫びで始まるソロで、エンディコットは存分に怒りをわめき散らし、規範化された女性像に対する抵抗を生き生きと示している。彼女は観客を睨みつけ、「こんな風に座っていれば、足は本当に太くて、醜くて、ひどく見えるんじゃない？　ブラジャーで乳房を素敵に引き上げたって、吊るしていなけりゃたるむわ」と叫んだ。エンディコットが自伝で説明しているように、ピナ・バウシュが彼女のソロを触発するために投げかけてきた質問の中には、「品位の低下／堕落」「見返りなしにそれを行う」「見せて、あなたの家でもこんな感じ？」（Endicott 1999: 19, 20, 24）というものがあった〔バウシュは、リハーサル中にダンサーたちに質問を投げかけ、ダンサーたちがそれに答えて行うインプロヴィゼーションを素材として作品を創作していた〕。エンディコットが後のシーンで幾つかのバレエ・エクササイズを実演するとき、このソロは、彼女の古典的なバレエダンサーとしてのキャリアの中で彼女を非難し貶めてきたオーディションやクラスに対する公然とした非難であることがある程度に明らかになる。これは一九七〇年代と八〇年代のバウシュの作品の多くに共通して見られるテーマである。エンディコットが叫ぶ非規範的な身体経験についての主張は、ボルタンスキーとシャペロが描き出したある種のカウンターカルチャーの価値観と一致している。エンディコットのソロは日常的なるものの礼賛である。彼女はハイヒールを履いたまま、重たげなテーブルを持って舞台を横切るが、誰の助けも望まない。それは容易ではないにしても、日常的な行為ではある。適切な女性の振る舞いに関する規範的な考えやそれに付随する消費主義的な思想に従うのではなく、バウシュとエンディコットは平凡で日常的な経験に関わることで、より真正だと思われる何かを探し求める自由を賛美しているのである。

五　新自由主義時代の抵抗の場としてのダンス

ボルタンスキーとシャペロは一九七〇年代のカウンターカルチャーのこのような側面が、後にグローバル化される新自由主義的な経済モデルによって、転用され無効化されると指摘している。彼らは、「資本主義の新たな精神」と呼ばれるものの展開が優位に立ち、一九六〇年代に学生の抵抗運動から発展したオルタナティヴなカウンターカルチャーの価値を搾取していると主張する。デイヴィッド・ハーヴェイ（David Harvey）もまた新自由主義が当時の不満から生まれ育ったと論じている。

介入主義国家と同盟する強力な企業集団がこの世界を支配しており、個人に対する抑圧と社会的不公正を生み出しているとみなされた。ベトナム戦争は不満の爆発をもたらす最もはっきりとした触媒であったが、企業と国家による環境破壊、愚劣な消費主義の推進（中略）こうしたこともまた広範な憤りを生んだ。（Harvey 2007: 42. 訳文は邦訳書から引用）

私は、ボルタンスキーとシャペロが資本主義的な消費文化に対する不満を一九七〇年代のカウンターカルチャーの発展の要因として見ていることをすでに指摘した。ハーヴェイのように彼らもまた、この不満が一九六〇年代後半の学生による革命とともに路上へと持ち出されたことを示唆している。カウンターカルチャーを担った者たちがより創造的で、真正で、個人を尊重する生活を熱望していた一方、芸術において登場した新しい個人の自律性を重んじるアプローチは、カウンターカルチャーの発展から影響を受けながら、またその成立に貢献もしていた。

カウンターカルチャーの側に立つ者たちは、労働は疎外的であり、一九八〇年代以降のポスト工業時代のビジネスが人工物の物質的な生産から非物質的な感情労働へと移行していると言う。カウンターカルチャーが規格化された製品の大量消費を批判する一方、新たにグローバル化した消費主義は、個人を対象としたニッチな製品とサービス、消費者個人の創造性を解放するそれらの潜在力にフォーカスを当てている。この新種の消費主義の重要な例として、アップル社のｉＰｏｄの所有を上げることができるだろう。それを所有し、使用することでライフスタイルの選択肢が広がると想定されているからである（Gay 1997; Bull 2007）。アップル社の共同設立者であるスティーヴ・ジョブズ（Steve Jobbs）とスティーヴ・ウォズニアック（Steve Wozniak）が一九七六年に最初のアップル・コンピューターを発売した時、彼らはカルフォルニアのドロップアウトした若者だった。

ボルタンスキーとシャペロは、カウンターカルチャーによる真正性の希求が、いかにして個々人の嗜好に高度に適合した新しい消費主義へとシフトしていったのかを説明している。

> 真正な財と人間関係の商品形態での供給は、［資本主義による］蓄積の要請と両立しうる真正性の需要に応える唯一の可能性であった。しかしもちろん、この新たな意味での真正性の参照は、財、物質的な快適さ、「物質主義」といったものの禁欲的拒絶――六八年五月に続く数年間には消費社会批判に依然として浸透していたもの――をもはや前提としなかったのである。(Boltanski 2007: 443. 二〇一三年。訳文は邦訳書から引用、括弧内は筆者による補足)

私は、カウンターカルチャーを担ったダンサー達が、一九六〇年代、七〇年代のアメリカ社会における物質主義を批判する作品を創作していたことに言及してきた。ボルタンスキーとシャペロは、古い形式の批評が、個人、特に高齢の消費者をターゲットにする消費主義の促進によって無効化されており、今や新しい形式が必要とされていると主張する。一九六〇年代、七〇年代の新しいダンスは個性や個人の自律に価値を置いたが、またコミュニティへの関与や関係性の倫理にも価値を見出していた。しかしながら、新自由主義に再び流用されてしまったこうしたダンスの批判的潜在力はいかほどのものであっただろうか？　日常的な動きの使用は、カウンターカルチャーによる商品、物質的快適さ、「物質主義」の禁欲的な拒絶と軌を一にしている。このほとんどピューリタン的とも言える禁欲主義は、関係性の倫理への関心と同じく、今なおブラウンやパクストン、ヴッパタール舞踊団に所属するダンサー達の最近の作品の特徴であり続けている。私は、こうしたダンスが、高齢の消費者を対象とした新たなニッチ消費主義への抵抗の場であり続けていると主張したい。一九九〇年代と二〇〇〇年代、こうしたダンサー達は高齢者の消費主義が促進するような眩惑的な気晴らしとは正反対の倫理的価値を強力に主張する作品を作ってきた。

　私はすでにトリシャ・ブラウンが五八歳だった一九九二年に創作した彼女自身のためのソロ作品《あなたが私を見ることができなかったなら》について言及した。この作品の出発点は、ブラウンが一九九六年にクリスティ・アデアに説明したところによれば、観客に背を向けて踊る、しかも背中の筋肉の動きを見せることで観客との関係を維持するダンスを行うと決定したことにあった。ブラウンは、自身の背中について「ムーブメントが始まる場所であり、もし、手足の動きが意図に合わなければそれらを隠すためのプライベートな場所でした。それは秘密だったのです」と言う。ブラウンは、リハーサル中にバランスを失い、その時、自分が背中を縮めていたことに気がついた。観客に背中を見せたくなかったからである（Adair 1996: 51）。ブラウンは自身が「全人生を通して身体的な生き物《フィジカル・クリーチャー》だった」と認めつつ、「私が人生を通じて達したこの段階でそれでも踊るために最近行ってきたこと、それは、私の身体の中で進行している事を何か別のものに置き換えることだった[1]」と説明している（ibid.）。アデアが説明するように、ブラウンは、スーザン・クライン（Susan Klein）やバーバラ・マーラー（Barbara Mahler）との共同作業によって、エネルギーの流れに関する動きのシステムや、多くの筋肉よりも骨に近い小さな筋肉から動きを起こすシステムを使用することができた（ibid.）。

スティーヴ・パクストンが二〇〇八年に発表したＤＶＤ《背骨のためのマテリアル（Material for the Spine）》の中で論じているのは、一九八六年から一九九二年にかけて踊った即興ダンス《ゴールドベルク変奏曲（Goldberg Variations）》と、その後に取り組み、二〇〇〇年代まで踊り続けた《イギリス組曲（English Suite）》において、どのように背骨を捻り螺旋する運動を用いているのかである。パクストンが《背骨のためのマテリアル》で提示する動きに関する知識と理解は、遅くとも、彼がグランド・ユニオンに参加し、コンタクト・インプロヴィゼーションを発展させつつあった一九七〇年代初期以来、そのパフォーマンスと教育活動の土台であり続けてきた。ちょうどブラウンが彼女のソロ作品に関して、ダンスが形成を促すパフォーマーと観客の関係性に関心を抱いていたように、パクストンは指差しや握手といったアクションに含まれる、手と、腕と、背骨の身体的な連携について詳細な分析を行っている。人が誰かと握手する時、手が差し出され、薬指と小指を伸ばし丸くする。パクストンによれば、これは、合気道において準備のできている身体が伝達しあう気を投射する方法に類似している。下方の二本の指は下腕から肩甲骨の下部に沿ってつながり、身体の中心が存在する背骨の下方へと降りていく。しかしながら、パクストンが指摘するように、私たちが何かを指差す時、そこには指でものを見るような感覚がある。私たちが指差す時、上腕から肩甲骨上部へとつながり、さらに、背骨の上部、首、頭へとつながっている人差し指をたいていは使う。ここでパクストンは、ブラウンがクラインやマーラーと行った仕事と同様に、ほとんど無意識的な動きについての明晰かつ興味深い分析を行っている。まさにブラウンがバランスを失ったことで、観客に背を見せて踊るという社会的な関係に帰結したと認めるように、パクストンは社会的な相互行為を行い環境へ関与しようとする決定がいかに背骨や腕を動かすことになるのかを認識する。いずれも直接的に老いを扱っているわけではないが、ブラウンとパクストンの（高）年齢は彼らのアイデンティティの構成要素の一つであり、それはブラウンのソロ《あなたが私を見ることができなかったなら》とパクストンのＤＶＤ《背骨のためのマテリアル》が探求しようとしている他者との関係性にも関与している。

ピナ・バウシュの《コンタクトホーフ（Kontakthof）》にはプロではないダンサーたちによって上演された二つのヴァージョンがある。二〇〇〇年に六五歳以上の男女によって、二〇〇八年には一四歳以上のティーンエイジャーたちによって上演されたそれらのヴァージョンは、若さと老いを際立たせ、その両方についての再考を促す。タイトルの「コンタクトホーフ」は、人々が他者とのコンタクトを求めて集まるホールを意味し、ダンスホールや売春宿であることも仄めかされる。ジュディス・マックレル（Judith Mackrell）が指摘するように、この作品では「男と女がティーンエイジャーのように着飾り、睦み合っている。彼ら、彼女らはあらゆる手段——おべっか、侮辱、意地悪、露出——を使ってパートナーを見つけようとする」（Mackrell 2010）。十代の若者たちが媚態を見せる様は、思春期の子ども達が純潔であるという親の思い込みに対する挑戦であり、同時に、六五歳以上のダンサーたちによる同様の振る舞いは、性的な欲望がいつまでも持続することへの問題提起である。この二つのヴァージョンは、ある特定の人生の段階に固定されることなく、変化と順応の瞬間のただ中にいる十代の若者とリタイア（引退、隠遁）した老人たちを見せることで、年相応の振る舞いを強いるステレオタイプな観念を崩壊させる。プロではない老人の出演者が演じる特定の役柄を若者のそれと比較し、さらに、プロのダンサーたちが行うヴァージョンと比較すると、あまりに若い、あるいはあまりに年老いた出演者たちによる上演も、彼らが遂行するマテリアルと彼らが指し示す個人的な経験は意味に満ち溢れたものとして立ち上がり、それは適正な年齢と考えられてきたダンサーたちによって上演される場合と同等の価値を持っていると言える。

最後に考察する事例は、ライムント・ホーゲ（Raimund Hoghe）の二〇〇二年の作品《若者――老いた声（Young People Old Voices）》である。ホーゲは一九四九年にヴッパタールで生まれ、一九八〇年代にはピナ・バウシュのドラマトゥルクを務めていた。この作品で、ホーゲは、ダンスの訓練を受けたことがない者を含む多数の若いパフォーマーと並んで、「特殊な身体の持ち主」と自ら形容する自分自身を年長の人物として呈示する。作品タイトルにある「老いた声」とは、ジャック・ブレル（Jacques Brel）、レオ・フェレ（Léo Ferré）、ディーン・マーティン（Dean Martin）などの歌手による大衆的な人気を得たレコードから流れる声である。それはホーゲが当時から聞いてきた音楽であるが、共演する若いパフォーマー達にとっては生まれる前にリリースされたものである。こうした歌に合わせた集団のダンスの合間に、ホーゲとロレンツォ・ドゥ・ブラバンデール（Lorenzo de Brabandere）はストラヴィンスキーの《春の祭典（Le Sacre du printemps）》に合わせてありふれた日常的な動きや仕草を行う。《コンタクトホーフ》の諸ヴァージョンよりも明白に、若者と老人が同一の舞台でパフォーマンスを行うことは、ナンシーの言葉を借りれば、他者とともに、そして他者の間に存在する各々のダンサーの特異性を次第に浮かび上がらせる。その結果、若さと老いは、規範的で予め決定された仕方で固定されることなく、むしろ互いに関係し合うものとなるだろう。

おわりに

結論に入ろう。一九七〇年代にアメリカとドイツを拠点としたダンサー達が新たな実践を発見し始めたことで、その後ブラウンやパクストンのようなダンサーが自らの踊りを老いた身体の状態に適応させることが可能になったと私は論じた。本論文の前半に、私は、人が予測寿命を延長することは利己的な行為であり、尊敬や賞賛に値することではないというマイケル・キンズリーの提案に言及した。コンタクト・インプロヴィゼーションやヘイの《サークル・ダンス》に認められる個人性を重んじる側面は他者との関係性を示すものであり、そこでは年齢、「人種」、ジェンダー、そしてその他諸々のアイデンティティの構成要素が、包摂的かつ非差別的な方法で承認されていると私は主張した。多くの他者たちの間で特異性を保つものとしてのマルチチュードの内に、アイデンティティーの構成要素の一つとして老いを認めることは、シルバー世代の消費者に喪失と衰退への恐怖を煽るエートスに対するアンチテーゼである。物質的所有に幸福を見出すのではなく、文化的に構築された喪失への恐怖を否定し、寄せつけない希望を持ちながら、ここで議論してきたダンスの実践は、老いによる身体的な衰弱を無視するよりもむしろ、他者と関わり、老いた身体に順応する方法を提案している。こうしたダンスを上演し、見るということは、「死ぬまでにできるだけ多くの玩具を所有する」ことを競うよりも、確実に意義深い生き方なのである。

＊　節のタイトルはバートによるものではなく、訳者によって挿入した。

訳注

1　スーザン・クラインは、「スーザン・クライン舞踊・ムーブメント学校」のディレクターであり、一九七二年にクライン・テクニック（Klein Technique）を考案し、改良を加えてきた。ダンサーに正しく身体を使用することを指導することで怪我のリスクを減らし、ダンサーとしての寿命を延ばし、その能力を引き上げることを目的とする。バーバラ・マーラーは振付家であり、パフォーマーであり、ムーブメントの教育者である。彼女はクラインとともに最初に仕事をしたダンサーの一人であり、クライン・テクニックの発展に貢献した。

参考文献

Adair, C.（1996）"Rebellion against stereotype" *Dance Theatre Journal*. 13（2）pp. 50–1.
Banes, S.（1980）*Terpsichore in sneakers: Post-modern dance*. Boston: Houghton Mifflin.
Baumann, Z.（1988）*Freedom*, Milton Keynes: Open University Press.
Beauvoir, S de.（1972）*Old Age*. London: Deutsch, Weidenfeld and Nicolson.（邦訳『老い』上下巻、朝吹三吉訳、人文書院、二〇一三年）
Boltanski, L. and Chiapello, E.（2007）*The New spirit of capitalism*. London: Verso.（邦訳『資本主義の新たな精神』上下巻、三浦直希ほか訳、ナカニシヤ出版、二〇一三年）
Bull, M.（2007）*Sound Moves: Ipod Culture and Urban Experience*. New York: Routledge.
Endicott, J A.（1999）*Je suis une femme respectable*. Paris: L'Arche.
Gay, Paul du, Stuart Hall, Linda Janes, Hugh Mackay, and Keith Negus.（1997）*Doing Cultural Studies: The Story*

of the Walkman. London: Sage.（『実践カルチュラル・スタディーズ——ソニー・ウォークマンの戦略』暮沢剛巳訳、大修館書店、二〇〇〇年）
Gullette, M.（2004）*Aged by culture*. Chicago: Chicago University Press.
Harvey, David.（2007）*A Brief History of Neoliberalism*. Oxford: Oxford University Press.（『新自由主義——その歴史的展開と現在』、渡辺治ほか訳、作品社、二〇〇七年）
Hay, D.（1975）*Moving through the universe in bare feet*. Chicago: Swallow Press.
Hay, D.（1978）"Interview" in Anne Livet（ed.）*Contemporary Dance*. New York: Abbeville Press, pp. 122–31.
Johnston, J.（1998）*Marmalade Me*. Hanover and London: Wesleyan University Press.
Kinsley, M.（2008）"Mine Is Longer than Yours: The last boomer game." *The New Yorker*. April 7th. Available from: http://www.newyorker.com/magazine/2008/04/07/mine-is-longer-than-yours［Accessed 19 October 2015］
Lansley, J and Early, F.（2011）*The wise body: Conversations with experienced dancers*. Bristol: Intellect.
Mackrell, Judith.（2010）"Kontakthof." Available from: https://www.theguardian.com/stage/2010/apr/02/kontakthof-review［Accessed 5 September 2016］
Nakajima, Nanako.（2011）"De-aging Dancerism? The aging body in contemporary and community dance." *Performance Research* 16（3）, pp. 100–104.
Nancy, J-L.（2000）*Being singular plural*. Stanford, Calif.: Stanford University Press.（『複数にして単数の存在』、加藤恵介訳、松籟社、二〇〇五年）
Paxton, S.（1982）*Contact Improvisation*. Dartington: Theatre Papers Fourth Series（1981–82）.
Paxton, S.（1972）"The Grand Union." *The Drama Review* 16（3）, September, pp. 128–34.
Rainer, Y.（1974）*Work 1961–73*. Halifax, Nova Scotia: The Press of Novia Scotia College of Art.

第Ⅱ部　伝統での老いとポスト・ジェネレーション

第5章　上演の考古学──メレディス・モンクの《少女教育再訪》とレノーラ・シャンペーン作、出演によるソロ・パフォーマンス作品《メモリーの物置》

レノーラ・シャンペーン（常田景子　訳）

私は、時間が持つさまざまな様相に興味があります。一つは歴史的な時間です。考古学や、積み重なった時間の層に、私はずっと興味を持っていました。掘り返していくと、何か他のものが出てくるのです。（Marranca 2014: 55）

はじめに

メレディス・モンク（Meredith Monk）は、私が常に親近感を抱いていたアーティストだ。彼女の作品には、優雅さと厳しさ、感情の明晰さと幅があり、私は、それらにあこがれている。モンク同様、私も観客の知覚を研ぎ澄まし、歴史的にも個人的にも「時間の層」を掘り下げたいと願っている。

ダンス・シアター・ワークショップ（Dance Theatre Workshop）が、二〇一一年に、最終公演として、多くの影響を与えたモンクの一九七二年の作品《少女教育（Education of the Girlchild)》を再演することになった時、この公演を一緒に見に行くのに打ってつけなのは、私の十代の娘だと思った。私にとって、また数え切れないほど多くの人たちにとって、これほど重要で刺激的なアーティストの作品を、しかも特にこのソロ作品を見ることは、娘にとって降ってわいたようなチャンスだと思った。この作品でモンクは、高齢の人物として演じ始め、最後に幼い女の子になる。この作品を作った当時二八歳のモンクが自身に投げかけた問いは、「どうすれば、一人の女の人生の肖像を、言葉を使わずに舞台上に描き出せるか？」ということだった（Marranca 2014: 96)。

モンクは、声、身振り、音、イメージで作品を作る。当時、彼女は現象学的に、「物質的な素材、紙とか髪とか、手触りや形を持っている物を意識的に使うこと」を考え、「動作と身振りの世界で創作しました。声の世界で創作しました……私は、自分自身を素材として創作しました。自分の声、自分の髪を使って創作しました」（ibid.: 83）と述べている。二〇一六年の今日、私が娘に、モンクのパフォーマンスについて、どんなことを覚えているか聞いたら、娘は、「あの人、髪を三つ編みにしてた」と言った。パフォーマンスを見た当時、娘も私も、モンクの声や身振りの芸術性の高さに魅了されたが、娘の記憶に残っているのは、物質であるモンクの髪だった。

四〇年以上前に創られた《少女教育》のソロ・パフォーマンスの再演は、いくつかの疑問を提起した。若い時の肉体で創った身振りを四〇歳以上も年を重ねた同じ人の肉体が、どのように演じるのか？　どのような加齢や若さの痕跡が、観客に残るのか？　私の娘は、若さのしるしを覚えている。「あの人、髪を三つ編みにしてた」。私は、開いた口、老女の顔に現れた驚嘆のしるしを覚えている。

私も今では、年配の女だ。私は一九八一年にパフォーマンスを始め、三〇年後、二〇一二年に国際シンポジウム「老いと踊り」The Aging Body in Dance で演じたソロ作品《メモリーの物置（Memory's Storehouse)》を創った。《メモリーの物置》で、私もまた「一人の女の人生の肖像を舞台上に描き出」そうとした。モンクの作品と同じように、三部構成のソロ・パフォーマンス作品だが、私は、時間をモンクとは違ったふうに扱い、また、言葉を使って表現しようとした。高齢の女性から幼い女の子になる代わりに、私は、幼い女の子から、若い妻そして母、さらに自分の娘が赤ん坊の時のことを思い出している年配の女性へと進み、それから、暗闇が降りる前に、褪せていく光と、空を背景にした鋭い木々の輪郭を眺める。三部構成の第二部では、物や部屋の記憶や、それらが喚起する連想に焦点を当てた。「人は、自分のルーツを絶対に忘れたくないものです。自分のルーツに立ち戻ることは、とても大切です。本質的なものから流されてしまわないように……。らせん状に戻っていくんです」(ibid.: 47)。

《メモリーの物置》で、私は、記憶が続く間、私たちが記憶の中に貯めこんでいく物や人や場所に思いをめぐらした。モンク同様、私も、私自身の考察によって、観客が時間に対する感覚を新たにしてくれることを望む。「瞬間というものから絶え間なく気を散らされるこの社会では、何もかもが麻痺してしまいます。私は、パフォーマンスが、瞬間というものに対して、人々の目を開くことができるような気がします」(ibid.: 80)。

以下は、メレディス・モンクが若き日に演じ、多くの影響を及ぼした《少女教育》の再演に対する私の所感と、身振りと私個人の老いゆく肉体からの考察と記憶により構成した私自身のソロ作品の台本である。モンクによる、より大きなスケールの目覚ましい作品《新たな廃墟（Recent Ruins）》と《石切り場（Quarry）》についても少し触れるが、これらの作品でモンクは、イメージと物を使って文明の産物の考古学を確立し、歴史と意識をともども発掘することを示唆した。私は《メモリーの物置》で、より小さなスケールで同じようなことを試みたが、モンクの非凡な視覚的喚起と音声による喚起よりもむしろ、言語と物と身振りを使って、私の記憶が掘り出したものを書き留めようとした。

一　メレディス・モンクの《少女教育》を再訪する

多くの影響を与えた非凡なパフォーマンス・アーティストであるメレディス・モンクは、現在七〇代である。作曲家、歌手、演出家／振付家であり、舞台、映像のソロ作品や大がかりな作品の作者であるモンクは、サラ・ローレンス・カレッジを卒業後、一九六〇年代に実験的前衛アーティストとして活動を始めた。一九六八年、彼女はニューヨーク市に、多分野にまたがるパフォーマンスを目的とする団体、「ザ・ハウス」The House を創設した。モンクは、国際的に高く評価され、多くの賞を受賞しており、音楽、動き、身体、オブジェ、照明などを使った作品を生み出している。彼女が創り出すサウンドやイメージによる刺激的な風景は、驚くべきものであり、独創的である。

私が見たメレディス・モンクの最初の作品は、一九七六年の《石切り場》と一九七九年の《新たな廃墟》

だった。これらの大がかりな作品は、どちらも複雑かつ単純だった。想像力に富む風変わりなイメージと、優雅かつ意外な動きや身振り、そして刺激的なヴォーカルの組み合わせに満ちていた。どちらの作品でも、個人的な内容の語りが、世界についての語りに広がっていく。と言っても、台詞ではなく、身振り、イメージ、サウンドによって、詩的で連想を生む方法によってである。《新たな廃墟》は、アメリカ合衆国に入国するために移民が通過しなければならなかったエリス島の不気味な映像を含んでおり、モンクの個人史の考古学であり、今日のアメリカ合衆国の住民たちが何者であるかを明らかにしようとする試みであると私には思えた。それは、パフォーマンスという道具によって、失われた知識の層を掘り下げていく無意識の考古学のように思えた。

二〇一一年六月、ダンス・シアター・ワークショップは、《少女教育再訪》を上演した。一九七二年に上演され、大きな影響を与え、好評を博したメレディス・モンクのソロ作品（拡大版のオペラ・バージョンは一九七三年に初演）の再演である。《少女教育》は、一九七五年ヴェネツィア・ビエンナーレのミュージック・シアター部門で最優秀賞を受賞した、音楽、演劇、ダンス、イメージを統合した作品である。《少女教育再訪》は、オペラ版からモンクのソロ・パフォーマンス部分を抜き出したものだ。モンクの作品は、重要かつ独創的であり続け、非常に強く鮮やかな印象を私に残し、アーティストとしての私の仕事に影響を与えたので、私は一六才だった私の娘を連れていった。（考古学の用語を使えば）七〇年代初頭の遺物であるこの作品が、現代の少女にどのように響くか、興味があったからだ。

娘は、その作品が大いに気に入った。モンクの動きの精妙さ、モンクの声の音域と感情的な豊かさ、彼女の存在感に魅了された。モンクは、小柄だが大きな存在感があり、正確で凝縮された精密な身振りと、独特の驚異的な声で、広大な空間を支配した。成長と変貌のサイクルを暗示するソロ・パフォーマンスは、輝かしかった。幽玄で、詩的だった。その空間にあるすべてのものが、白か、さまざまな色合いの灰色で、観客に自分たちは儀式の一部であり、映し出される記憶のモノクロ映像の中にいるかのように感じさせた。

最初、ぼさぼさの白髪のかつら、白塗りのメーキャップで、一条の光に照らされ、台座の上に置かれた小さなスツールの上に座っているのがモンクだと分からない。彼女は、頭の先から爪先まで白い扮装で、一人ぽつんと、黒い紐を斜め十字に交差させて縛った白いパンタロンをはいて、じっと動かない。彼女は呼吸する。この登場人物、と言うのも、これは、とりもなおさず一人の登場人物なのだが、この登場人物はベケットの芝居に出てくる年老いた人々を思い起こさせる。片手が、ほとんど気がつかないほどわずかに挙がり、震える。音楽が始まる——ピアノ演奏だ——そして、頭と両手がそれに応える。この身振りは、全編を通じてそうであるように、かすかなものだ。このセクションは、日本的な感じがする。生身の人間というよりは、角張った文楽の人形のようだ。その人物は歌う。立ち上がって優雅に小さく空間を打ち、それから慎重に崩れ落ちる。このセクションの最後のイメージは、驚愕の表情——片腕を上げ、口を開き、動きは静止したイメージの中に封じこめられる。

次にモンクは、おごそかに、ぼさぼさの白いかつらを脱ぎ、それを恭しく床に置き、結い上げた黒い髪を見せる。彼女は両手をまっすぐ広げてお辞儀をする。ほとんど祈りを込めたような姿勢だ。それから、きっぱりした確かな足取りで、台座から伸びる布の道を斜め前に進む。この登場人物は、今や人を動かさずにはおかない中年の女性を描写する。耕すような、刈り取るような、大きな腕の動きで空を切り、それから腕を組む。彼女の身振りは正確で確かで、教師か作業員のようだ。モンクの声は、闇から光へ驚くべき変化を遂げる。観客は魅了される。

それからモンクは立ち上がり、眼鏡とエプロンを外し、髪をほどいて垂らし、女の子になる。布の道の真っすぐな線に沿って小股で舞台上を歩く。小股で歩き、やがて手を大きく広げて振る。手が美しく丸い動きで、髪と弓なりに反らせた背中のそばを通る。さらに、腕を大きく広げ、円を描きながら中央に向かって小股で歩く――彼女は宝石箱の上に載っている女の子になる。続いて、馬をかわいがるような、あるいは何か書いているような動き――何かを認める身振りであることは確かだ。その間ずっと、美しい軽快なリズムが続いている。最後の驚きは、女の子が、そして、このソロ作品が、最初のセクションで老女がしたのとおなじように、口を開いた驚嘆の表情を浮かべて終わることだ。この身振りの繰り返しは、二つを比べさせ、老齢と若さの間をつなぎ、双方の喜びと驚きの許容量を結びつける。

このソロ作品で、観客は、女の子の進化を逆方向に見る――彼女は観客の目の前で、年を取った、実質的に性別のない人物から、それより若い自信のある女性となり、元気のいい知りたがり屋の女の子になる。モンクが、今は、彼女がこの作品を作った時の若い人物よりも老婆に近い年齢になったことは皮肉だが、最初に老いた人から始めることで、この作品は、未来に向かっているように感じられる。

モンクのソロ・パフォーマンスは、この夕べのほんの一部だったが、その幽玄で、さまざまな思いを喚起する資質に、私は強く魅了され、この作品について考え続けた。モンクは、いかに「年を取ると、性別がなくなり、男と女が、ほとんど同じになる」かということに興味を持っていると語っていた（Gia Kourlas による「タイム・アウト」Time Out のインタビュー、二〇一一年六月二日―八日号）。確かに、老いた登場人物は、性別がないように見え、最後の驚愕か喜びの身振りで、はっとさせるまで、優雅にぎこちない。中年の登場人物は、強く、きっぱりした感じで、女の子はまだ完全に出来上がっておらず、探っている最中だ。この作品の一九七二年の最初の構想について考えると興味深い。老齢から若さへ時間を巻き戻すという構想、そして物語としていかに新鮮であったか。

この作品を再び体験すること、そして、それが、そもそもこれを創ったアーティストによって、四〇年の時を経て、素晴らしい繊細さで肉体化されるのを見ることは、格別のことだった。いまだにアメリカでは、年配のダンサーや振付家が演じるのを見ることは比較的まれである。その状況は、変わりつつあるのかもしれないが。確かに私にとっては、年齢を重ねたモンクが、老齢から若年への進化を演ずるのを十代の娘とともに目の当たりにすることは、感動的で刺激的だった。娘はモンクの芸術的才能に、深く熱く感じ入っていた。

レノーラ・シャンペーン

二〇一一年六月から二〇一四年五月

参考文献

Bonnie Marranca（2014）, *Conversations with Meredith Monk*, PAJ Publications.

《メモリーの物置》シノプシス（二〇一四年）

これは、あとに掲載するソロ・パフォーマンス台本の要約である。

パートI「メモリーの物置」

メモリーは思い出を振り返る。

彼女は、子供時代の家を思い出す。それは父の店の隣にあった。

結婚すると、彼女は、夫が運営している劇場の上階に住んだ。

それらは、いずれも物置である。なぜなら彼女の思い出がそこに、そして彼女の体に、そして彼女の精神に宿っているから。

彼女は、正気を失いたくない。記憶を失いたくない。なぜなら、彼女は、それらの中で生きているから。

それらが、彼女を彼女たらしめている。

パートII「失われた部屋と損なわれた品々。壊れた物。ああ。私の心」

メモリーは、六つの「部屋」とその中にあるものについて思いをはせる。

メモリーは、アート制作のプロセス、アートと自然と天候の関係について考える。不確かさ、火、水、暗闇に不安を感じ、かつ魅了される。災害が迫りつつあるのか？　今夜、何が起きるだろうか？

パートⅢ　「残っているもの」

メモリーは、他の人たちが必要としているもの、自分が必要としているものについて考える。

彼女は観客に質問する。

彼女は、他の人たちが彼女に求めたものを与えられなかったことを認める。

彼女には欠けたところがある。


彼女は、あまりにも長く生きてきたので、あらゆるものが、彼女に何か他のものを思い出させる。

子供の声が彼女に話しかけるが、言葉は聞き取れない。


彼女は娘が赤ん坊だった時を思い出す。その思い出が彼女の中に火をつける。

夜が近づき、光は褪せ、闇が降りる。屋根のあたりに灰色の輝きがある――鋭い刃が光を切り取る。木の枝々が絡み合う――ぺたっと平たい空に黒いインクの跡。


今夜、何が起きるのだろう？

メモリーは、さしあたって、この一瞬、憩う。

《メモリーの物置》（二〇一四年、東京での上演のためのソロ・パフォーマンス台本）

パート１「メモリーの物置」

メモリーは、小さな痩せっぽちの女の子。気まぐれだけど、基本的に、しっかりしていて強い。白を着るのが好き。よく反射するから。たくさん吸収しなければならない時は、急いで暗い色のものを着る。

メモリーの家は、店の隣。店と家は、とても近くて、ほとんどくっついている。食料品が欲しかったり、ケーキを焼いている最中に材料を切らしたりしたら、この近さは便利。それに、父親にとっても、便利。父は、あれやこれやのために一日に二〇回も、家と店を行ったり来たり、行ったり来たり、それに昼食には必ず家に帰ってくる。この家では昼食はディナーと呼ばれている。ディナーは、ステーキとライスとグレーヴィー・ソースと野菜。ディナーは、正午に食べる一番大きな食事。

何年もが過ぎる。それらの歳月は、メモリーの中に収められる。

メモリーは結婚する。あまり遅かったので、みんな、もう結婚しないだろうと思っていた。物置は、形を変えてまた現れる。隣同士の代わりに、今度は、店と家は上下にあって、階段でつながっている。夫は、あれやこれやのために一日に何度も昇ったり降りたり、昇ったり降りたり、昼食にもよく上がってくる。昼食は、ここ北部の都会では、ランチと呼ばれている。南部の田舎では、人によっては今でもディナーと呼んでいる。そう呼ぶのは、たいてい昔からいる年取った人たちだけど。

この都会の店は、食料品や紙製品を売らず、精神生活、創作芸術を商う。思想や活動が、高い柱と幸福なスピリットにあふれた大きな空間に反響する。このスピリットは、たびたび人々に気づかれ、感じ取られ、訪れた人々は、食べ物ではない栄養を与えられる。

さらに何年もが過ぎる。メモリーは、田舎の物置で過ごしたのと同じくらいの年月を都会の物置で過ごす。それから、追い出される。メモリーは、馴染んだものから引き放される。ひょっとしたら、祖先が船に乗せられてカナダから追い出された時のように。もっとも彼女は船に乗る必要はない。ありがたいことに、タクシーや他の乗り物がある。タクシー！

メモリーが物をたくわえている、もう一つの家、と言うか物置のような場所は、彼女の体だ。この家は、崩壊しつつある。昔は美しいお尻をしていたけど、年齢と、パソコンの前に座っていたために、お尻はパンケーキのように平たくなってしまった。もうお尻と呼べるようなものはなく、メモリーは、彼女のお尻を愛したフランス人の男たちを、とりわけ思い出す。今や彼女の胸は、彼女のおばあさんの胸のようになり、年配の婦人らしく、こぼれた物がたまる棚のようになった。彼女の体は、もう以前のように悩殺的ではない。昔は、人を惹きつける道具として、十分役に立ってくれたものだけど。

空は、ベールを脱ぐように、徐々にピンクとブルーになる。木綿のように軽い感じ。綿毛のかたまり。

メモリーは、自分専用の道を持っている。その道には彼女の名前が付けられている。メモリー・レーン（思い出の小道）。だけど、それは小道なんかじゃない。むしろ大通りだけど、行き止まりだ。行き止まりということは、すべてのものが一方向に進むだろうということ。だけど、交通は、戻ったり進んだり、進んだり戻ったり、過去から未来に、そしてその逆に進む。私たちが時の中を紆余曲折し、さ迷い、骨を折って通り抜ける折には、行き止まりが目に入らないかのように。

時々、彼女は生きていることをただ喜ぶ。たとえば今日のように美しい日には。

メモリーは、一生の間に、たくさんの部屋に住んだ。住んだ部屋のほとんどで、彼女は何かを変えた。誰かの家に入っていくと、調和や便利さ、あるいは安らかさや落ち着きを増すためには、何を変える必要があるかを強く感じることがよくある。毎日出入りする部屋、もしそれをうちと呼べるなら、自分のうちでは、一目瞭然なことに気がつかない場合がある。かの人が言ったように、「習慣は、感覚をひどく鈍らせる」。だから私たちは、春、模様替えを始めるのだ。明るくし、片づける。だけど、秋になると私たちは、居心地のよいところに、もぐりこむ…

メモリーは書く。「次に私を待っているのは何？」新しいページのてっぺんに大きな字で、ではなく、前のページの一番下に小さな字で。

メモリーは考える。人生で道に迷った時は、本の中で生きることもできる。彼女は読書する。

メモリーは幼い時
つづりを習った
彼女は、それがうまかった
文字の順番を
覚えるのは簡単だった
正しいかどうか見れば分かった
今では、時々、彼女はためらう
hは upholstery のどこに入るか？
creaky の代わりに creeky と書く
ぞっとする！　これはボケの始まり？
そうでないことを祈る
なぜならメモリーは自分の体の中で生きているが
主として精神の中で生きているから
メモリーは命を愛している
しっかり意識していようとする
そして、衰えていくことを

望まない

（音楽。彼女は踊る）

パートII　「失われた部屋と損なわれた品々。壊れた物。ああ。私の心」

六番目の部屋。一九六五年。運動場。

秋、松葉が散る。メモリーは、それを集めて積み上げる。すり減った靴で蹴り上げられた茶色い山。その山を細長く広げて、家の部屋を区切る薄い壁にする。出たり入ったりするための戸口を作る。自分の仕事ぶりと家に満足して誇らしく思うが、いたずら者の三年生たちが、休み時間に解き放たれ、彼女の家を勢いよく駆け抜け、ドアを無視し、壁を蹴破り、彼女のうちを壊してしまう。彼らは、ゲラゲラ笑いながら、彼女に松葉や松ぼっくりを投げつける。その乱暴な振る舞いから身を守るために、彼女はチェックの袖に包まれた両腕を上げる。

メモリーは、昔、絵を描いた。時々、今も衝動に駆られる。何かを見ると、手が、うずうずする。それを描き取ろうとして、紙の上に再現しようとして……

…あの蚊を捕まえて――…！

彼女は死んだ虫を払いのけ、自然によって妨げられた考えを再び追おうとする――中断されたせいで、芸術と自然の関係は複雑なものとなり、芸術のプロセスと目的の関係に疑問を投げかけ、そもそも芸術に目的があるのなら、その目的そのものにも、時にプロセスだけでは十分でないことにも、疑問を投げかけるが、プロセスには価値があり、触れ合いは大切であり、親密さは……だけど、メモリーにとって何かを作ろうとする欲求、手や腕の身振りや衝動や心の目で、あの線を空間になぞることは、触れ合いたい、と言うか、他の人とつながりたいという欲望より強い。メモリーの一生には、これまでずっと他の人たちがいたし、できれば今後もいてほしいけれど、彼女が焦がれているのは、自然と、その束の間の完璧さであり――それを彼女は追い求めているのだ。

時々、人は複雑な関係よりも、完璧な対象物を求めるものだ。

五番目の部屋。一九六七年。店の事務所。ものすごく散らかっている。デスクは、何キロもの重さの黄色い紙の下に埋まっている。紙の縁は、めくれあがり、ちぎれている。山の一部は、ゴキブリの糞。山の下にあるデスクの脚は、何十年分もの店の商売の注文書や請求書や悪い知らせの蓄積を支えている――一番下には手が届かない。だけど彼女は、シャベルと箒で、デスクの表面を、脚につながっている表面を、あらわにしようと決心し、掘り続けていると、何か固いけれど精巧なものに行きつく。ミッション様式〔二〇世紀初期アメリカの黒い木製家具の様式〕のすらりとしたデスク、四角っぽいけど小さく、寝室にちょうどいいサイズだと分かり、彼女の母親が、これはいいと思って、塗り直すことにする。

死んだものが生き返ることは、歴史を連想させる。

四番目の部屋。一九六四年。窓のない青い部屋。

換気扇で、この屋根裏に空気が出入りする。壁のタイルは青、床のタイルはまた別の青。大きな鏡が壁一面を覆っているので、メモリーは、いつもそこに映っている。彼女はリネン用の戸棚を開き、洗い立てのシーツとタオルの匂いを嗅ぐ。戸棚のノブは、光を放つ金の星の形。面白いチョイス。突飛な飾り。トイレの上には三匹の金の蝶が飛んでいる。

彼女の仕事は、この部屋を掃除し、壁を拭くこと。彼女は雑巾を石鹸水につけて――クレンザーは使えない――タイルに傷がつくかもしれないから――そしてタイル全部を丁寧に石鹸水で拭く。そうしながら、彼女の心はさ迷う。

メモリーは、天気のことを考える。どうして、空気が夏にはシロップのように、淀んで、ねっとりと、ゆっくり動く場所出身の自分が、北の気候、湖や山や、薄くて鋭くて、素早く動く空気に惹かれるのか。夕方、蟬の声の代わりに、そよ風が木の葉をそよがす音が聞こえる場所に。それは不思議なこと？　噂話をする木々の間で「子供が父親の腕に抱かれて通り過ぎた」なんていう会話をふと耳にするほうが、「暑い、暑すぎる、まだ暑い」なんて不平を言う蟬よりいいじゃない？　でも一方、森の中には孤独が潜んでいて――あまりにも多くの霊がさ迷っているし――暑さの中には、見境のない情欲があって――脳は機能を停止して、人は体だけに、夏のナメクジに、なる。

メモリーはタイルを水拭きする。バスルームは、ぴかぴか輝く。彼女の仕事は終わった。彼女には一つの部屋を独り占めにして、空想する時間があった。


三番目の部屋。一九八二年。薄暗い照明の、こぎれいな廊下。

狭い階段のてっぺんには、緑のビロードで縁取られたタペストリーがかかっている。貴族たちや貴婦人たちが陽気に跳ね回っている。釘にかけた箒の柄にかかっている。

ヒューズの箱の横には、トーテムのような木の皮の仮面、破れているけど、まだ壁を這い上っている鰐皮の鞄。

ある日、それらは姿を消す。浮かれ騒ぐ人々は消える。

誰かが取っていった。誰か悪い人が。

それは、アパートに押し入って彼女の真珠を取っていったのと同じ人かもしれない。前は中をくりぬいた本の中に真珠を隠していたのに、彼女はその本を捨ててしまった。まずい動きだった、あれは。運が悪かった。


二番目の部屋。一九五七年。メモリーの子供時代の部屋。

花模様の壁紙が、闇の中で震え、変化する。化粧台は、緑色の上品な木綿のスカートをはいている。ある朝、黄色いカーテンを開けると雪が。

化粧台の上の青いガラス製のものが見える？　あれは、おばあさんのものだった。おしろい入れの蓋。青いガラスの蓋の下についていた明るい青の容器は、猫のシルキーが割ってしまった。シルキーは、お母さんにもらった黄色い葉っぱの形の小鉢と、おばあさんにもらった青いガラスのおしろい入れと、メキシコの黒い陶器の枝付き燭台を割ってしまった。メモリーは、黄色い葉っぱの形の小鉢は接着剤でくっつけたけど、他のものは手の施しようがなかった。彼女が大好きだったものがたくさん、田舎の物置から都会の物置に運ばれた時に壊れてしまった。彼女は、何もかもちゃんとくるんだけど、上に載っていた重たいカップが、下にあった皿を割ってしまった。小さなソーサーが一つだけ残った。

一番目の部屋。彼女のおばあさんの部屋。横木の付いた木の椅子がある。
おばあさんは、毎朝、その椅子に座って、「脇腹を洗った」。それは、おばあさんが五十代の頃に付けた人工肛門の婉曲表現だった。おばあさんは長いこと、それをつけていた——九四才まで生きた——けれども、そのせいで元気をなくすことも、ダンスをやめることもなかった——やめたのは腰の骨が折れた時だった。

私は、優雅だけど、損なわれている。私の皮膚は、ところどころ滑らかだけど、ところどころ、傷跡があったり、がさがさだったりする。もし中を見れば、多分、何かが見つかるだろう。ひょっとすると、かつては美しかった、損なわれてしまった、また別のものが。私の脚と頭の優雅な美しさは、何かが失われたために、アンバランスになって、損なわれている。喪失が、私に跡を残している。でも私は、周りで起きることを経験しながら、ストイックに立っている。明りが満ち干するように変化し、光と闇が交互に訪れる。

（照明が消える）

エネルギーの問題。
電気
明り
彼女は闇の中で待ちながら、光とだけ交渉する。

（彼女はささやく）

今夜、何が起きるの？
私があなたたちのために演じている間に？
火事と洪水？　竜巻と津波？　メルトダウン？

（普通にしゃべる）

メモリーは、火の音と眺めが大好き。水の音と眺めが大好き。
それらを恐れてもいる――飲み尽くし圧倒する、それらの力を。
大丈夫。この空間――これらすべての部屋は――湿っぽい天気だと縮む。
暖かく乾いていますように。

（明かりがつく）

（音楽。彼女は、座ったまま踊る）

パートⅢ　「残っているもの」

湖が横たわる、開いて大きく、私の前に。

私は木々の中にも水の上にもいる。

ここ北部は、美しくて荒々しい。

私たちは舟をこいでカナダにも行ける、もし雨が降っていなければ。


（別の声でしゃべる。田舎の人のように）


寒い！　もう夏のはずだよ。うん。

足が凍えちゃった。腕の産毛を見てよ。おっ立ってる！

今日、蟹はある？　少しゆでたいんだよ——妹が子供を連れてくるから、チビどもが退屈しないように何か用意しておかなきゃ。

金づちを渡して言ってやるよ、蟹を割りなさい、殴り合わないで！

脚から身を全部吸い出すまで、アイスクリームはあげないよって。

（自分の声に戻る）

メモリーは驚く。そのままにしておけば、どんなものが表面にしみ出してくることか——全部、中に溜まっていたのだろうか？　そういったもの全部のはけ口がなかったら、どうなるのだろう？　このいろんな気持ちの？

これが馬鹿げた質問だということは分かっている。彼女は、人が狂っていくのを見てきた。職もなく、先の見込みもほとんどなく、高い家賃を払わなければならない人たちを知っている。この国には、飢えている人がいることも、世界には、石鹸一つが贅沢である人がいることも、理解している。人々に食べ物や石鹸や仕事を与えることは急務だけれど、少なくとも時には、自分自身の仕事をすることも急務だ。それはメモリーに栄養を与えてくれる——生きる糧を与えてくれる——そして彼女の魂から、憤りや苦々しさや後悔を洗い流してくれる。

（彼女は観客に近寄り、個々の観客に次の質問をする。求人面接の質問のように。彼女は、相手が答えるのを待たずに、別の人に次の質問をする）

——靴の紐を結べますか？　いくつの時に、それを覚えましたか？

——あなたは、一番上の子でしたか、末っ子でしたか？　どちらでもないか、両方に当てはまるなら、この仕事には適しません。

――お風呂とシャワーとどちらが好きですか？

――最初の言葉をしゃべった時、あなたはいくつでしたか？　それは何という言葉でしたか？

――あなたはクォークができますか？

――まだ固定電話を持っていますか？

――買い物は、お店でしますか、ネットでしますか？

――この職場で何を成し遂げたいと思っていますか？　これから五年のうちに？　人生の終わりまでに？

――あなたの意思決定のスキルは、どのくらい研ぎ澄まされていますか？　たとえば、一番好きなアイスクリームの味は何ですか？　あなたが乳糖不耐症なら、この仕事には適しません。

（彼女は演技エリアに戻る）

メモリーは、後悔の味を知っている。それは舌に重く、時には鼻の奥を流れる。後悔は、彼女がしてしまったこと、しなかったことから生じるけれど、特に他の人のためにしたこと、しなかったことから生じてくる。彼女は、生まれてこの方、愛する人たちをがっかりさせてきた。そのことをつくづく考えると、喉の奥が痛くなってくる。重たい舌と痛む喉、その上、鼻水で、しゃべるのが難しくなることがある。特に、正しい言葉が、意識のすぐ外側をさ迷っている時は。とらえがたい正しい言葉が、意識のへりでひらひらし、つかもうとする手をもう少しのところでかわして、しつこく羽のようにくすぐって、いらいら落ち着かない気持ちにさせる。

メモリーは、自分に何かを強く求めてくる人たちに、いつも正しいことができればと願い、いつも正しい言葉を見つけられたらと願う。でも、メモリーには欠けたところがある。

今では、ありとあらゆるものが、何か別のものを彼女に思い出させる。下の空き地にある赤い小屋を見れば、別の家で、赤い小屋を作った空き地のことを思い出す。木の枝を飛び回る鳥を見ると、子供の声が聞こえる。彼女は、この静かな場所で、本当に甲高く鋭い子供の声がしているのかどうか定かでないので、鳥だと思うことにする。

二羽の小鳥が、追いかけっこして遊んでいる――低い木に降り立ち、それからまた飛び去る。

子供の声が、しつこく何か私に言っているが、何を言っているのか分からない。

私は覚えている。彼女が赤ん坊だった時のことを。彼女は小さな奇跡だった。私は覚えている。戸口に入っていくと、彼女が興奮のあまり、お尻をついたまま、くるくる、くるくる回っていたのを。私は覚えている。彼女が「トゥー・ダーン・ホット」に合わせて、ものすごいエネルギーで真剣に踊っていたのを、エプロンドレスを着て、おむつをパッケージから一枚ずつ、せっせと取り出していたのを、本棚から几帳面に本を次々に取り出したのを、書くことについてのガートルード・スタインの本に「書いた」ことを、ポストイットに殴り書きをして、それを並べて、芝居を書いていると言ったことを。

あの子、何をしつこく言ってるの？
火がついて、踊る。
すごい、あの子が、やったの！

（音楽。ザ・クラッシュ。彼女は踊る）

夜が近づくと、光は褪せ、闇が降りる。灰色の輝きが、鋭い角度の屋根のあたりにある――黒っぽい刃が、光を切り取る。曲がりくねった、いやな感じの枝が絡み合い、ぺたっと平たい空に、黒いインクの跡を残す。

今夜、何が起きるだろう、と彼女は思う。水平線近くで、薄いレモン・イエローが緑に変わっていく。愛は交わされるだろうか？　愛を見つけられるだろうか？　仕事はしないだろう。もしかしたら、肉を火にかけて料理するかもしれない。私たちは、もはや暗闇に馴染みがない。闇は私たちを警戒させる。連れもなく一人で歩く人は、孤独に見える。

メモリーは、この一瞬、憩う。さしあたって。

（終）

第6章　論説と鼎談——日本舞踊と老い

一　老いと舞踊

渡辺　保

はじめに——舞踊　東と西

ここで「東」というのは日本を指し、日本の古典舞踊すなわち能にはじまって歌舞伎に至りさらにいわゆる日本舞踊をいう。「西」というのは西欧を指し、西欧古典舞踊すなわち主にクラシック・バレエをいう。

両者は芸術表現上の方法論が違い、そのもっとも端的にあらわれているのが踊り手の老いと技法との関係である。

洋の東西を問わず人間の身体は年とともに衰える。西欧の舞踊では肉体の衰えとともに踊り手は引退して後進の指導あるいは振付師に転じる。しかし日本では年とともにその芸が円熟して名人と呼ばれる。あえていえば年をとらなければ名人にはなれないというのが日本の考え方である。

どうしてこのような違いが生じるのか。そこに西欧と日本の思想の違いが存在しているからである。

その違いは三点ある。

第一に表現の方法論の違い、第二にそこに描かれる人間像の違い、そして第三に人間の身体に対する考え方の違いである。西欧では踊り手の表現を「演技」と呼び、日本では「芸」という。この概念の違いが方法論の違いである。その違いは次章でくわしくふれるが、たとえばバレエ《ロミオとジュリエット》（以下《ロミオ》）で踊り手は、幕開きから幕切れまでロミオになり、ジュリエットになり、その役の人間そのものに成りきっていなければならない。たとえば熊川哲也はあくまで自分を隠してロミオその人を踊る。踊り手が素顔の「私」を見せることが許されるのはわずかにカーテン・コールだけである。これを「演技」という。

それに対して「芸」は、はじめ一人の人間が舞台に登場して劇中の人物を演じ、また一人の人間に返る。それだけではない。劇中においても劇中の人物と踊り手の人格が二重に同時に存在している。たとえば坂東玉三郎が《京鹿子娘道成寺》（以下《娘道成寺》）を踊るときに、「玉三郎」と《娘道成寺》のヒロイン「白拍子花子」を観客は同時に見ている。「玉三郎」は男性であり、「花子」は女性である。だからこそ眼前に女性姿の玉三郎を見ながら、観客は「玉三郎」――男性の屋号である「大和屋」というかけ声を叫ぶ。しかしいつか観客の視野のなかから玉三郎の姿は消えて「花子」そのもの、もっといえば女性そのものになる奇蹟を見せるだろう。この奇蹟こそが「芸」というものである。それは奇術師が見せる奇蹟に似ている。

この「演技」と「芸」の相違は、舞踊の曲中にあらわれる人間像の相違にもよるだろう。すなわち相違の第二点は、この人間像の相違である。

《ロミオ》はシェイクスピアの戯曲を原作としていて、ロミオもジュリエットも私たちと同じく統一された単一の人格を持つ人間である。ところが《娘道成寺》の白拍子花子は実は蛇体の亡霊であるばかりでなく、この踊りの中である時は娘に、ある時は人妻に、またある時は遊女に変化して女性のあらゆる肢体を踊る。そこには統一された単一の人格がない。それは《娘道成寺》がシェイクスピアの《ロミオ》のような人間のドラマではなく、中世に起源をもつ叙事詩としての物語として形成された結果にほかならない。

そこで相違点は第三点に移る。

一人の単一の統一された人格を踊るときの踊り手の身体は、現実の即物的なモノとしての身体である。しかしさまざまに変化する叙事詩のなかでの人間像は、単一の現実的な身体では不可能であろう。すなわちここでは踊り手の身体は、様々な人間あるいは化け物に変化しなければならない。そのために踊り手は空間に幻影をつくる。その幻影のなかの身体こそが踊り手の作る身体なのである。

この身体観は、一舞踊にかぎらず日本の文化そのものの身体観であり、これが第一点の「芸」、第二点の人間観につながるものであることはいうまでもない。

それでは第一点から順に詳しく見てみよう。

一　「芸」とは

「芸」は踊り手の三つの人格から成り立つ。

一つは、私たちと全く同じ踊り手の一人の市民としての、素《す》の人格である。これを本名の人格とする。玉三郎ならば本名の守田何某である。

もう一つは、その素の人格が楽屋に入ってなる別な人格である。すなわち守田何某は自宅を出て劇場の楽屋に入って坂東玉三郎といった芸名をもった芸の人格になる。本名の世界から芸名の世界へ。ここまでは玉三郎は男性である。しかし厳密にいえば「女形」という男性でありながら、女性の役を演じるべき培養基になる。「女形」は「中性」ではない。「女形性」とでもいうべき別な性になる。

芸名は襲名によってその系統性を保証されている。襲名をよく見れば、芸名がどういうものであるかがわかる。たとえば十代目坂東三津五郎は次のような体験をしている。

三津五郎は襲名行事の一つとして浅草寺で「お練り」という行事を行った。襲名興行が成功するように浅草寺に祈願し、その帰途浅草寺の参道である浅草仲見世を歩いて一般大衆に宣伝を行う行事である。それを行っている時、三津五郎はふと自分はいま、単に自分一人ではなく、背中に初代三津五郎以来、自分も含めて十人の「三津五郎」を背負って歩いているのだという実感をもった。

自分の身体は本名守田壽という固有の身体ではない。「三津五郎」という十人の合体。これが芸名というものの本質である。襲名という行為は、先祖の名を名乗ることによって先祖以来受け継がれて来た人格に合体するということを意味する。この論理は天皇制に由来する。天皇は「万世一系」を原則とする。この言葉は一見「万世」すなわち永遠に「一系」すなわち一つの系統が存続するという意味にもとれる。しかしそれは正確ではない。「万世」にわたって「一系」、実は一人の人格しか存在しないという法則なのである。すなわち昭和天皇であろうと平成天皇であろうと、神武天皇以来百何十人の天皇と一体、つまりこの世には一人の人格の天皇しか存在しないのである。

この法則が示しているのは、天皇の即位の時に行われる大嘗祭を見ればあきらかである。一人の人間が即位式のために臨時に作られた仮屋のうちに入り、そこで「真床覆衾《まどこおふすま》」という儀式を行う。天照皇大神の霊と共に食卓を囲んで食事し、共に寝所へ入る。この儀式によって天皇霊を身につけて、神武天皇以来百何十人かの天皇と合体し、たった一人の天皇になる。

三津五郎の体験は、十人目の自分が先祖九人の人格と合体して一人の「三津五郎」になるというものであった。

その「三津五郎」が舞台に上がる時には、もはや守田寿（三津五郎の本名）という一市民ではない。伝統の中に身を置く「三津五郎」という複数の人格の合成によって成立した「芸」の人格であり、芸名の中に生きる人格である。

このことの重大な意味は、この人格は一方で現実の素顔の人格につながると同時に、一方では舞台の上の物語の中の虚構の人格につながっているということである。その点でこの人格は、現実の私をこえると同時に、これから演じられるであろう劇中の人物に変身するための触媒であり、培養基なのである。いわばパンを焼く時の酵母であり、タネである。

さて、舞台へ上がった三津五郎はどうするか。まず劇中の人間に扮する。しかしその時に観客は劇中の人物と同時に三津五郎という二つの人格を同時に見ている。

これは女形の場合にはさらにはっきりしている。すでにふれたとおり《娘道成寺》で花道へ出た女姿の玉三郎の白拍子花子を見た観客は、玉三郎（男性）と白拍子花子（女性）をかさねて見ているのである。

同じことは能でも文楽でもおこる。

たとえば能の《松風》で友枝喜久夫の女主人公松風が橋がかりにあらわれる。女装束、女の面、外見は女であるが、声は男であり、面のはしからは男の顔が見えて、歩きつきも男である。男性であることを隠していない。むしろ能役者の人格を隠さないことで劇中の松風という女性を描こうとしている。

文楽また然り。

豊竹山城少掾は、実に立派な体格の禿頭の太夫であったが、その口先から二〇歳ばかりの色気あふれる人妻――たとえば玉手御前の声が聞こえてくる。舞台を見れば禿頭で金壺眼の吉田文五郎（のちの難波掾）が玉手御前の人形を遣っている。その人形の姿の艶やかさ、露もたれるばかりのあでやかさであるが、それを遣っているのは老人であることは歴然としている。

歌舞伎、舞踊、そして能、文楽。全て日本の古典は、こういう「芸」の構造を持っている。

しかし「芸」の行方はそこに留まらない。男性であることを隠さなかった踊り手、舞い手、語り手、人形の遣い手が、ある瞬間に白拍子花子、松風、玉手御前そのものになるのである。奇蹟としかいいようがない。

桜の花の散る舞台には、玉三郎は消えて花子その人がいて、須磨の浦に吹く松風のなかには友枝喜久夫は消えて松風という女そのものが、いや、女の魂そのものがあらわれて、暗闇の庵室のなかには玉手御前その人がすっくと立っていて、禿頭の山城少掾も文五郎も消えて、ただ玉手の魂だけが私たちに迫ってくる。

その時、観客は男女の差、現実と虚構の差を超えて、言葉にならぬ最も大切な精神の波動を直接心にうけとめることになる。

そういうことはむろん「ロミオ」でもおきるだろう。しかしこの全ての虚構の構造を隠さずにいて、それによってもっとも大切なものを観客に手渡す方法――これこそが「芸」というものの本質である。しかしその「芸」を支えるもう一つの補助線がある。すなわち「型」である。

二　「型」とは

「芸」の奇蹟を実現する方法は型である。そのことを最初に示唆したのは能をつくった世阿弥であった。もっとも世阿弥は今日私たちが使う言葉――型ではなく、型木といった。型木とは木製の型をたとえば丸めた素材に押し付けて一つの菓子の形をつくる器具である。つまり混沌のなかからある形を造形するための方法であり、この方法によって混沌の中から形が姿をあらわす。この造形によって形の本質が凝縮されるのである。

おそらく「型」というと、人は形骸化した空虚な類型を想像するだろうが、そうではない。本質が凝縮された典型であり、そこにはいつでもよみがえる生命力を蓄えているシステムなのである。型は初心者にとっては強制される形式であり、その意味もよくわからぬものだろう。しかしそれをくりかえし習得することによってその型にこめられた生命力がその人間の身体によみがえって来る。型を習得する人間はその型を完全に身体化することによってはじめて型を生きることができる。型を生きることによって、それまで彼に強制的な力であったものが、逆に空間にひろがって行く力になるのである。

たとえば玉三郎が《娘道成寺》を踊っている時に、玉三郎自身から白拍子花子そのもの、あるいはその花子を超えて女性そのものになるのは、この型を通して男性である玉三郎が女性である白拍子花子になり、さらに花子にふくまれる大勢の女性になり、その結果女性そのものの魂になるという奇蹟がおきるからである。この奇蹟は型がなければ到達できない。しかもこの型をきわめることによって、玉三郎は「形」という物質的な形状を超えて精神的な次元に至るのである。

型とはかく広大な作用を持つシステムをいう。

型には二つの意味がある。一つは広義の型、もう一つは狭義の型である。

広義の型は、脚本（むろん作詞も含む）、装置、音楽、扮装、振付、演出全体を含んでいる。しかし今日いうところの演出とは微妙に違う。演出は近代演劇によって成立した概念であり、戯曲のテーマを表現するために舞台全体を統一するものであるが、型は中世あるいは前近代に成立した概念であって、必ずしもテーマだけを表現するものではなく、作品の全体にわたるものでもない。むしろ演者個人の身体の生理に密着しているものである。

狭義の型は、演者個人のものであると同時に、ある部分的に突出した強調の部分——たとえば「型どころ」とでもいうべきハイライトをいう。

広義と狭義。その両面にわたって型は伸縮自在のシステムなのである。それは日本の音楽が西欧の音楽と違って楽譜を持たないことにも関係している。それでも日本音楽にもここはこう演奏しなければならないという絶対的なものが存在している。たとえば義太夫節の「風」はその象徴である。「風」は初演の演奏者の芸風によってつくられる絶対的な基準である。しかしそういう「風」がありながら演奏者の身体によって必ずしも同一のものが出来るとはかぎらないし、「風」が口承によるものであって資料として記録されているものではないから演奏者は必死でその風を探求することになる。すなわち型はありながら、それは伸縮自在なものであるほかはない。

それだけ「型」は古人の魂を探求するための、そして古人の面影を伝承するための一つの方法論としてさまざまな変化を可能にする奥の深いものなのである。

三　型の効用

「型」は古人の魂――ことにその型を初演した演者の魂に到達するための方法論である一方、現在舞台に立っている演者との関係を規範とする方法論――つまり演者の身体と一体化しなければならない。

そこで起きる大きな問題は、①劇中の人物の「私」―白拍子花子の「私」と、②演者の芸格の芸名の「私」―坂東玉三郎の「私」と、③さらにその芸格の「私」をつくる素顔守田何某の「私」という三者の関係に及ぶことである。

ここが西欧の、たとえば《ロミオ》を踊るダンサーと《娘道成寺》を踊る踊り手の違いになる。《ロミオ》の場合には、十代後半の青春の男女の物語だし、ロミオもジュリエットも演者の「私」とロミオの「私」は身体的にも人格的にも一致していなければならない。

しかし《娘道成寺》の場合には、演者が七〇歳をこえていても「娘」として見ることができる。

それはなぜか。

劇中の「私」と芸格の「私」、そして素顔の「私」の三者が相互補完の関係にあるからである。素顔の「私」の身体は年とともに衰える。しかし玉三郎という芸格をもった「私」は年とともにその人生経験を豊かにし、芸が円熟することによって輝いてくる。さらに劇中の「私」である白拍子花子は、身体の衰えにもかかわらず、この芸格の成長によって、型に深味を増し、女の人生の陰翳をあきらかにする。芸格の「私」が素顔の「私」によってつくられることは疑いがないが、同時に芸の円熟によって素顔の「私」を超えた女を描き出す可能性が出てくる。そしてその芸の円熟は型の深さに達して、白拍子花子のイメージを強く表現することになる。

たとえば昭和二二年に七四歳で死んだ三代目中村梅玉は、その晩年に《道行恋苧環《こいのおだまき》》のお三輪を踊った。この時梅玉は七〇歳をこえていた。お三輪は十代の少女。舞台で小走りになるところがある。梅玉は舞台で転ぶとあぶないので転ばないように、しかし老人がソッと走るのではなく、いしなをつくって走った。そうしたらば絶賛の嵐になった。「色気があってお三輪らしい」というのである。

この梅玉の例で重要なのは、すでに梅玉が老齢のために身体が効かなかったために、いしなをつくった、その時に梅玉の身についていた型が梅玉の身体の中に生き返ったということである。型がつくった芸格の「私」が、現実の素顔の梅玉の「私」の身体的な衰えを補ったばかりでなく、芸格の「私」のなかに習得された型によって劇中の「私」つまりお三輪という少女を描いた。

しかもそれを見ていた観客は、お三輪の身体に色気を感じた。色気とはモノではなく、そこに発散するオーラであり、いわば目に見えるものではない。形のないもの、感じるものであろう。

ここに物理的な身体から精神的な魂の次元への転換の契機がひらけている。

この三者の人格の相互補完の関係性——「芸」がいわばその関係性として存在するものであることを示している。観客から見るとこの関係性こそが「芸」の奇蹟の実態に他ならない。そしてこの実態を支えているのは、七十年余りにわたって梅玉の身体に叩き込まれた「型」なのである。

四　その人間像

この三者の関係性が可能になるには二つの条件が必要になる。

一つは、劇中の人物が統一された個人という人格ではないこと。つまり劇中で描かれている人間が単一ではないという人間観の問題。

もう一つは、身体は物質的なモノではなくてイメージにすぎないこと。独特の身体観である。

すでにふれた通り、《娘道成寺》の女主人公白拍子花子は実は蛇体の化身の亡霊であり、しかも花子はそのくどきにおいて、ある時は娘であり、ある時は遊女であり、またある時は人妻である。このような変身が可能になるためには、劇中の人格、芸の人格、素の人格という三つの人格が相互補完的な関係にあってこそであり、逆にいえば、こういう変身する人格を表現するためには、三つの人格の関係性が必要だったといえるのである。

それは《ロミオ》の場合と比較すれば明らかである。今、その比較を図示すれば次の通りである。

《ロミオとジュリエット》　ロミオ――熊川哲也
《京鹿子娘道成寺》　蛇体の亡霊――娘――遊女――人妻――白拍子花子――玉三郎――守田何某

《ロミオ》が単層構造であるのに対して、《娘道成寺》の場合には、花子の中にふくまれる多くの人格――蛇体、さらに娘、遊女、人妻という人格を表現するためには、いわば語り手としての芸の人格――「玉三郎」が確立していなければならない。それがなければバラバラになってしまう。

この相違は、劇中で描かれる人格が《ロミオ》の場合のように単層であるか、《娘道成寺》の場合のように多重な変化を持つものによるのかによる。それは劇の物語が単層であるか、あるいは《娘道成寺》のように一つの大きな語り物としての宇宙であるかにもよるだろう。

日本の舞踊は、その背後にある物語により歌詞と緊密な関係を持っている。そしてその物語の語り手としての芸の人格が極めて重要になってくる。

それは文楽の場合を見ればはっきりしている。太夫はすでにふれた通り、たった一人で全登場人物を語り分ける。老若男女、ときには物の怪はむろん物語の背景にある世界の風景も語る。その時語り手としての自分の位置がはっきりしていなければ、たちまち物語は空中分解してしまうだろう。

これは能の構造でも同じである。能の主人公は大抵たった一人であるが、その一人が多くの人間になり、しかも風景にもなる。たとえば《弱法師》では一人の盲目の青年であると同時に仏像にもなり、四天王寺の大伽藍にまでなる。

能にしても文楽にしてもそういうことが可能なのは、語り手としての芸格の「私」が登場人物とともに舞台で併存しているからである。語られるもの（対象）と語るもの（語り手）の関係が変化しながらも一貫しているためであり、それは三重の人格の関係が担保しているために他ならない。

そしてこの事実を前提にして、もう一つの条件が成立している。一人の人間がこれだけのものに変身するのは、その変身するものがイメージだからこそ可能なのである。

たとえば七代目坂東三津五郎の当たり芸であった清元の《傀儡師》は、市中を歩いて首にかけた小箱から指人形を取り出して子供たちに見せる大道芸人の姿を描く舞踊である。このなかで三津五郎は実に一六の人物を踊り分ける。牛若丸、その恋人浄瑠璃姫、八百屋お七、その恋人吉三に、この話に絡む吉祥院の坊主弁長、平清盛の亡霊、武蔵坊弁慶など一六役。たとえば「色と名がつきゃ夜鷹でも、ごぜでも巫女でも市子でも」というところでは、市井の売春婦である夜鷹とごぜ、神官でありながら性的なニュアンスを持つ女たち——すなわち巫女、市子を一瞬にして踊り分ける。そういう振（型）がついていて三津五郎は奇蹟のように四人の女を踊った。それは説明でも物真似（マイム）でもなく、まさに踊りそのものであったが、同時に一瞬のその姿はイメージでもあった。つまりこの変身は実際に身体そのものにおこると同時にイメージとしておこる。

この背後には日本文化の中で人間の身体を即物的なモノとしてではなく、イメージとしてとらえるという傾向があることを示している。

たとえば明治維新に洋服が日本に入って来た時、洋服が和服と違って身体の線をあからさまにするから浅ましいといった劇評家がいる。つまりモノとしての身体はかくすべきものであり、そこにイメージとしての身体を大切にする傾向があり、そういう身体観がなければ三津五郎の一六人もの役を踊り分ける奇蹟は不可能だということである。

以上のような芸の構造があってはじめて七十余歳のお三輪が成立し、さらにいえば老年にならなければ名人になれないという日本の芸の独特な方法論が成立するのである。

五　ある名人の場合

能の友枝喜久夫は、晩年目が不自由だった。

高齢のうえに視力の衰え。その身体にもかかわらず、白髪、紋付袴の姿の友枝喜久夫は、中国の美女楊貴妃が玄宗皇帝の宮廷に参内する姿を描き、あるいは、李夫人の亡魂が夢うつつにあらわれる姿、あるいはまた亡き恋人を求める松風を、そして敵軍に四方を囲まれて死に至る不運の武将源三位頼政の人生の痛恨を鮮明に描いた。

それは実際の体力の衰えゆえにかえって芸に対する感性が鋭敏になった結果であり、むしろ身体の欠如が芸によって補われたためである。

しかしそれだけではない。

友枝喜久夫はその七十余年の人生の全てを賭けて、その型を身体に叩き込んできたのであり、その修練の結果が大樹の年輪のように光り輝くからであった。

むろんそこには楊貴妃の、李夫人の、松風の、頼政の姿が浮かぶ。しかしその幻想ともいうべき姿の向うには、友枝喜久夫の人生の年輪（それは現実の人生のプロセスではなく、芸の歩いたプロセスである）の光彩がうかぶ。この二重写しこそが芸の三つの人格が重なった結果であった。

修行は死ぬまで永遠に続く。その無限につづいていく修行のなかでは、老年になっても足りるということはないだろう。日暮れて道遠し。だからこそ老年に至らなければ名人にはなれない。

むろん例外的には、若くして名人である人もいる。たとえば五八歳で世を去った十代目坂東三津五郎はその稀有な実例の一つであった。しかし三津五郎にはなくて、友枝喜久夫にあったものは老いのもつ芸の艶やかさであり、これればかりは年を重ねなければ得ることのできないものであった。

友枝喜久夫にとって最も大事なことは、その不自由な身体でありながら、芸の上では型から、いや全ての表現上の方法から自由だったことである。それは同時に型が完全に身体化されたことによっておこった。型がおのれの身体そのもの、そうなったからこそ彼は舞台の上でほとんど無意識に手足を動かしていて、しかしそれが型そのものだったからこそ、私たちの眼前に楊貴妃が、李夫人が、松風が、頼政が現れると同時に一個の能役者の人生があらわれ、能の歴史の始源が輝いたのである。一見型破りのようにみえてピタリと型にはまっていた。

その始源こそ実は言語化することのできない精神的な言語の声であった。

日本の舞踊は全て言葉によることとは、佐渡島長五郎が「ふりは言葉にあり」といったように明確であった。しかし日本に限らず舞踊は言葉にならぬものを表現する。

友枝喜久夫は、あらゆるジャンルのすぐれた芸術家ならばだれでも持つ自由を、せまい能舞台で実現した。この自由さの中から、言葉にならぬものが言葉になってあらわれた。その言葉こそが、直接観客に手渡された精神であり、だからこそ私たちの中に、楊貴妃も李夫人も松風も頼政も身近に忘れがたい存在として生きたのである。

この自由さのためにはまさに老いが、長い人生の歴史が必要であった。老人でなければ名人に至りがたいのは、このような芸の体験によるのである。

二　老いる未来と若返る伝統

花柳寿南海×花柳大日翠×渡辺保（構成：中島那奈子）

＊二〇一四年五月二三日東京ドイツ文化センターでの国際シンポジウム「老いと踊り」での鼎談を収録する。

渡辺保（以下、渡辺）　日本の舞踊家は、年を取らないと名人にならない、名人にはなかなかなれないということで、このビデオは先生がおいくつの時のですか。

花柳寿南海（以下、寿南海）　初演の時は五〇歳近かったのではないかと思います。（上映したビデオは平成二〇年歌舞伎座の舞台で、当時寿南海は八三歳。）

渡辺　これは歌舞伎座ですよね、古い昔の歌舞伎座。《都見物左衛門》というのは先生の当たり芸であるわけですけれども、上方の吉村流とかにはあるわけですが、花柳にうつったのはどういうわけですか。

寿南海　いわゆる《都見物左衛門》のような曲は、一つの創作舞踊として扱って振りを付けております。

渡辺　創作舞踊としてその古曲一中節をもとにして、他の流派とは違う振りを付けている。振りにおいて、どんなところに苦労なさいましたか。

図 6–1　シンポジウム鼎談の様子。 左から花柳寿南海、大日翠、渡辺。© Goethe-Institut Tokyo

寿南海　狂言にも《見物左衛門》というのはございますよね。やっぱり、京都とか奈良とかを見物して歩くものですが、この《都見物左衛門》は昔からの振りではなくて、現在の私の振りとしてつけました。

渡辺　ポイントはどんなところにおありになりましたか？

寿南海　ポイントは別にどことというのはございませんけれど。お狂言の《見物左衛門》のように、稽古場を見に行くのとは違いまして、ほんとに京都や奈良の面白さを見物して歩く、私は他のものでもそうなのですけれども、その場所に行ってその風を自分がうけて、振りをつけるようにしています。

渡辺　なるほど、体で風を浴びる。あの曲で難しいところはどういうところでございますか。

寿南海　古曲というのは長唄とは違いまして、古いものでもありますけれど曲自体がかえって今風のところがありますね。創作としてつくる気持ちで振りを付けております。

渡辺　そうですか。これはどなたかに、大日翠さんにお教えになりましたか。

寿南海　いえ、まだ。

渡辺　そうですか、困りますね。

寿南海　この人はやりたいって言っているのですけど、まだまだだめって。

渡辺　どうしてやりたいのですか、大日翠さん。
花柳大日翠（以下、大日翠）　学生時代に先生の《見物左衛門》の舞台を国立劇場で拝見しまして、その時にものすごく感動しまして、国立劇場の視聴室で何回もビデオをみましたし、とても学生時代から憧れている作品です。
渡辺　じゃあ、ここで踊ってくださいと言われたらいまもう踊れますね。先生はいけないというかもしれないけど、あなたはできるよね。ところでそうやって弟子を教育するのですか。ダメだダメだって言っておいて、芸を盗ませるのですか。
寿南海　盗めるようになったら盗みます。
渡辺　盗めるようになったら一人前。
寿南海　いまはテレビやビデオというものがありますので、どんどん盗まれちゃう。これは振りだけですが。
渡辺　そこを聞かせてください。ビデオで覚えたものは、振りは振りだけで、中身が抜けちゃう。どこが中身なのですか。
寿南海　歌の文句にも裏の裏があります。歌の意味だけを感じて、振りを付けてもつまりませんし、付ける時にはその言葉の裏を読んで付けているわけです。
渡辺　なるほど、例えばどんなところですか。
寿南海　いろいろございます。
渡辺　先生、それは企業秘密なのですね、裏の裏は。（笑）僕もね、イヤホンガイドのような解説が嫌いなのに今日やりましたのは、先生の踊りを皆さんにわかっていただきたいと思ったからなのですが、僕みたいに説明してしまうと、いまのビデオの振りと同じで、本当の味が飛ぶのですよね。本当は僕はやりたくなかったのだけど、ビデオを見ていたらよくわからなかったと言われるのが悔しいから、今日は活弁みたいなことをしました。本当はそこで精神が抜けるのですよね。説明してしまって、それでわかった気持ちになって劇場を出られたら、たまったものじゃないですね。そこが踊りの大事なところですよね。そこを教えるにはどうなさるのですか。

寿南海　昔から対々で教えているわけです。

渡辺　一対一。

寿南海　対々で教えているわけです。ですからその時に心も一緒に伝えているわけです。ですけれど、今は形とか振りだけを、ビデオで覚えてしまって、それをやる方が私のとこにもいらっしゃるのですけども、中身がないわけですよね。中身がないものというのは、ご覧になる方には本当には伝えられないと思います。

渡辺　そうですね。それはつまり、中身を伝えるためには、体から体へ教えなくてはいけないということでね。例えば、大日翠さんが稽古に来るとどんな小言を言うのですか。

寿南海　それはいろいろ言います。

渡辺　そうでしょうけど、まず形のことはおっしゃいますか。

寿南海　形とか間とかっていうことは、子供でもそうですけれどもね、こういう形をしなさい、ここへ手を伸ばして、あそこをご覧なさいとかいうわけです。

渡辺　それはおっしゃいますね。それだけではない。

寿南海　本当の心はないわけです。心が教えられるようになるまでには何年かかかるのです。

渡辺　師匠のほうが勉強しなくていけないと。心はどうやって教えるのですか。

寿南海　それは自分がこれを作った時には、これを踊る時にはこういう気持ちで、こう踊っているということを教えるのです。ここは別に理屈で意味をいうわけではないのですが、理屈ばかりが先に立つと理屈っぽい踊りになります。理屈っぽい踊りはつまらない。形もちゃんとしてなければならないですし、心もこういうつもりで、これをできる時には、それ以前にこういうものがあるというようなことを教えるわけです。

渡辺　なるほど。その心なのですけれど、その心には、今の吉野花紅葉、つぼね囲いの女郎の段があって、それを踊り分けなくてはダメだよということもおっしゃる。それは曲の位というのでしょうか。

寿南海　そうですね、やはりうつされた方の人も、それを受けるだけの心がないと受けられない。

渡辺　（大日翠に向かって）大変ですよ、あなた心ありますか。

寿南海　この人、器用ですからね。

渡辺　器用、手先でごまかす。（笑）

寿南海　表現だけは非常にスムーズにとってくれるのです。心はなかなかとってくれない。

渡辺　最近だと何を稽古したのですか。

大日翠　最近は吉野山の忠信を稽古しました。

渡辺　《義経千本桜》の《道行初音旅》の忠信を稽古してらっしゃる。どんな小言をうけましたか。

大日翠　まず、いろいろな人が出てくるところがわからないと言われたことと、薙刀の高さもわからないと。

渡辺　そうですね、忠信はまず狐になってなくてはいけないですよね、スッポンからせり上がってきた時にね。狐になる工夫というのは出来ましたか。

大日翠　どうでしょうか。

寿南海　狐の形はできるのですけれども、狐の心はできないのです。

渡辺　狐の心は誰にも出来ないでしょう、人間だから（笑）。でも九代目市川団十郎がスッポンから上がってきた時に、全身狐に見えたというのは本当なのでしょうかね。全身狐に見える忠信っていうのは。

寿南海　六代目の菊五郎さんが昔、《子守》を自分の教えた人が舞台で踊っているのを見て、それじゃダメだよって言って、洋服のまま踊られたことがあるそうです。そのほうが《子守》にみえたという。

渡辺　洋服着ている白髪のおじいさんの方が、少女の《子守》に見えたと。

寿南海　中身があるから見えるわけ。

渡辺　中身ですよ、中身。自分が歳をとって、今日は老いと踊りというテーマのシンポジウムですが、私は老人でなくては名人になれないと言いましたけども、身体的な衰えを克服しようと思って、いろいろ手をお使いになるわけでしょう。その工夫はどういうことですか。

寿南海　若い時分は飛んだり跳ねたりもできるのですけれども、どんなこともできるのですが、歳をとってくると飛ぶこともすぐにはできないし、座ることも立つこともいろいろとやりにくくなります。私いま九〇なのですけど。

渡辺　九〇歳すごいですね。私は聞かないようにしていたのに、先生御自分でおっしゃる（笑）。

寿南海　そろそろいなくなるのじゃないかと言われているのですけれども。

渡辺　そんなことありませんよ。いくつぐらいから老いというものを感じられましたか。

寿南海　そうですね、師匠がよく言いました。あの人は、お前さんうまいねとか言われても、三〇にならなくてはほんとじゃないよと。三〇位になって、やっとある程度心も会得できるような年齢になるのでしょうね。それまでは形だけしかできない。ですから、いろいろお上手な方もいらっしゃるし、特に今は昔の方と違って、皆さん頭がいいですから。学校行って勉強していらっしゃるから、頭もいいし、いろいろ考えていらっしゃいますけども。なかなかその心を会得するまでは、いろいろと数を重ねていかないとわからないわけです。

渡辺　心を会得するということができるようになるのは、三〇過ぎて、四〇、五〇。そして老いがくるでしょう、体に。

寿南海　だんだん歳をとってくると、曲の中身がわかるようになってくる。それがいつどうっていうわけではないのですけど、なんとなく。ですから、昔師匠がこういう風に言っていたけど、今やっとその意味がわかったって自分が言うのも、やはり五〇位になってからです。

渡辺　五〇位でやっと分かった。それを客に向かって、表現するのはまだ六〇、七〇でしょ。七〇歳ぐらいのときに、やっぱり体の衰えをお感じになりますか。

寿南海　そうですね、やはり五〇過ぎないとわかりませんね。それまでは、形はどんなことでもできますけれども、心は、そのへんは、やっぱり五〇ぐらいにならないとわからない。ですから、ある方が例えば、《（羽根の）禿》というものがありますけども。それは子供の形をしております。だけど、《禿》は五〇過ぎなきゃ踊れないよねっていう。

渡辺　でも化け物ですね。五〇歳の人がおどる、一〇代の少女。それが禿なのですよね。

寿南海　それぐらいにならないと、やはり本物は踊れないと。

渡辺　つまり本当の若さではなくて、表現としての若さが出てこなくてはだめと。（大日翠に向かって）あなた頑張ってくださいね。私さっき《都見物左衛門》を拝見していましたが、途中でよろめかれたところが一箇所あるでしょう。立とうとしてちょっと手をお付きになったとこがね。私、そこスタッフがそこをカットしろと言ったのですが、そこはカットしないほうがいい、役になりきってよろめいているのだから、寿南海先生が手を出して手をついてよろめいているわけではないのだから、あれはあれでいいのだって、私は言ったのです。だんだんそういうことをしても、振りの手数は少なくなりますか。

寿南海　それも自然と手をつかなくては立てないとか、左手をおかなくては立てないとか、それは中身がわかってやらないと、無様になってしまう。

渡辺　ちっとも無様でないからこれでいいのだと、僕は言ったのですけど。

寿南海　ひどいですから。

渡辺　中身がわかっていると、よろめこうが何しようが、ちゃんとできるということですね。（大日翠に向かって）まだあなたは大丈夫ですよ。

寿南海　この人の頃はね、飛んだり跳ねたり、どんなことでもできますから。

渡辺　そうですね。最後に一つ、大日翠さんのほうにうかがいたいのですが、あなたは自分が老いってものを感じていないでしょ。感じてないとやはりダメな瞬間がくるのだけどね。でもいま、先生を見ていて、こういうところが先生は老いをカバーしていて、だから精神の深さみたいなものが出るのだなと思うところはありますか。

大日翠　カバー？

渡辺　動きをカバーしている。本当は一足で回らなくてはいけないところを、すっとお客に気がつかないように、別の足をというか、足を使っているでしょ。

寿南海　そういうところもカットしてしまって、それこそカバーしているというか。しかし、カットしても、回る前の、踊れる時に回った時に使っただけの歩数を取らなくても、そう見えるようになってくるのです。

渡辺　なるほど。それが八〇歳くらい。

寿南海　私もいま、座って踊ることが多くなってしまって、鬘桶にすわったまま、上半身だけで踊ったりすることもありますけれども、それが立って踊っているよりも良く見えることもあるわけです。

渡辺　そうですね、歌右衛門最後の舞台は《関寺小町》でしたけど、座ったままでしたから。でもそれはもう、女の一生を、小野小町の女の一生滔滔たるものでしたから、やはり座った形で踊りになるということもあるのですよね。

寿南海　歌右衛門さんの本当の晩年は、座ったままでいろいろおやりになったけど、それは若い時のそれよりも、ずっとよかったと思いますね。私も、心も摑んで踊りたいと思いますけれども、もう体のほうがきかなくなってきました。

渡辺　座りっぱなしでいいのですよ。ぜひ踊ってください。

寿南海　《道成寺》を五年にいっぺんずつ踊っているのですけど、ある方が九〇になって、鐘の下で座ったまま、座布団三枚ひいて《道成寺》を踊れたらいいねと。

渡辺　鐘の下で座布団三枚。座ったままで《道成寺》を踊れれば？

寿南海　座布団三枚ひいて《道成寺》をおどって、そのほうがよく見えるようになるだけ勉強しなさいと言われました。

渡辺　やはり歳取らなくてはだめなのです。というわけでございまして、寿南海先生、本当にありがとうございました。

三　解題

中島那奈子

日本舞踊家の花柳寿南海と、その門下で若手舞踊家の花柳大日翠、そして演劇評論家の渡辺保の三者による鼎談は、花柳寿南海による古曲一中節の《都見物左衛門》の映像上映後に行われた。この上映においては、渡辺が歌詞や振りの意味とともに、日本舞踊の動きを明確に、映像と同時に解説した。この鼎談を企画したのは、九〇歳の名人の老いに結実する「芸の秘密」を見極め、またその芸を継承しようとする若手に、その実践理論がどう稽古の過程で言語化され／されずに伝わるかを図るためであった。

《都見物左衛門》は花柳寿南海が五〇歳の時に初めて舞台で踊り、花柳の当り芸となった一曲である。一中節という古曲でも、曲自体は今風のところがある創作舞踊の《都見物左衛門》である。寿南海によると、狂言の《見物左衛門》を素材にするこの曲に、京都や奈良を見物して歩く様子を振り付けるため、実際にその場所に行ってその風を受けたとのことだった。

鼎談時三〇歳であった弟子の花柳大日翠は、学生時代に寿南海の《都見物左衛門》を見て大きな感銘をうけたという。寿南海によると、振りをつける時にはその言葉の裏をよんでつけるために、振りを形だけビデオで覚えても中身がぬけてしまい、中身がないと観客にも伝わらないという。それゆえに師匠から弟子へ、一対一で、体から体へ、心も一緒に伝える必要がある。ただ、振りを移された方も、それを受けるだけの心がないと受けられない。何役も踊り分ける《都見物左衛門》を習うには、大日翠は若すぎるのだろうか。寿南海によると、大日翠は器用で舞踊の表現はスムーズに移せるが、心はなかなか移せないという。その心とは、曲や役の位のような、様々な役の踊り分けであったり、大日翠が稽古する吉野山の忠信での、狐の心持ちであったりするのかもしれない。そういった心を会得するのは五〇歳になってからで、《羽根の禿》という一〇代の少女の踊りは五〇歳過ぎにならないと踊れないことが説明される。渡辺はこれを、世阿弥のまことの花になぞらえ、本当の若さではなく表現としての若さが出なくてはいけないと解する。

次に、日本の舞踊家は歳をとらないと名人になれないというものの、高齢での踊りにおいて、どう身体的な衰えを克服するかに議論が進められた。上映した《都見物左衛門》では、寿南海がよろめいて手をつくシーンが含まれていた。この部分を上映前にカットすべきかどうか、スタッフ側と協議したことに言及して、渡辺は、この部分は役になりきってよろめいているために、映像をカットせずに放映すべきだと述べた。これは、踊り手の老い衰えによる振り付けや動きの改変が、作品の傷にはならないということであろう。これに対して寿南海は、立つ時に手をついたり、振りの手数を抜いたりすることは、作品の中身を理解していれば無様にならないと回答する。またそれは、踊り手の身体が動く時に踊っていた歩数を取らなくても、そう観客に見えるようにすることだという。寿南海は、老いとともに、座って上半身だけで踊ることが多くなったことに言及し、ただ、その座った形での踊りが、立って踊っている時より良く見えることがあるという。

渡辺も多くの批評を執筆した歌舞伎界の名女形六世中村歌右衛門の、最後の舞台であった《関寺小町》は、小野小町の女の一生が滔滔と流れ、若い時分よりも良かったという。寿南海も、九〇歳になって鐘の下に座布団を三枚ひいて座って、舞踊の大作である《京鹿子娘道成寺》を踊っても、良く見えるようになるだけの精進をするという。

寿南海が歩く時にはその腰を支え、付き添って介添えをする一方、堰を切ったように言葉が溢れ出す寿南海の話に、弟子の大日翠はじっと耳を傾ける。二人の舞踊家の間には、日々の生活を共にして師匠の生き方を学び、芸を盗めるようになったら盗むという、内弟子制を思い起こさせる師弟関係がにじみ出ていた。年齢と経験によって伝統を継承する家元制とともに、人生経験を積んだ踊り手の人格形成が芸の形成に並行するという考えも、ここから窺われる。舞踊家自身を技が体現された無形の文化財とする日本の舞踊の美意識は、歳をとらなくては達成できない芸を成立させる。その一方で、この踊りの美意識は、老いとともに舞踊のメディアである身体に衰えがでる時、踊り手がそれをどう乗り越えていくかも、要請している。

若い時の花柳寿南海は、清元《子守》に代表される四肢を躍動的に動かす舞踊を得意とし、また古典だけでなく、創作舞踊や舞踊劇の新作を積極的に発表することで、日本舞踊界全体の活性化を促していた。そのような活動を経て、花柳寿南海は、重要無形文化財各個指定を受ける日本舞踊家として、花柳流に限らず日本舞踊界全体から尊敬を集めている。

また、この鼎談の中では日本の伝統芸能におけるジェンダーの問題も垣間見えている。日本の伝統芸能における舞踊は、世阿弥に始まる能や歌舞伎の担い手である男性演者の身体のあり方と結びつく。幾人かの例外を除いて、老いの美意識も、こういった男性の名人芸として語られる。スターである歌舞伎役者と同様に、歌舞伎舞踊をレパートリーとする女性舞踊家が、伝統的な美意識を体現するとき、美学の政治に繋がる構造的問題に切り込まざるをえない。

花柳寿南海は、この《都見物左衛門》もその一つである「素踊り」という形式に、長年こだわりを持っていた。素踊りとは、歌舞伎舞踊での女踊りや男踊りと異なり、舞台用の拵えや装置を省いた、着流しの素の状態のままで踊る、近代的な舞踊形式である。この素踊りという形式は、衣装や装置をつけて作品を踊った後に始めるべきとされ、舞踊家としての経験が必要とされる。この形式はまた、歌舞伎役者による舞台衣装や大掛かりな装置での踊り方とは異なり、六世藤間勘十郎のように、身一つで踊りこむ振付家、舞踊家の形式と考えられている。加えて、重い衣装をつけて大舞台に耐える体力よりも、踊りの解釈や繊細さを際立たせ、老いの芸を引き立たせる方法である。この素踊りの形式を通して寿南海は、女性舞踊家による女性舞踊家でなければできないという踊りを、目指してきた[1]。

ある条件の中で、ある限界の中で、私たちは何ができるか。身体の拘束と解放が舞踊の本質的な要素と考えられる場合、踊り手の身体の限界を作り出す老いには、舞踊の根本的な問題が照射されている。舞踊における最も本質的で、かつ、最も存在論的な問題を老いと踊りというテーマは問いかけている。踊りは動きをどう乗り越えるのか、いや、動きをこえた踊りは存在するのだろうか——舞踊という芸術の存在理由である身体の動きを超越したところに、舞踊は、その踊り手の生の輝きは、どう現れてくるのだろうか。〈老い〉を芸に結実させた花柳寿南海の姿から、動きを超えた踊る身体の可能性が見えてくる。

1 注

「対談〈日本の美〉を創る6日本舞踊家・花柳寿南海／聞き手・河竹登志夫（演劇学）」『日本の美学』No. 32（April, 2001）: 140–143.

第7章　日本における「老い」と「踊り」

尼ヶ崎彬

はじめに——二つの問題

「老い」と「踊り」について考えるためには、まず二つの問題を区別しなければならない。一つは舞踊作品の登場人物（たとえば小野小町）の老いについてであり、もう一つは踊り手自身の老いについてである。前に筆者が用いた言葉を使えば「演じられた身体」と「演ずる身体」である。[1]「演じられた身体」の老いは、社会や文化が「老い」にいかなる意味を与えているかを反映する。いっぽう「演ずる身体」の「老い」は、観客の側の慣習的視線と、演ずる側の現実の身体との相互交渉から意味を発生させる。本稿では、まず日本の伝統文化（とりわけ舞踊劇）における「老い」のイメージについて考察し、そののち大野一雄を例に、「老いた身体」が観客にどのよう意味を発見させるのかを見よう。

日常生活で演技をすれば、自分の本性をごまかしているとみなされ、あまり好感はもたれない。けれども儀式や演劇や舞踊などの非日常的な場面では、社会制度として堂々と演技が行われる。もともと演劇や舞踊の起源を宗教的儀式や神話中の儀礼に求める説は多い。たとえばギリシア悲劇に関するジェーン・ハリソンの『古代芸術と祭式』、日本の踊りに関するアメノウズメ神話など。宗教的儀式はたいがい神々や精霊、あるいは祖先や霊獣など超自然的能力をもつ者に何かを依頼するための祈りや祀りである。儀式が盛大になって、その具体的イメージを登場させようということになると、誰かがこれを演じることになる。それらは超自然的能力をもつ超自然的存在であるわけだから、それらしく見えなければならない。少なくともふつうの人間に見えてはいけない。そこで特別な衣装を着せ、仮面をつける工夫が案出される。ギリシア悲劇も日本最古の宗教的舞楽である伎楽も、大きな仮面をつけていた。今もアジアでは神話を演ずる仮面劇や仮面舞踊は多い。日本の能も神々を演ずるときは仮面をつける。それだけでは説得力が薄いと思われるとき、所作に超人的な性格を与えようとするだろう。超絶技巧で飛んだり跳ねたりする。あるいは身体の動きに非日常的な形式を与える。たとえば一定のリズムで手足を動かすなど。これらは舞踊になってゆくだろう。多くの民族がこの種の伝統舞踊劇を持っている。日本で代表的なのは能である。

能が演ずる身体は三つに大別される。世阿弥はこれを「老体」「女体」「軍体」と呼ぶ。老人と女性と武人である。神々の超人性が超絶的身体能力で表されるなら、軍体の姿をとるのがふつうかと思うが、じつはそうではない。能の中でもっとも儀式性の強いものは《翁》であるが、その主人公は老人の姿をした神である。また神を主人公とした能を「神能」というが、中でも有名な《高砂》では主人公の松の精が老夫婦の姿で現れる。

日本には祖霊信仰があり、祖先が神となって子孫を守るという考えがある。氏神も多くは祖先神である。

神となった先祖が何百年も生きる老人の姿で現れるのは不思議ではない。ニジンスキーの《春の祭典》でも祖先が老人の姿で登場するように、祖先は老人の姿でイメージされやすいのである。では主人公が人間の場合はどうか。

昔から人々の好む物語は戦いか恋愛だから、舞踊劇の主人公は武勇に秀でた英雄か恋に落ちた若者が多い。どちらにしても老人には縁がない。ところが能の主人公には老人が少なくない。伝説の美女小野小町は人々に愛されているから能にもよく登場し、それらを総称して「小町物」という。だが驚いたことに、しばしば小町は美女としてではなく、かつて美女であった老女として登場する。能では老女を主人公にしたものを重視する伝統があり、《関寺小町》《鸚鵡小町》《卒都婆小町》《檜垣》《姨捨》の五曲を「老女物」という。タイトルからわかるように、うち三つは「小町物」である。また《関寺小町》《檜垣》《姨捨》を「三老女」といい、秘曲として格別重く扱われている。

激しい動きとか熱い恋愛などは老人の身体イメージと結びつかない。けれども能は舞踊劇でありながら、老人を主人公にすることが少なくない。ここには「老い」というものに対する日本人の伝統的な考え方が反映していると考えられる。

一　「老い」とは何か

日本の伝統文化、とりわけ舞台芸術を見ると、「老い」に対しては三つの視点がある。

第一に老化を「衰退」と見る視点である。青年期に頂点に達した体力、壮年期に頂点に達した知力などが衰えはじめるとき、人は自分が「老年」に至ったと知る。その未来は暗い。子ども時代の成長とは逆に、それは衰弱の一途であるからだ。やがて足腰は立たなくなり、頭はぼけるだろう。そして死に至る。その進行はゆるめることができても、決して逆行することはない。未来のない老人が自分の存在を確かめる方法はふつう二つしかない。自分の過去を振り返り、そこに生き生きとした自分の姿を再確認するか、自分の代替物としての子や孫の未来に期待を抱くかである。だが現在の自分はしだいに縮小し、消滅するしかない。

第二に老いを「年功」と見る視点である。年齢を重ねることはそれだけ経験を積むことであり、年功の増加である。諸外国（とくに西洋）の首相や社長には壮年期の人が多いのに対し、日本では年齢が高い。戦後組織された五四内閣の総理大臣の就任時年齢をみると、五〇代一四人、六〇代二七人、七〇代一三人である。[2] 戦前には四〇代もいるが、明治の伊藤博文（初代首相）と黒田清隆（二代）、そして昭和の近衛文麿だけだ。二〇一五年度の日本の社長の平均年齢はおよそ六〇歳である（東京商工リサーチによると六〇・八、[3] 帝国データバンクは五九・二）。[4] さまざまな団体の会長や理事長も、規模の大きいところなら、データはないが似たようなものだろう。日本が「年功序列」を制度としてきたのは、それなりの理由があるだろう。「老練」とか「老獪」という言葉があるように、あらゆる事態に対処できる経験値を積むには長い年月を要すると考えられているのだ。日本では老いることは無能化を意味せず、むしろ能力を高めると考える伝統がある。逆に「若いな」という言葉はしばしば「未熟」を意味するのである。

第三に老年を「余生」と見る視点である。「社会の一員」としての自己はすでに役割を終え、家庭においても「一家の経済的支柱」あるいは「子どもの養育の責任者」の地位を離れている。つまり義務から解放されている。その自由は趣味に生きることに使われてもいいし、従来とは別の形で社会に関わってもいい。ただ、「社会の一員」として内側から社会を見るのと、外側から見るのとでは風景が違ってくるだろう。「社会人」ではないということは、「社会」の基準を適用する必要がないということだから、自分自身を新たな観点から定義できるし、また他人や社会のあり方についても、別の基準によって見直すことができる。とすればここには、かつての自分が採用しなかった別の価値基準、できなかった別の人生があるかもしれない。

次節からは、日本の文化的伝統、とりわけ舞台芸術が「老い」をどのように捉えていたかを、この三つの視点から考察しよう。

二　「衰退」としての老い

「老い」と言えば誰しもまず思うのは身体の「衰え」だろう。筋力が衰え、持久力（スタミナ）が衰え、身体制御能力が衰える。いつもやっていたことが、いつものようにはできなくなる。体力を要する仕事はできなくなる。身体能力に少し遅れて知的能力の衰えが来る。いわゆる「ボケ」である。記憶力や思考力が低下し、その結果判断力が衰える。つまり、判断を間違える。こうして老人は仕事がきちんとできなくなるから、退職を迫られる。偉くなりすぎて誰も辞めさせられないと、いわゆる「老害」が起こる。これを避けるために定年制がある。老害を起こさぬ前に強制的に社会から退場させるのである。家庭には定年はないけれども、かつての家父長制の時代には、家長は適当な年齢で隠居し、次世代に家長の地位を譲るのが慣例だった。井原西鶴の『日本永代蔵』では、四五歳まで働いて金を稼ぎ、あとは隠居して遊ぶのが理想とされている。遊んで暮らすとは、必ずしも何もしないわけではなく、俳諧などの「遊芸」、今でいう「趣味」にふけるわけだが、これは社会の公的な領域ではない。つまり「社会の一員」として何かをするわけではない。遊びの中で判断を間違えても、少しも有害ではない。言い換えれば、老人は無害に生きることが望ましいことだった。

老人を舞台で演ずる場合、身体能力の衰えで「老い」を表現するのが一般的である。観客にとってわかりやすいからだろう。知的能力の衰えを見せても、生来の愚者と区別がつかない。もっとも、ただ弱々しいだけでも病人と区別がつかない。世阿弥は「老体」の演技術として、身体が意志のとおりに動かない様子をみせよと教えた。老人は身体の衰えを自覚せず、気は急いているのに身体がついていかないことに着眼したのだ。つまり「老い」を自覚しないことが老人の特徴と捉えられているのだ。

身体能力の減退は舞踊家にとって致命的である。だからバレエの世界では四〇代になると引退を考える。定年制をしいているバレエ団もある。パリ・オペラ座は四二歳定年である。日本の伝統芸能では七〇歳になっても現役であることは珍しくないが、西欧でも近年は老齢で舞台に立つダンサーが増えている。ただし振付の難度を修正したり、動きの少ない作品を新たに作ることが多い。能ではしばしば後期高齢者がシテを演ずるが、彼らは椅子（葛桶）に座る演出の作品を好む傾向があるという。足腰が衰えると床から立ち上がるのが困難であるからだ。

体力・知力に次ぐ第三の衰えは容姿である。これがいちばん切実という人は多い。現在のアンチエイジング・ビジネスは、もっぱら容姿、とりわけ頭部（顔面と毛髪）の変容を押しとどめたいという願望に応えるものである。「美しさ」を保つ、あるいは取り戻すための技術が求められるのは、老人が「美しくない」からである。では「美しい」容姿とは何か。その根底にあるのは、異性から見て魅力的であること、つまり性的対象として高い評価を得られる特性である。このとき「若さ」は重要な条件となる。だから若い人にとって老人は性的対象ではない。老人は「男」としても「女」としても見られず、ただ賞味期限を過ぎた人間として見られる。もしかつて「美しい」と言われた人が若い頃と同じ化粧などすれば、与えられる評価は「老醜」であろう。老人が手に入れることができる価値ある外見は、せいぜい「威厳」くらいである。

こうして老人は、身体的にも知的にも衰退し、容姿すなわち異性としての魅力も喪失した者である。言い換えれば、「社会の一員」としての存在理由である運動能力、知的能力、性的能力のいずれも衰えて、その役割を果たせなくなった者である。まさに無能の人であり、不要の人であるように見える。ではなぜ能には老人を主役にした作品が多いのだろうか。

老人は性的対象として見られない。だから古今東西、恋物語の主人公はふつう少年以上老人未満の男女である。ところが能には老人の恋愛を主題にしたものがある。《綾鼓《あやのつづみ》》と《恋重荷《こいのおもに》》である。いずれも身分賤しい老人が美しい女御に恋をするが、女御の方は当然ながら受け入れる気などない。そこで相手にしなければよいものを、一見できそうで絶対にできない課題を老人に与え、これができたら会おうと伝える。「男」として扱ってもらえたと信じた老人は必死にがんばるのだが、もちろんできるはずがない。だまされたと知った老人は自殺し、怨霊となって女御を責めるという話である。《綾鼓》の亡霊はひたすら女を恨むが、これを世阿弥が改作した《恋重荷》は女を許し、その守護霊となる。結末は正反対だが、見どころとなる老人の思いの強さは変わらない。いずれにせよ、これらの能が成立する条件として二つの前提がある。一つは、老人は恋の対象にならないという常識（文化的合意）である。だから女が相手にしないのは当然であり、恋が叶うかもしれないと考えた老人は非常識とみなされる。もう一つは、老人も恋をするという現実である。しかもその思いの強さは若者に劣らない。「男」としての能力や容姿は衰えるけれども、欲望や執着などの煩悩はいささかも衰えないのである。ここに悲劇の原因がある。

じつはこのことは現代でも改めて問題となっている。老人は、とくに男性は性的不能となることもあって、性欲がないとみなされている。それどころか、性欲があるのは異常だと思われている。だから老人どうしの恋愛に世間は好意的でない。家族からさえ「不潔」だとか「恥ずかしい」とか言われたりする。まして老人が若い人に恋をすれば、「ありえない」とか「頭がおかしい」とか言われるだろう。じつは老人ホームなどの現場では、老人も恋をするし、性欲もあるということが知られている。考えてみれば当たり前のことだ。けれども世間はその現実を見ようとせず、老人が性的関心を持つことを禁止する。つまり《綾鼓》の悲劇は現代でもあるのだ。だから問題は、なぜ老人にも性欲があるかではなく、なぜ社会が老人には性欲がないとみなしているのかということである。

その理由の一つとして、日本においては「老い」に伴う衰えをむしろ肯定的に捉える思想があったことが考えられる。それは人間の老化だけではなく、一般に時間の経過に伴う衰退に価値を見出すことである。外観の華美な最盛期よりもその華やかさを失ったものに魅力を見出すことである。

たとえば中世に起こった新しい美意識は、のちに「わびさび」などと呼ばれるのだが、当初は「冷える」とか「枯れる」などと言われていた。能では世阿弥が「花」よりも「しほれたる」を上とし（「風姿花伝」（世阿弥　一九六一））、「冷えたる曲」を最高としている（「花鏡」（世阿弥　一九六一：四三二））。茶道では村田珠光に「冷え枯るる」の言葉がある（「珠光古市播磨法師宛一紙」（村田　一九六〇：三））。利休の弟子の山上宗二は利休の茶を「冬木也」と評している（「山上宗二記」（山上　一九六二：一〇〇））。また武野紹鷗はよく「連歌は枯れかじけて寒かれ」という連歌師心敬の言葉を引いて、茶の湯も最後はそうなりたいと語ったという（同：九七）。絵画では長谷川等伯が梁階の絵を「冷えたる体」と呼んでいる（「等伯画説」（長谷川　一九七三：七〇〇））。中世は中国から水墨画が入ってきた時代だが、心敬は色彩豊かな大和絵より、このモノクロームの絵画を高く評価している（「所々返答」（心敬　一九四八：二二五））。

これらは花の盛りの春や草木の緑が生命力を見せる夏ではなく、むしろ生命力が衰えて行く秋や、死に絶えたような冬に価値を見出す思想である。だが江戸時代になると、単なる美意識にとどまらず、人間の内面（人格）にも適用されるようになる。

藤本箕山の『色道大鏡』は江戸初期の「色の道」の百科事典であり、遊廓での遊び方の教科書でもある。遊廓でもてるのは「粋《すい》」な男である。だからこの書は無知な初心者が「すい」に至る道、すなわち「色道」を教えるものである。では「すい」とは何か。藤本はその根底にあるものを心の清さだとした。ただし、子どものような無邪気さではなく、成熟の末に行き着く清浄である。彼は成熟の果てを「しゃれたる」と形容する。それは「さまざまな経験の末、人の心から汚濁がとれた状態を、雨露にさらされてできた骸骨や枯れ木などの姿にたとえた言葉」だという（藤本 二〇〇六：三五、現代語訳は引用者による）。「しゃれた」とはもともと「曝《さ》れた」、すなわち風雨に「さらされた」という意味である。だから野ざらしの首が月日を経て肉などがすっかり落ち、頭蓋骨だけになると「されこうべ」、つまり「しゃれこうべ」となる。そのしゃれた骸骨や枯れ木のように、欲望やこだわりといった心の垢や汚れが洗い流され、透明で澄んだ状態に至った心を「しゃれたる」と呼ぶのだ。もし「色道」の目標が色欲の達成にあるとするなら、これは奇妙に聞こえるかもしれない。しかし藤本は「真の粋《すい》というのは、色道のあらゆるわざを身につけながら、知っていることを隠し、自分の欲望にうち克って物を争うことをせず、他人を妬まず、人々から敬愛されて人々を救う」ものだという（同：一九六）。自分の欲望に囚われているうちはまだ「すい」ではないのだ。

同様の思想は「すい」の追求を描いたとされる井原西鶴の『好色一代男』にもみられる。これは源氏物語五四帖にならい、世之介七歳から六〇歳まで五四年間の人生を五四章に分けて語るものであり、いわば「真の粋」に至るまでの色道修行の話である。その最後の段階では、世之介はもはや遊女との性的関係を求めず、ただ人を喜ばせようとする。「すい」の極致は自分の欲望を達するのではなく、むしろ欲望から離脱するのである。

注意すべきは、もともと欲望の薄い人間が「すい」になるのではないということである。むしろ世之介のように人一倍色欲の強い人間が、人生の風雨にさらされて、「しゃれこうべ」のように、あるいは枯れ木のようになることが望ましい。もともと欲望が強いからこそ他人の欲望もわかる。経験を積んだからこそ人情の機微もわかる。そのような人間でなければ「すい」にはなれない。だが、そうだとすると若いうちは決して「すい」ではありえない。世之介でさえ六〇歳近くになってようやく摑んだ境地である。とすれば、「すい」という理想はむしろ老人にふさわしい徳性である。

老人の衰えた外見は枯れ木に近づく。またエネルギーの衰えのために欲望に駆られてあがくこともしない。そこには欲望を捨てて「しゃれた」(曝れた)、清浄無垢の人がいるように見える。いや清浄無垢の理想を期待され、投影される。それは神聖な存在であり、ある意味で神に近いだろう。《翁》や「神能」の主人公の主たる役割は「祓い」や「清め」つまり浄化である。とすれば主人公自身が欲望を離脱した清澄さを身にまとっていなければならないだろう。彼らの姿が老人であるのは、神々の聖性が老人の無欲によって表現できると考えられたためではないだろうか。つまり現実の老人は無欲ではないが、枯れ木のような外見と無欲な内面とが老人のあるべき理想とされたわけである。

老人に性欲がないとみなされたのは、それが単なる衰えではなく、むしろ一種の成熟であるという見方が背後にあり、むしろ肯定的に老人の特性として捉えられていたからだろう。だから老人になっても性欲を失わないものは、老人として正しく成熟していないと非難されるのである。

三　「年功」としての老い

「四十、五十は鼻たれ小僧」という言葉がある。渋沢栄一が言ったとされるが出典はわからない。日本には「年功（年劫）」という言葉があり、「亀の甲より年の功」ということわざさえあるように、年数によって計られる経験の蓄積量がそのまま価値を意味することがある。若者が的確な判断や行動ができないことがあると、その理由を経験値の不足とされ、「まだ若い」とか「青い」とか「未熟」と言われたりする。

ただしスポーツや舞踊など身体能力が重要な分野では、年を重ねるほど有利というわけにはいかない。粟谷明生は『六〇歳になるといきなり身体に変化が起きるよ』と先輩方がご注意下さったが、真その通り実感している」[5]とブログに書いている。これはおそらく身体が今までのようには利かなくなるので、やり方を変えねばならないという意味であろう。さらに舞台に立つ身には容姿の衰えも問題となる。けれども、日本の芸道界では逆に年功を重視するような言葉が今もしばしば聞かれる。たとえば「能は六〇歳でやっと新人賞の世界」（登坂武雄）[6]とか、「能は普通の人が定年となる六〇歳ぐらいからが本番」（大島輝久）[7]とか、四〇代、五〇代ではまだまだ未熟だというのだ。

世阿弥は『風姿花伝』の第一章「年来稽古条々」において、三四、五歳を「このころの能、盛りの極めなり」とする。「上るは三十四五までのころ、下るは四十以来なり」とも言う。ただしこの頃までに「真の花」を獲得しておけば、能は下らないとする。そして四四、五歳になると、「能は下らねども、力なく、やうやう年たけゆけば、身の花も、よその花も失するなり。まずすぐれたる美男は知らず、よきほどの人も、直面の申楽は、年寄りては見られぬものなり」と書く。現代よりも身体的老化が早かったのかもしれない。四〇代後半になると巧緻な身体技術も美しい容貌も失われ、よほどの美男でなければ面をつけないとみられたものではないというのだ。そしてもう難しい演技はするな、ここが見せ場とあれこれやってみせるのはやめろと説く。さらに五〇歳をすぎたら、何もしないのが唯一の方法だ（「せぬならでは、てだてあるまじ」）、麒麟も老いては駑馬に劣るとまで言う。けれども能を究めた者なら「花は残る」として、父観阿弥の例をあげる。彼は五二歳で没したが、死の半月前に舞台に立った。そのときの様子をこう記している。

「安きところを少な少なと、色へてせしかども、花はいや増しに見えしなり。これまことに得たりし花なるが故に、能は、枝葉も少なく老木になるまで、花は散らで残りしなり」（難しくない型で、動きを控えめにしながら、少し味付けをして演じていたが、花はいっそう増したように見えた。本当に得た花だからこそ、その能は枝葉も落ち、老木になっているのに、花は散らず残っているのだ）。そして「これ、眼のあたり、老骨に残りし花の証拠なり」とこの章を締めくくるのである。

世阿弥は老いによる身体能力と容姿の衰えを能の「花」にとって致命的なものとみている。ただ「まことの花」を獲得した場合は、別の魅力が能にもたらされると考えている。そして技巧や美貌などの期限つきの「花」よりも、この「まことの花」こそ価値があるとみている。ただし「まことの花」は四〇歳以前に獲得されるべきものとされており、ここでは必ずしも老人の年功が必要とは明言されていない。ただ枝葉（技巧や美貌）がなくなった老木にも「花」は残ると言うだけである。けれども同時に「花はいや増しに見え」たとも言う。なんらかの理由によって老後の花はさらに成長するというのである。ではその理由にはどのようなものが考えられるか。

第一に、「熟練」や「老練」が意味する、経験の量がもたらす技術力である。それはパワーやスピードに頼ることなく、精妙な芸を見せるだろう。

第二に、人生経験の量がもたらす、世界や人間についての理解の深化である。それは作品を作るにあたっては豊かな想像力を、作品を演ずるにあたっては深い解釈をもたらすだろう。

第三に、身体が老化したからこそ得られる新しい発見である。六〇歳になると身体的変化がおきるという、先に引いた栗谷明生の文章は次のように続く。「この頃、何かが生まれそうな感じがするから、その対応のために…さあ、これから朝一時間のストレッチ・ウォーキングに出かける」。これが栗谷だけでなく、彼に忠告してきた先輩たちにも起こっていたことだとすれば、能楽師たちは（そしてたぶん歌舞伎役者や日本舞踊家にも）六〇歳ころに、身体的変化と共に新しい何かが生まれるのを経験してきたということである。これはどういうことだろうか。

老化によって今までできていた動きができなくなるとき、舞踊家は危機におちいる。けれども時計は逆に回らないから、訓練によってその動きを回復することは諦めて、別の対応策を考えるほかはない。彼は自分の身体でまだ何ができるのか、もう何ができないのかを改めてひとつひとつ調べるだろう。そして何が必要で何が必要でないのかを再検討するだろう。その過程で、これまで惰性で行ってきたことが不必要であることに気がついたり、必要なのに見逃していたものがあることに気がついたりするだろう。またできなくなったことの代替物として同等の効果を持つ方法を探しているうちに、新しい手法を発見したりすることもあるだろう。その結果、まだ残っている枝葉をわざと切り落として「老木の花」[8]を咲かせたり、観客が予想もしない「巌に咲く花」[9]を見つけたりするだろう。新しい可能性を探っているうちに、能楽師は目の前に新しい能の世界が広がっているのを感じるのではないだろうか。重要でないものを削ぎ落す（「しゃれる」）ことによって、本質的なものを発見する。それはおそらく心敬らの「冷え」や「枯れる」の意図したことでもある。金箔や色彩豊かな絵画より水墨画を択ぶのも、そのほうが自然の本質を表すという思想があったからである（尼ヶ崎 一九八三：二一四）。

仏教の影響かもしれないが、私たちは芸道の「名人」という言葉に単なる技術の熟達ではなく、それを超えた、何か「芸」について「悟道」の境地に達した人をイメージする。「色道」でさえ『色道大鏡』では、最終的にはある種の悟りを開き、解脱して「無」の境地に至るとされる。つまり名人になるには、技術的練度を上げるだけでは不十分で、何か精神的な飛躍が期待されている。しかもその最終的な境地は、それまで研鑽してきた分野だけでなく、広くさまざまな「道」に共通のものであるという期待がある。その典型は吉川英治の求道小説『宮本武蔵』であろう。けれどもそれは若くしてはなかなか達成できないのである。世阿弥は父観阿弥との違いを問われたとき、自分は足がききすぎるのが父に劣るところだと言った。若者のすぐれた身体能力はむしろマイナスだというのだ。たぶん世阿弥が言おうとしたのは、自分は技術で演じているが、父はすでに名人であって、技術を超えた「芸」を演じているということなのだろう。

さらに現役を退いた老人にも役割がある。元名人は現役のエリートを指導することを期待される。修行者に正しい道を教える師（老師）は老人のイメージで描かれることが多い。また市井の生活でも、子どもに教えるのは大人であるが、その大人に何かを教えるのは老人の役割とされている。たとえば落語に登場するご隠居のように。

四　「余生」としての老い

「社会の一員」としての役割を終えた老人は、しばしば「隠居」と呼ばれ、あとは「余生」を送ることになる。つまり老人はこのとき予定された「人生」の、そして「社会」の外部に立つことになる。この外部を生きるということは、社会から必要とされていないという意味で寂しいという一面もあるが、同時に社会が要求する「常識」や「義務」など、無意識のうちに従っていた規範から解放され、まさに「自由」を獲得する。このとき、老人は世界を違った目で見始めるかもしれない。それは一種の死者の目である。

芥川龍之介は自殺する前に友人に宛てて遺書を書いた。その終わりに次のような一節がある。

僕の今住んでゐるのは氷のやうに透み渡つた、病的な神経の世界である。（中略）唯自然はかう云ふ僕にはいつもよりも一層美しい。君は自然の美しいのを愛し、しかも自殺しようとする僕の矛盾を笑ふであらう。けれども自然の美しいのは、僕の末期の目に映るからである。（芥川　一九九七）

「末期の目」から見るとき、世界は氷のように澄み渡り、自然はいっそう美しいというのだ。福永武彦もまた「死者の眼」ということを言っている。

僕はすべてを死から割り出し、死者の眼から物を見て生きよう。死者はその未来に虚無をしか持たず、従ってそのぎりぎりの点から現在を見れば、一日といえども、一瞬といえども、尊いだろう。死者の眼というのは（中略）人が死の瞬間に於て、ああ自分はよく生きたと思い、もう一切の欲望も空しくなって過去の日々をふりかえる、そういう眼だ。そういう眼で、未来の源から現在を顧るのだ。（福永 一九七三）

芥川の「末期の目」は生に絶望し、死を選ぼうとする彼自身の目である。いっぽう福永の「死者の眼」は、現在の自分の生を「尊い」ものとして肯定するために想定された架空の眼である。けれども、いずれも現在の生の外部からの眼である。このような眼を主人公に与えた作品が能には多くある。それは歌舞伎（そして文楽）と比較するとはっきりする。

歌舞伎には「死」があふれている。殺害シーン、切腹シーンは多いし、心中もある。「死」は重要なモチーフであるから、死にはなんらかの理由が与えられている。悪人は自分の利益のために他人を殺す。善人は自衛もしくはなんらかの目的のために人を殺す。ときには自分をさえ殺す。ではこれら善人がもたらす「死」（殺人であれ自殺であれ）を正当化する理由は何か。それは人命以上に価値があるものでなければならない。つまり人命以上に重要なものがあるという価値規範を、登場人物が信じており、かつそれを観客が納得しなければならない。その規範はタテマエとしてであれ、ホンネとしてであれ、当時の社会で共有されている必要がある。具体的には、タテマエとしては儒教倫理の教える「忠孝」すなわち主君のため、親のためなどがある。また儒教に限らず多くの文化で採用されている共同体維持のための規範、すなわち「正義」の優先や共同体への献身（村を救った「義民」佐倉惣五郎など）があり、また正式の規範ではないにもかかわらず多くの社会（とりわけ男性）に採用されている「名誉」（面子、意地）がある。そしてホンネとしては恋愛（「心中だて」つまり愛の証明）がもっとも多い。歌舞伎（そして文楽）ではこれらの規範によって登場人物は人を殺し、自分も死ぬ。しかしこれらの規範は、最後の恋愛を除き、自分が生きている社会の中でのみ有効なものである。死後の世界にはそのような社会はない。では死者の眼からみたらどうなるのか。

能の主人公には死者つまり亡霊が多い。彼らは死について生者とは違った見方をする。生者にとって死は終点であり、それ以後の人生はない。だから従うべき価値規範は生きている社会のものを採用するしかない。しかし死者にとって死は、過去の清算である。亡霊が自分の過去を見るとき、もはや生きていたときの価値規範など何の役にも立たないのである。忠孝も正義も、死者には何の意味もない。亡霊が好んで語る過去は、自分の心がもっとも揺さぶられた出来事が多い。それは恋愛における至福と絶望であったり、裏切られた者の納得できない理不尽であったりする。前者は女性を主人公とする能に多く、後者は怨霊を主人公とする能となる。いずれにせよ主人公たちにとって重要なのは自分自身の巨大な感情であって、生前の社会の規範ではない。能における死者にとって自分の存在証明はその感情にあって、社会の中での地位とか役割とかにはないのである。

さて、老人はすでに社会の外部にいる。この意味で死者に近い。しかしまだ「余生」を生きているという意味で、死者ではない。「余生」もまた一つの人生ではある。つまり老人とは、「死者の眼」をもった生者である。外部にいるから社会の規範が適用されず、また外部から見るからこそその規範が無意味であることがよくわかる。それは仏教において「出世間」と呼ばれる状態、つまり仏門に入るために社会から脱出した状態に似ている。それは「脱俗」であるだけでなく、「悟道」の必要条件である。世界を正しく見るためには世間のものの見方（つまり「常識」）から離脱しなければならないからだ。もし「老人」を死者の眼をもって生きる者と捉えるなら、そこに期待されている「余生」とは、人間が生きる上でほんとうに大切なものは何かを自由な目によって判断し、それに従って生きることである。そのような生活を表す言葉が禅宗にある。「日々是好日」。

もちろんじっさいの老人は必ずしもそんな悟りを開いているわけではない。まだ社会の中にいるつもりで、後輩の仕事ぶりを上から目線で批評したり、自分がいかに重要人物かを人に語って顰蹙をかったりする（だから老人クラブでは現役時代の地位を語るなという教えがある）。あるいは既に人生が終わったと知り、過去の栄光（いかにもてたか、あるいは成功したか）を自慢したり、逆に失敗だった人生の責任を他人のせいにして恨みつらみを並べたり、ありえたかもしれない人生（あのとき別の道を選んでいたらとか）を語って愚痴をこぼしたりする。そしてこういう老人は嫌われる。もう人生は「余生」に入っているのに、まだ過去を清算できていないからだ。つまり、まだ死者の眼をもてないからだ。

おそらく日本の「余生」のイメージには、芥川のように末期の目をもって「自然の美しいのを愛し」、福永のように死者の眼をもって過去の自分を清算し、「一日といえども、一瞬といえども、尊い」と現在を味わいつつ生きる者の姿がある。そのような老翁（好々爺）のイメージが、確かに人でありながら神仏に近い聖性をもっているのは、単に性別や年齢を超えているというだけでなく、そこに人生の最終段階の理想をみているからだろう。

五　老いた身体——大野一雄の場合

一九八〇年フランスのナンシー演劇祭で七三歳の舞踊家が踊り、世界の舞踊界に衝撃を与えた。大野一雄の登場である。たちまち大野は世界中の演劇祭、劇場から招聘され、このあと二〇年以上踊り続けることになる。もちろん体力は衰える。しかし「一人で立って歩くことが出来なくなると、支えられて踊った。支えられても立てないときは、座ったまま踊った。足が不自由になると手だけで踊った。頭がもやもやするとひとりいざって、人はその背中を見て感動した」[10]と大野一雄舞踏研究所のホームページにある。これは大げさではない。私はある舞踊公演で前方の観客席に車椅子の大野一雄が来たのを見たことがある。幕が開き音楽が鳴り始めると、突如大野の両手があがり、ひらひらと動かし始めた。もちろん椅子に座ったまま。公演中の舞踊家には気の毒だが、大野の後ろにいた観客はたいがい舞台ではなく大野の背中を見ていたと思う。そして少なくとも私は感動した。大野の踊りは予定されたものではない。そのころの彼は認知症が進み、音楽が鳴ると条件反射で身体が（といっても両手だけが）動いてしまうようだった。けれどもそのような動きが紛れもなく大野の舞踏とみなされ、私を含めて何人かを感動させたのである。これはどういうことなのだろうか。

大野一雄の舞踏が世界中の人々を感動させたのは事実だとしても、その理由はいくつもの条件が複合している。もちろん大野が天才であるということは基礎的な条件だが、これは「老い」とは直接関係がないのでひとまず置こう。

最初にヨーロッパで与えた衝撃は、七〇代の老人が踊っているということそのものにあった。日本では、とくに伝統芸能では珍しくないことなのだが、西欧では社交ダンスのようなアマチュアの楽しみならともかく、舞台上で行われる芸術舞踊（バレエなど）では考えにくいことだった。だからこのことは一般観客よりもダンサーたちにとって驚きだったようだ。彼らは老人になっても踊っている自分の姿など想像したこともなかったからだ。ギエムが二〇一五年に五〇歳で引退したのは記憶に新しい。バレエが表現している美しさとは、人生でもっとも美しい時期のものであり、それは老練の芸では補えない。しかし大野の踊りは若いダンサーのための踊りではなかった。そこには若者の特権であるような「美」も「活力」もなかった。むしろ老人の特権であるような何かが大野の舞台を芸術にしていた。そのことが二重に西欧のダンサーたちに衝撃を与えたのである。一つには、ダンスの概念を覆されることによって。もう一つは自分たちの将来に別の可能性が開けたことによって。

それまでプロのダンスとは、長い訓練によってアスリートのような身体能力を獲得したダンサーが、常人にはできない動きを軽々とやってのけるというものだった。しかし大野が見せたのは、アスリートの身体を必要としないダンスだった。もちろん「舞踏」にはそれなりの訓練が必要であるとしても、それは老人の身体でもできる何かだった。ということは、それは西欧のダンスとは違う原理でできているダンスだということである。その後日本の大野のスタジオには海外から多くのダンサーが学びに来ることになる。彼らにとって大野のダンスを学ぶことは、一生現役のダンサーでありつづける可能性を与えるものだった。

では大野の身体には何があったのか。これまで考察してきた三つの「老い」への視点から見てみよう。

第一に、「衰退」した身体そのものが持つ独自の表現性である。樹皮の割れた古木や、苔が生えた岩のように、時間の経過が身体の表面にもたらすものの表現性である。それはしばしば「老醜」と言われる。だが大野の場合「老衰」してはいるけれども、醜いという印象がない。おそらく人が「老醜」を感じるのは、老衰した身体の内側にまだ欲望などの「不浄な精神」をかぎつけるからだ。大野の身体に表れているのは、風雨にさらされて「肉」という名の垢を洗い流した白骨のような、あるいは全ての葉と枝を落とした枯れ木のような、清浄で無欲な身体である。

第二に、「年功」を積んだ身体である。ただしそれはノウハウの引き出しが多いということではない。もちろん大野は独自のメソッドで身体表現の訓練を重ねており、その技術にたけているのだが、それはアスリートのような身体の超絶技巧でもなく、役者のようなキャラクターや心理を表現する演技術でもない。むしろ自分の内面を無にすることによって何かを自分に降臨させるような技術である。だからこそ車椅子に座ったまま両手をひらひらとさせるだけで、私たちは感動する（大野一雄を見て泣いたという証言は多い[11]）。私たちがそこに見出すのは、幼児のように無垢であると同時に、複雑多様な経験を経てすべての苦悩を内蔵したような身体である（大野は自分を救済されたユダのように感じていたという）。一言で言えば数十年の人生の凝縮と、そこからの解放である。もっとも大野自身ならわずか数十年の個人的人生ではなく、生命発生以来の数十億年の歴史だと言うかもしれない。

第三に、「余生」としての身体である。ナンシー演劇祭以後数年間のヨーロッパにおける大野評を分析した武藤大祐は、「死」のイメージが多く語られていることを指摘している（武藤 二〇一二：六）。だがこれは大野自身の意識でもあったようだ。彼は石井達朗との対談で、「わたしの踊りの原点」として《ディヴィーヌ抄》（1960）での体験を語っている。土方の依頼で男娼ディヴィーヌを演じた大野は、ネグリジェを着て客席から登場した。このとき彼は「死と生のはざまを歩いている感じがした」と言う（石井 一九九三：二九九）。また大野は別のところでそのときの体験を「死と生のはざまを歩けるっていうのは（中略）命の原点に触れたような感じ」とも語っている（大野 一九九三：二〇―二一）。大野は「生と死」ではなく「死と生」と言う。ふつうの人なら「生と死」と言うだろう。人はまず生きており、死はまだ来ていない。だから「生」がベースになる。それは「生」の場所から「死」を見る歌舞伎と同じ視点である。しかし「死と生」と言うとき、まず「死」がある。つまり「死」をベースに「生」を見ているわけで、能と同じである。大野が歩む道の一方は死の世界である。生前にあれほど執着していた成功も悔恨もそこではなんの意味もない。ただ虚無が広がっている。他方は生の世界である。光輝くマリアもいればグロテスクなユダもいる。けれどもいずれは皆死なねばならない。虚無の中から生じた泡のように、それははかないけれども、それだけに奇跡のように美しい。芥川が「末期の目」で見た自然のように。同時にこれは福永のいう「死者の眼」に近いとも言える。彼は死者の視点で生を見るとき「一日といえども、一瞬といえども、尊い」という。そのような生を得られたことは、神の恩寵であり、それゆえ至福と言ってもよい。私たちは大野が舞う姿に、既に人生を清算し「死と生のはざま」を歩む「翁」を見る。彼は私たちの目の前で「命の原点に触れ」ている。そこに恩寵を得た身体を感じるとき、私たちはつい涙を落してしまうのであろう。それは「老いた身体」でなければなしえないことである。

おわりに――展望

「老い」とは人生の一段階の様相である。人間は誕生したあと、成長し、やがて老化する。成長期を「子ども」と呼び、成長後を「大人」と呼び、老化が始まると「老人」と呼ぶ。この三分割は、生産や生殖活動を行って家庭と社会を持続させる者（大人）と、まだそれができない者（子ども）と、もうそれができない者（老人）に分けるものである。この区分は普遍的なもので、どの文化にもある。文化によってはさらに細分化され、「子ども」は「乳児」「幼児」「小児」「少年」に分けられたり、「少年」と「大人」のあいだに「青年」とか「若者」を置いたりする。

「青年」とか「少女」とかは比較的新しい概念だと言われる。労働力が足りない昔は、「子ども」が生産や生殖ができるようになればすぐ「大人」だったのが、経済的に余裕ができたため「成人」を遅らせ、「子ども」でも「大人」でもない猶予期間を作ったというのだ。「青年」期はまだ「大人」としての自己像が不安定であるため、「アイデンティティ・クライシス」（自分が何者か定まらない不安）が起きやすいとも言われる。一九六〇年代後半の先進国（欧米と日本）では「若者の反乱」とか「学生の反乱」と呼ばれる反体制活動が盛んだったが、それはちょうどアメリカで「アイデンティティ」を論ずる社会心理学が盛んとなり、日本にもその言葉が輸入され始めたころだった（これに当たる日本語がないので当初は「自己の存在証明」と訳されたりした）。もはや「子ども」ではないのに「社会の一員」としてのポジションを得ていない「若者」たちが「団塊」として大量に存在することが、このような社会問題を引き起こしていたのかもしれない。けれども七〇年代初め、彼らは就職して「社会人」になると、与えられた職務を果たすため猛烈に働き、社会の発展に貢献した。同時に、若者の反乱は鎮静化した。

その団塊の世代は今や「老人」となった。日々体力と気力の衰えを実感し、記憶力や判断力の衰えから来る誤りを（本人は自覚しなくとも）指摘され、自営業や自由業などを除きほぼ退職して「社会の一員」としてのアイデンティティを失い、しかしながらまだ十数年の平均余命を高齢者ないし後期高齢者として過ごさなければならない。この老人たちは自身の「老い」をどのように捉えるかという問題に直面している。それは二度目のアイデンティティ・クライシスを迎えていると言ってもよい。その何百万かの老人はなかなか「老い」を自覚せず、あるいは自覚しても伝統的な「老い」の形を引き受けようとはしないかもしれない。彼らの悪あがきは、ひょっとしたら「老い」についての視点を変え、「老い」の文化を変えるかもしれない。

かつて「還暦」を迎えた老人は赤いちゃんちゃんこを着せられた。それは人生の周回を完走したのでいったん赤子に帰って再出発することを意味した。つまり本来の人生は終了して余生という別の人生に入るということである。しかし五五歳であった定年は、六〇歳から六五歳へ、そして今七〇歳にまで延長されつつある。それは「還暦」を越えた者に、なお現役の社会人に留まることを要求している。このとき人は「老人」

と見られつつ「現役」として扱われる。「老人」という分類が、もともとは「現役」を終えたものという意味であったとすれば、これは矛盾している。ただ日本では昔から老人が（老害と陰口を叩かれつつも）現役に居すわることは珍しくないので、この事態はさほど混乱をきたさないかもしれない。

医学等の進歩によって、いまでは還暦を過ぎてもなお現役として働く老人が少なくない。だからこそ定年が延長されたのだが、これは言い換えれば、老人の年齢になっても身体的知的に大きな衰退がみられないのがふつうになったということである。昔から老人は自分が「老人」であることを自覚しない傾向があったのだから、現代ではなおさらである。もちろん体力や記憶力などが昔のようではないことは自覚しているが、まだ仕事をするには差し支えないと思っている。「若い者には負けない」とさえ思っている。つまり、自分は制度的には「老人」だが、実質的には「老人」ではないと思っている。けれども退職すると所属機関や職業によって与えられていた「社会人」時代のアイデンティティは失われる。年齢的に再就職は難しい。ここに現代の老人の課題がある。彼らは自分で自分の生きている意味を再発見しなければならない。

年金等によって一応の生活が保証され、かつ社会人（社会組織の正規メンバー）としては受け入れられない時、老人はいささか衰退した身体と蓄積した年功とをもって余生を送ることになる。これには二つの形がある。一つは非正規の形でなお社会と関わることである。たとえばボランティアの形での社会貢献がある。知識と経験を生かして環境問題に取り組んだり、忙しい社会人がやりたがらない町会の運営を引き受けたり。発展途上国に移住し、技術移転を行って経済発展を助けようという人もいる。社会人であったころのような報酬は得られないだろうが、確実に自分が社会の役に立っているという実感があるだろう。しかしそこには現役の社会人を支配する実用性・功利性という原理とは別の規範がある。そして初めて、社会人であった頃の自分がいかに狭い世界で思考し、行動していたかを知るだろう。つまり社会の周縁に立ち、正規の社会人集団の外部に立つことによって、やっと社会を、そして社会人というものを外部の目で見ることができるのである。それは「余生」を送る者の特権でもある。

もう一つの形はきれいさっぱり社会の外部に出てしまうことである。それは社会的には「隠居」となって、自分ひとりの「趣味」に生きることである。つまり、社会の役に立つことに自分の存在意義を見つけるのではなく、「生活文化」という非実用的領域に自己実現の達成や自分の居場所を見出すことである。生産や繁殖が人類の存続と発展という目的に役立つ行為だとすれば、生活文化は役に立たない。ただ、人生の豊かさを享受する方法の集積にすぎない。このような実用性のない、つまり何かの目的の手段としてではなく、ただそれをすることが面白いからする行為を「遊び」という。江戸時代に豊かな町人に流行した「遊芸」もこれである。「芸術」も「遊芸」に含まれる。いまなら『ポケモンＧＯ』も含まれるだろう。だから社会の外部で生きるとは、簡単に言えば「遊び」に徹することである。

数百万の老人たちが「遊び」に、とりわけ文化的成果である「遊芸」に自己実現を見出す時、いったい何がおこるだろうか。それがどのようなものになるかはまだわからないが、そこには新しい「老い」の定義と「余生」の意味の変容があるだろう。

いうまでもなく「踊り」もまた遊芸の一つである。世界で最も踊らない人種と言われる日本人だが、それは人前で突然踊りだすという振舞いをしないだけで、教室で踊りを学ぶ者は多い。東京ではフラメンコやベリーダンスをはじめアイルランド、インド、バリ、さらには余り人に知られていないギリシア、タヒチなど世界各地の民俗舞踊が教えられている。もちろんバレエ教室の数は多く、世界一とも言われる。そして日本舞踊やハワイアン、とりわけ社交ダンスの教室では多数の老人が学んでいる。ただ発表会や地域の祭など非日常的イベントの他は人前で踊る習慣がない。けれどもいまの若者たちは積極的に外で、つまり他人の視線の前で踊り始めている（たいていはストリートダンスだが）。カラオケの発明が日本人を人前で歌う人種に変えたように、何かのきっかけさえあれば、老人たちが当たり前のように外で踊るようになる日は近いかもしれない。もともと団塊の世代はディスコダンスを踊った最初の世代である。ディスコは一九六〇年代から新宿を中心にいくつも生れていたが、七〇年代には若者の風俗として定着し、八〇年代のバブル期に頂点に達した。現在でも七〇年代ディスコミュージック限定のイベントがあると六〇歳前後の人々が多数集まるという。彼らが過去の郷愁としてだけでなく、「余生」という新しい生活の一部としてダンスを踊り始めるなら、日本の「老い」の文化は変わるであろう。そしてそれは日本の文化をも変えるかもしれない。

注

1 「身体と芸術――身体の脱秩序化と再秩序化」岩波講座現代社会学4　井上俊他編『身体と間身体の社会学』岩波書店、一九九六年。（尼ヶ崎 二〇〇四）に「芸術と身体」として再録）

2 首相官邸「内閣総理大臣一覧」http://www.kantei.go.jp/jp/rekidai/ichiran.html

3 「二〇一五年全国社長の年齢調査」http://www.tsr-net.co.jp/news/analysis/20160208_06.html

4 「二〇一六年全国社長分析」http://www.tdb.co.jp/report/watching/press/p160104.html

5　「六〇歳を間近に」『粟谷明生のブログ』二〇一五年八月五日。http://blog.goo.ne.jp/googeba/e/b2f8f75df8382c298643 9fe5fbb5dffa
6　登坂武雄へのインタビュー、『ねりま大好き!』、http://www.nerima-kanko.jp/hito_bk036
7　SANZUI vol. 04_2014 early summer, http://cpra.jp/sanzui/2014_sanzui/04-03.html
8　「風姿花伝」の「第二　物学条々」の「老人」の理想に「老木に花の咲かんがごとし」とある。
9　「風姿花伝」の「第二　物学条々」の「鬼」の理想に「巌に花の咲かんがごとし」とある。
10　http://www.kazuoohnodancestudio.com/japanese/kazuo/
11　岸田真は「異界の踊り手―大野一雄の言葉―」で白石かずこ、市川雅、辻惟雄、磯崎新、井上ひさし、渡辺保、そしてボローニャ大学のロパ教授の事例をあげている。(『桜美林論考　人文研究６』二〇一五、一二七頁)
＊サイトの最終アクセス日はすべて二〇一九年一月一二日。

参考文献

芥川龍之介（一九九七）「或旧友へ送る手記」『芥川龍之介全集　第一六巻』、岩波書店
尼ヶ崎彬（一九八三）『花鳥の使』、勁草書房
尼ヶ崎彬（二〇〇四）『ダンス・クリティーク』、勁草書房
石井達朗（一九九三）『アウラを放つ闇――身体行為のスピリット・ジャーニー』、パルコ出版
大野一雄（一九九三）『わたしの舞踏の命』、矢立出版
心敬（一九四八）「所々返答」『心敬集論集』、吉昌社
心敬（一九七三）「ひとりごと」『日本思想大系23』、岩波書店、四六五―四七八頁
世阿弥（一九六一）「風姿花伝」「花鏡」『日本古典文学大系65』、岩波書店、三四一―三九八頁、四〇九―四三八頁
長谷川等伯（一九七三）「等伯画説」『日本思想大系23』、岩波書店、六九八―七一〇頁

福永武彦（一九七三）「風土」『福永武彦全小説　第一巻』、新潮社
藤本箕山（二〇〇六）新版色道大鏡刊行会編『新版色道大鏡』、八木書店
武藤大祐（二〇一二）「大野一雄の一九八〇年─国際的な言説の運動とパフォーマンス─」『群馬県立女子大学紀要』第三三号、八三─九四頁
村田珠光（一九六〇）「珠光古市播磨法師宛一紙」、千宗室編『茶道古典全集第三巻』、淡交新社
山上宗二（一九六二）「山上宗二記」、千宗室編『茶道古典全集第六巻』、淡交新社

第Ⅲ部　グローバル化する老いのダンスドラマトゥルギー

第8章　老女と少女の物語

やなぎみわ（文責・中島那奈子）

＊本章は、二〇一四年五月二三日東京ドイツ文化センターでの国際シンポジウム「老いと踊り」でのやなぎみわによるレクチャーを中島那奈子が再構成したものである。その際、事実関係等の確認においてはやなぎみわにも助言を得た。

はじめに——美術と演劇の並走

やなぎは二〇代から美術作家として活動していたが、大学の時は伝統工芸を行っていた。そこから数えると、一〇代から何十年という長い時間、作品制作をしてきた。二〇一〇年からは、演劇作品を作っていて、この約四年間で八本の演出と四、五本の脚本を書いているという。演出家としては初心者のやなぎは、これまで馴染みのあった美術館で公演を行ったり、小規模の自主公演という形をとったりしながら、パフォーマンスを始めた。次第に縁があって、神奈川芸術劇場から声がかかり、二〇一一年に演出三本目にして初めて劇場演出を手がけた。ただ、劇場はやなぎに演劇というよりは、展覧会的なパフォーマンスをしてほしかったのだろうとのことだ。

やなぎは、ライブパフォーマンスと写真映像という複製芸術を並走させようとしており、この二つが逆照射することで、面白いことが生まれると考えている。

前述の通り、やなぎの美術作品としては写真と映像作品がある。そして、やなぎの被写体はほぼ全員女性であり、その中でも老年の女性たちが出てくる写真を紹介する。

一　「マイ・グランドマザーズ」

「マイ・グランドマザーズ」は、某ファッション雑誌に連載をしていたもので、「私のおばあさん達」というタイトルの写真作品である。二〇〇一年から二〇〇六年まで毎年作っていた、歳をとった女性のポートレートシリーズだ。このシリーズの作品は約三〇点あり、特殊メイクのエフェクトや、コンピューターグラフィックスなどを使って、歳をとった女性の肖像を描いている。

ただ実際のモデルは非常に若く、二〇代がほとんどで、最も若い方は一一歳の小学生、最も年配の方は四二歳位の女性であったという。彼女たちにインタビューをして、五〇年後の将来どのようになりたいか問いながら、写真の中に架空のグランドマザーを作るという作品である。ここでは、特殊メイクをして、髪の毛の脱色などの方法でエイジングをしたそうだ。インタビューはかなり時間がかかったようだが、即座に話がまとまる場合と、メールだけのやり取りで、会ったこともないまま半年間ほど話をする場合もあったという。

図8-1 「ERIKO」2001年 ©Yanagi Miwa

モデルはファッションモデルやプロの方ではなく、一般の方を公募で集め、一人ずつインタビューをして作っている。

「MIKA」という写真は、海岸で撮っているのだが、危険で大変な撮影だったようだ。これはファンタジックな、女性だけのアマゾネスのような世界で、このような世界を作ってほしいと、このモデルの方が考えたものである。インタビューをしながらやなぎは疑問点を投げるのだが、これはほぼモデルの言う通りに作っている。

「ERIKO」（図8-1）に登場するのは男性モデルであるが歳をとってからおじいさんではなくて、おばあさんになりたいという男性もいる。そうした希望をきいて作ったもので、これはお墓にランウェイが作ってあり、ファッションショーの舞台のようなものが作られている。非常に敷地面積の大きい墓で、応募してきたアメリカ人男性がこのような希望を出してきたようだ。

「GEISHA」のモデルは、若い一〇代の女性たちで、舞妓とお母さんとが、交互に役柄を入れかわる老人ホーム

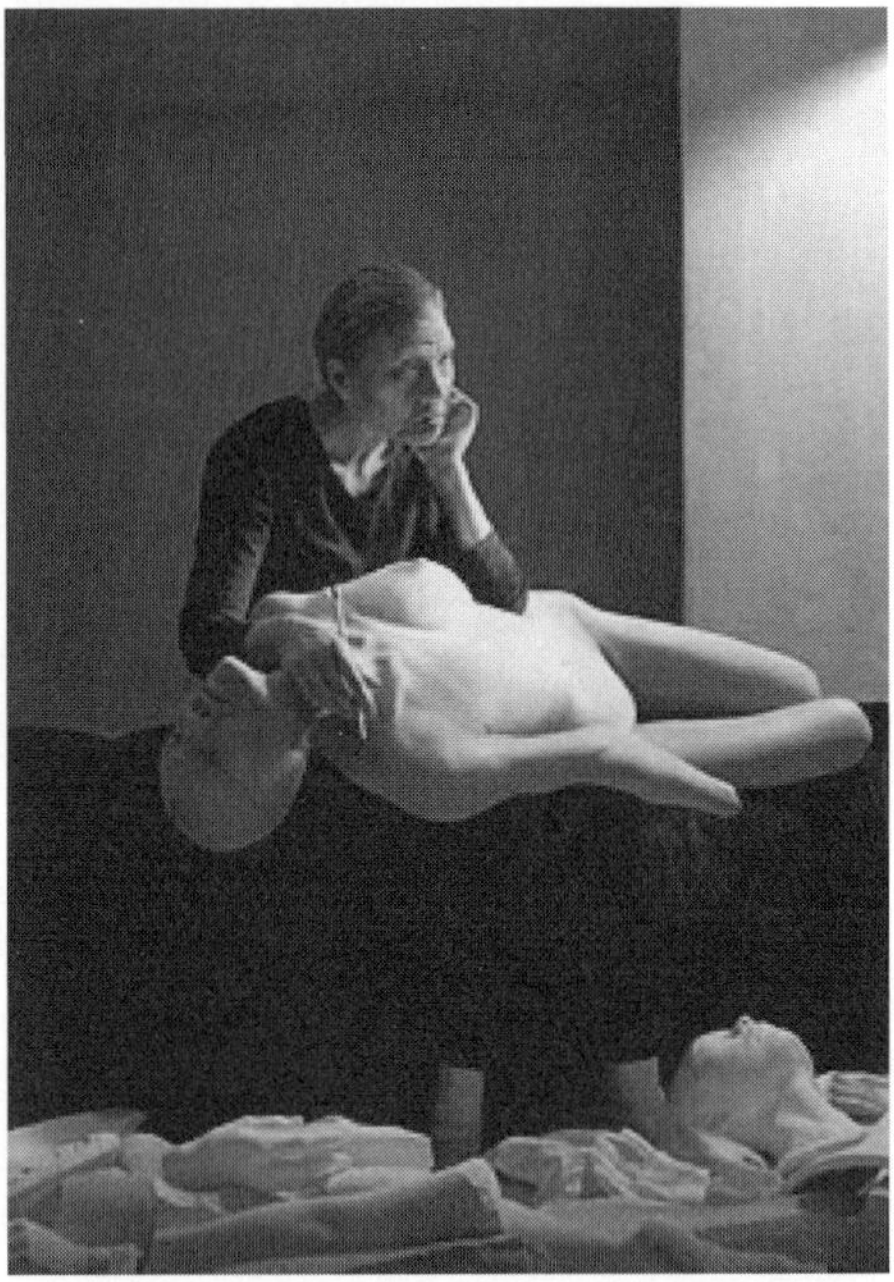

図 8-2 「SHIZUKA」2004 年 ©Yanagi Miwa

という設定である。京都の花柳界ではありえない光景だが、老いと若きが毎日入れ替わってしまう状態を作っている。大正時代の絵のようなおどろおどろしさを加味しているという。

「SHIZUKA」（図8-2）に登場する人物は、自分の体をずっと作り直している老婆である。このモデルは非常に綺麗な方で、人工身体をつくる職業だったという。乳がんで乳房がなくなった方の人工乳房を作る職人で、全身を作ることも趣味でやりたいとのことだった。二〇代の応募者による、自分の身体を作り直し続けるイメージである。もちろん、本体のほうはどんどん年をとっていくのだが、作り続ける人体の方はずっと美しく、そして、完成しないままという設定である。

やなぎの人生初めての美術館での個展は、日本の美術館ではなく、二〇〇四年ベルリンのグッゲンハイム美術館だった。加えて、美術館での大きなグループ展への出品もフランクフルトだったため、毎年ドイツ特にベルリンに行って、ギャラリーや美術館で展覧会を行っていたという。その、初めての美術館での個展は、ドイツ銀行が主催となって、グッゲンハイム美術館で行われた。その展覧会で、「マイ・グランドマザーズ」を一挙に見せることになった。会場では、写真の横に小さな白いパネルが並べられ、モデルの方にインタビューした内容が詩のように書かれていた。これは、老女のモノローグという設定で英語とドイツ語で書き起こしたようだ。やなぎは美術と演劇双方に携わるため、彼女の作品は「老いと語り」と描写するほうが適当かと思うが、その意味で、やなぎの中の老婆たちは語る存在、語り部である。

この個展の後、やなぎは日本でも「マイ・グランドマザーズ」の展覧会を行った。ただし、展覧会のタイトルは「少女地獄極楽老女」という、夢を切り裂くようなおどろおどろしいもので、丸亀市の現代美術館で開催した。この時にやなぎは子供を対象にしたワークショップを行った。これは子供たちが簡単な特殊メイクを用いて、自分の体の一部を老化させていくというワークショップである。ここでは事前に、お祖父さんお祖母さんの体をよく見てくるという夏休みの宿題を出しておいたという。そこで子供たちは、ひいお祖母さんの絵や写真などを持ってきていた。その絵や写真を見ながら、自分の体の一部を老化させてポートレートをとることを試みたところ、子供たちは熱心に作っていたようだ。この時はあくまでもポートレートをとるまでだったが、表層の模倣だけでなく、動いたり話したりという老いの身体表現にまでいければより面白かったという。

図8-3　リール・サン・マリーマドレーヌ教会での「グランドドーターズ」©Yanagi Miwa

二　「グランドドーターズ」

そして、「マイ・グランドマザーズ」と対をなす「グランドドーターズ」というやなぎの映像作品がある。こちらは偽物ではなく、実際に七〇歳以上の女性たちが、カメラの前で自分の祖母の記憶を話す映像作品である。ただ、いろいろな国の人たちが話すことになったため、言葉が理解できなくなり、通訳ガールという役割が作られた。この作品は、日本の展覧会では日本の女子中学生が老女の声を翻訳し、フランスの展覧会では、フランスの小学生たちが老女の声を翻訳したという。彼女たちが通訳ガールである。フランスでは、展覧会をリール・サン・マリーマドレーヌ教会というバロック教会で行い、テレビのレポーターのようにノンストップで喋り続ける映像に、アフレコがされた。

この「グランドドーターズ」は、老人ホームなどで年配の女性たちひとりひとりに、やなぎがインタビューをして作った映像である。半世紀まえの記憶になるかと思うが、年配の女性たちに、自分の祖母のことを話してもらった。写真をもって説明する方もかなりいたようだ。ドイツ、ベルリンの郊外で撮影した方が最高齢で、九〇歳位だったという。その映像を持ち帰って、日本語に訳し、日本の中学生たちがビデオを見て声をあてている。また、フランスの小学生の女の子たちも、一人ずつセリフを決めて声をあてたという。この作品では、少女も老女も映像である。ただ、少女たちの映像は通訳ブースのようになっており、来場者はこの間に置かれるソファに横になって見ることが出来る。ここでは、上から老女たちの声、下から少女の声と、二重で声が聞こえてくる。

　ここで話される内容は、とりとめないものである。自分が覚えている半世紀前の祖母の記憶を思い出すままに語っているため、内容が細部だけで出来上がっている。例えば、祖母の得意であったレシピや、どういう髪型をしていたかということである。思いつくままで、ほとんど構成がない。世代的に、女性は家の中にいる時代だったため、家庭の中のことが非常に多く、何かを成し遂げたり、どこかへいったりというものでなく、日常生活について語っている。そのため、聞いているうちに、どの老女がどの内容を話したかわからなくなり、入れ替わり、溶け合ってしまうことが生じたという。男性モデルだとこのようにはならないそうで、「グランドドーターズ」「マイ・グランドマザーズ」という女性だけの作品でおこった、とても興味深い現象であったという。

図8-4 「ラプンツェル」2004年 Gelatin Silver print ©Yanagi Miwa

三 「フェアリーテール」

これは前掲作品とは対照的にモノクロームの作品で、デジタルではなくアナログで撮っている。これはフェアリーテールであるグリム童話やアンデルセン童話、もしくは現代のガルシア＝マルケスのマジックリアリズム小説から、老女と少女という二つの世代がでてくる話だけを取り出して、写真化したものである。取り出した場面は、オリジナルの話からは多少変えられており、やなぎの家の六畳程の小さな部屋で撮影された。ここでは、三、四メートル平方ぐらいの中にセットを作って撮り、

図8-5　「白雪」2004年 Gelatin Silver print ©Yanagi Miwa

セットを窓から捨てて、また作って撮るという繰り返しを行っていたという。このシリーズには、三〇点ぐらいの作品がある。

図8-4の作品の元になっているのはラプンツェルという童話である。やなぎはこの作品をドイツの展覧会で見せた時に、来場者がラプンツェルの髪が黒いのが怖い、ラプンツェルの髪は金髪ではないのかと言われて、確かにそうかもしれないと思ったという。やなぎは京都で、大正時代である九〇年前に建てられた家に住んでいるのだが、この写真はその家の部屋で撮られている。九〇年前は洋間が流行っていたために、天井はヨーロッパ風に作られ、床には防

図8-6 「無題Ⅰ」2004年 Gelatin Silver print ©Yanagi Miwa

空壕が作られている。この防空壕は戦争時に掘っていたようなのだが、京都は空襲がなかったため、途中で掘るのをやめて放置されたものだという。そこでラプンツェルを撮影した。モデルは五歳から一三歳ぐらいの少女たちで、被るお面は老女のお面で、少女を演じる時は素顔のままである。やなぎの家に来るまで、二人のモデルのうちどちらが老女になるかは伝えていなかったという。お姫様になれると思って来たものの、突然お面を被せられて、しかもシリコンだから一回被ると簡単に取ることができず、お面の紐もかたく結ばれてしまってという、とても「怖い」撮影だったようだ。

「白雪」という写真（**図8-5**）は、非常に演劇的な作品で、一つ一つセットを手書きして作っている。モデルは一人で、その五歳の少女が鏡に映っている。持っているリンゴは半分に割れているのだが、リンゴを鏡に押し付けているので、鏡が映りあってリンゴを両側から押し付け合っているように見える。

図8-6も「フェアリーテール」の一つだが無題で、テーマがあるものではない。ただ、これは先ほどの

子供たちとのワークショップからヒントを得たもので、登場する少女の手が老女になっている。つまり、テントの中の語り部としての少女の象徴である。また、このテントには、時々何かが乗り込むこともある。

やなぎはこの展覧会を九〇年前のヨーロッパ風の部屋がある大原美術館でも行っており、そこではインスタレーションも制作した。インスタレーションはその部屋に置かれたテーブルの中で、老女たちのバースデーパーティーが常に開かれているという設定で、その映像が、テーブルクロスのかけられた内側に投影され、ハッピーバースデーの音楽がかかりつづけている。

四　「ウィンドスウェプト・ウィメン・シリーズ」

二〇〇九年の「ウィンドスウェプト・ウィメン・シリーズ」は、風の中で踊っている老女たちの作品である。この老女たちは年齢不詳で、老女の部分もあれば若い部分も持っている写真作品である。これは高さが四メートル程の巨大な女神のような非常に大きい写真である。「マイ・グランドマザーズ」もそうであるが、この作品も日本では大きすぎてプリント出来なかったため、ドイツのデュッセルドルフにある写真ラボで作っている。

ところで、写真は完全にデジタルに移行しており、エディトリアルな写真はデジタルで、フィルムというのはほぼ存在しない。やなぎも写真をつくっている矢先に、次々とラボが閉鎖されて作れなくなる事態に直面したという。日本では東京にわずかにアナログのフィルムを扱う所があるが、他はほとんどない状態とい

図8-7 「Windswept Women III」2009年 digital print ©Yanagi Miwa

えよう。ただドイツはデュッセルドルフ・アカデミーで写真を大事に扱う歴史があり、芸術作品としての写真を作る専門のラボが幾つか残っている。

この「ウィンドスウェプト・ウィメン」（図8-7）も写真シリーズとともに、女神たちがずっとダンスをしているという映像作品がある。

五　《関寺小町》の舞踊について

やなぎは、ベルリンのグッゲンハイム美術館で初めての展覧会を行った際に、美術館でイベントをやって欲しいという依頼を受ける。自身が日本舞踊を長くやっていたため、やなぎはそこで日本舞踊を踊った。その日本舞踊というのが《関寺小町》という笠と杖を用いるもので、元々は能楽にある小町ものの舞である。昔絶世の美女と言われた小町が、一〇〇歳の老女になり、落ちぶれて全国を彷徨いながら、乞食として昔を偲ぶ舞である。小町ものは《関寺小町》だけでなく、《卒塔婆小町》や、《鸚鵡小町》など幾つかあるものの、その中でも《関寺小町》という舞を選び、ドイツのグッゲンハイム美術館で踊った。この時やなぎは、老女の舞というのを初めて意識したようである。老女の踊りを踊りたいと話したところ、美術館側は喜んで、金屛風を用意して待っていると伝えてきた。老女に金は派手なのでシルバーでお願いしたいとやなぎが伝えたところ、現地に到着したらすでに屛風は完成していて、鋼鉄製のものだったという。これには、さすがドイツだとやなぎも非常に驚いたという。おそらく一生使える屛風で、男性が一〇人がかりで舞台に上げていたようだが、そこでやなぎは《関寺小町》を踊った。

この時に、やなぎは日本舞踊の師匠に、老女の踊りをドイツで踊りたいので、どういったものがあるか相談した。小町ものか《高砂》はどうかと提案されたものの、《高砂》はお祖父さんの役をやる立方が必要であることを教えられた。お祖父さん役の者はいないと伝えたところ、では小町ものしかないと、小町ものを教えてもらった。しかし、小町ものの歌詞は、能楽を日本舞踊に移し替えたもので、自分の現在に否定的なものだったという。まず、我が身を恥じ、これ程長生きしてしまった自分を恥じる。そして、昔は良かったと、深草少将が自分に夢中になっていたことを懐かしく思い出す。そしてその思いで、一踊りする。幻想的なシーンが続いた後、ふと我に返ると、やはり一〇〇歳の自分がいて、寂しく関寺に去っていくという歌詞である。これが全ての小町ものについて同様なのである。やなぎは踊っているうちに悲しい気持ちになり、本当に他のものがないか師匠に問いただしたものの、他にはないといわれた。老女というのは、中世の能楽において無常を示すものだった。この世は移り変わっていく、その川の流れのような無常観を表すものが、老女の表象であった。小町ものの他にも、老女が登場するものとして《檜垣》や《山姥》も考えられるが、《山姥》は老女ではないという分類で、老女ものには入れられていない。《山姥》も一時旅人の前に姿を現して舞を見せる悲しい話で、これも無常観を表している。この時からやなぎは、日本の老女の語られ方、そして《山姥》という存在について関心を持ち始めたという。

六　日本の老女の表象

ヨーロッパのフェミニズムでは、魔女の存在が研究される一方で、日本にも山姥という、妖怪のように語られる山に住む女性がいる。これは元々村に住んでいたものの、何らかの経緯で社会的規範を逸脱し、山にわけ入って山の中で暮らすようになった者である。そして、民間療法的な医術や、魔術的な力を持って、悪いことも良いこともする存在だと、中世から考えられていた。世阿弥が記しているということは、そのような伝説がすでに存在したことを指している。

江戸時代になると、山姥の絵がたくさん描かれるようになる。その中でもやなぎは、長沢蘆雪の山姥を最も好ましく思っているそうで、自身のツイッターのアイコンにしている。この山姥は安芸の宮島の巨大な絵馬にして祀られており、金太郎を連れる母としての山姥である。非常に温和な山姥もあるのだが、中には鬼婆や、また一ツ家と言われる、旅人を若い娘で釣って家に泊めて殺す追い剝ぎ山姥、殺人鬼も描かれる。そこには、仏教的な信仰も含まれている。この頃から、やなぎは老女信仰、そして山姥信仰に興味を持ち始め、いろいろと調べるようになったという。山姥ではないものの、新宿の百人町付近にある、正受院と太宗寺という二つの寺に祀られる、奪衣婆という女神がある。非常に恐ろしい形相をしていて、頭に綿をかぶっている。人は死ぬと、三途の川に行き着物を全て剝がされる。その生者の着物を剝ぐのが、この奪衣婆という老女たちである。

やなぎは、奪衣婆という着物を剝ぐ老女とは、産婆なのではないかと考えたという。生まれてきた赤ん坊に一番先に着物を着せる産婆が、人の死後一番先に着物を剝ぐという、二つの役目を担っているのではないだろうか。彼女たちは、あの世とこの世の間で、死者と生者にそのようなイニシエーションを行うのではないだろうか、と。

内藤正敏という写真家をご存知であろうか。一九六〇年代七〇年代に、岡本太郎と一緒に全国、特に沖縄など、日本の縄文の地を探りながら、恐山や東北に残る信仰を撮影した方である。「婆バクハツ！」というタイトルが付けられた、七〇年代に撮られた内藤正敏の名作がある。この写真に撮られているのは、恐山の老女たちや、各地に残る老女たちが集う祭りだ。集うというものの、寺の前で弁当を食べているだけなのだが、その祭りの時に老女たちが羽目をはずすという面白い写真集である。他にも、福島県、東北の見世物小屋に内藤は同行し、ここで働きながら、見世物小屋の女性たち、男性たちを写真に撮り、六〇年代の、蛇や火吹きなどの芸をカメラに収めている。このような各地の祭りや芸に、老女信仰の呪力があるのではないかとやなぎは考えているそうだ。

そして、やなぎは富山県、立山の老女信仰を調べ始めたという。立山には、布橋というこの橋を渡ればあの世という橋がある。そして、昔この場所に姥堂があり、老女の像が六六体入っていたと言われているのだが、今は何もない。加賀藩は廃仏毀釈が非常に厳しかったため、今は何も残っていない。立山は女人禁制で、

図 8–8　媼《うば》尊像坐像（芦峅寺閻魔堂所蔵）画像提供：富山県［立山博物館］

女性はここの姥塔までと言われていた。日本の山は女人禁制が非常に多く、これをヨーロッパの人に伝えると男尊女卑であると言う。ただ、これは山自体が女性的で、特に火山は女性の象徴であるため、女性神のところには男性のシャーマンが入り、そして男性神のところには女性のシャーマンが入り、異性で神を慰めることを意味するという。

女人禁制である立山の姥塔にはこの老女たちの像があり、何故か非常に顔が怖い。（図 8–8）不動明王と山姥信仰がまざりあった怖さで、目にガラス玉が入っていて、それでジーと見てくる。今は一〇体ぐらいの像が残っていただろうか。当時は演劇的なことが行われたそうで、山に登れない女性たちがこの姥堂に籠り、一晩中姥堂にある六六体の像に見られながら、じっと祈りを捧げる。その狭い密室で祈りを捧げて、最後明け方になると、向こうの板戸が全て開けられて立山の借景が見える。唐十郎のテント崩しのようだが、これが甚だしいカタルシスを起こし、女性たちは涙を流しながら自分が生まれ変わったように感じたという、布橋灌頂会という仏教の祭りがかつて行われていた。やなぎは、このような信仰に興味をもって調べてきたという。

そして、やなぎが訪れた老女信仰の中で感動的であったというのが、東北の平泉、藤原三代のミイラが残っている平泉の金色堂の隣の、毛越寺という寺の祭りである。その祭りでは、極寒の一月三〇日の夜、雪が降りしきる中で、真夜中に神楽を行う。この神楽が老女の舞と聞き、やなぎは撮影を行った。面は墨で塗ったように真っ黒に見えるものの、老女のシワも描かれている。夜の一二時位に、この老女の面をつけた男性の住職が登場し、体をくの字に曲げたまま、面がずっと下を向いている状態で舞う。日が暮れてから始まるのだが、音楽も何もなく、老女の持つ鈴だけの神楽である。一五分か二〇分程の不思議な舞で、やなぎも非常に感銘を受け、驚いたという。住職にインタビューをしたところ、この神楽は千年変わっていないとのことだった。千年ということは、源平の藤原三代の頃である。他にも、この老女の舞だけでなく、若い女性の神楽や、角髪をゆった男の子たちや、男性が踊る神楽もあった。

この神楽の特徴に関して、芸能史を振り返ってみる。能楽の前は猿楽があり、この猿楽というのも元は散学といわれる、大陸から渡来した者がアクロバティックな動きをしてみせた雑技団であった。この毛越寺の神楽の寄せ集め方には、能楽より、散学の名残を感じさせるところがあったという。また、この神楽は千年かわってないという住職の話をやなぎが信じたのは、二つの理由があった。まずこの神楽の後に男性の面をつけた者が出て、祝詞を言う。ただその祝詞は発声されず、口パクなのである。口にして言ってはいけない、それを聞かせてはいけないために、無音となる祝詞であった。そのような非常に古い祝詞が平泉に残っていたことが一つ目の理由である。もう一つは、狂言のようなものがあり滑稽な話をするのだが、それが京都弁、アクセントが都言葉だったことである。京都弁としては少し奇妙だが、岩手県のこのような奥地に何故都言葉のイントネーションが口伝で残っているかを考えると、藤原三代の名残りとしか考えられない、そうやなぎは考えた。

七　《日輪の翼》

やなぎによる作品の紹介から、老いの表象を辿ってきて、最後にやなぎが次に行うプロジェクトについて触れる。やなぎ自身は演劇活動を継続して行っているが、これは二〇一四年からのプロジェクト《日輪の翼》である。デコトラというのをご存知だろうか。やなぎはこのデコレーショントラックというのを一台購入し劇場主になったのだが、それというのも、このデコトラがステージトレーラーになる非常に特殊なもので、それで今後旅公演をやろうとやなぎは考えているからだ。台湾の台北芸術大学と、京都、東北の大学の三つと協力して進めているプロジェクトである。なぜ台湾かというと、非常に不思議なトラックが台湾にあり、その台湾のデコトラをやなぎが一台購入したためだ。このデコトラはかなり大きく、天井が上がると十何メートル程になるのだが、やなぎはここで老女の演劇をやりたいと考えている。

中上健次の小説に、『日輪の翼』という作品がある。この小説では、熊野の被差別部落から出たことがない老女七人が、地上げにあって故郷の土地を失ってしまう。その土地を売り払った資金で、このトラックに乗り込み、全く当てのない旅を続けていくという話で、一九八四年の中上健次の傑作である。その小説をこのステージトレーラーで上演するため台湾で購入し、それをいま日本に送る準備をしているという。うまく運べば、二〇一四年六月に横浜港につくようである。中上健次のためにデザインしたのがこの夏芙蓉柄のデ

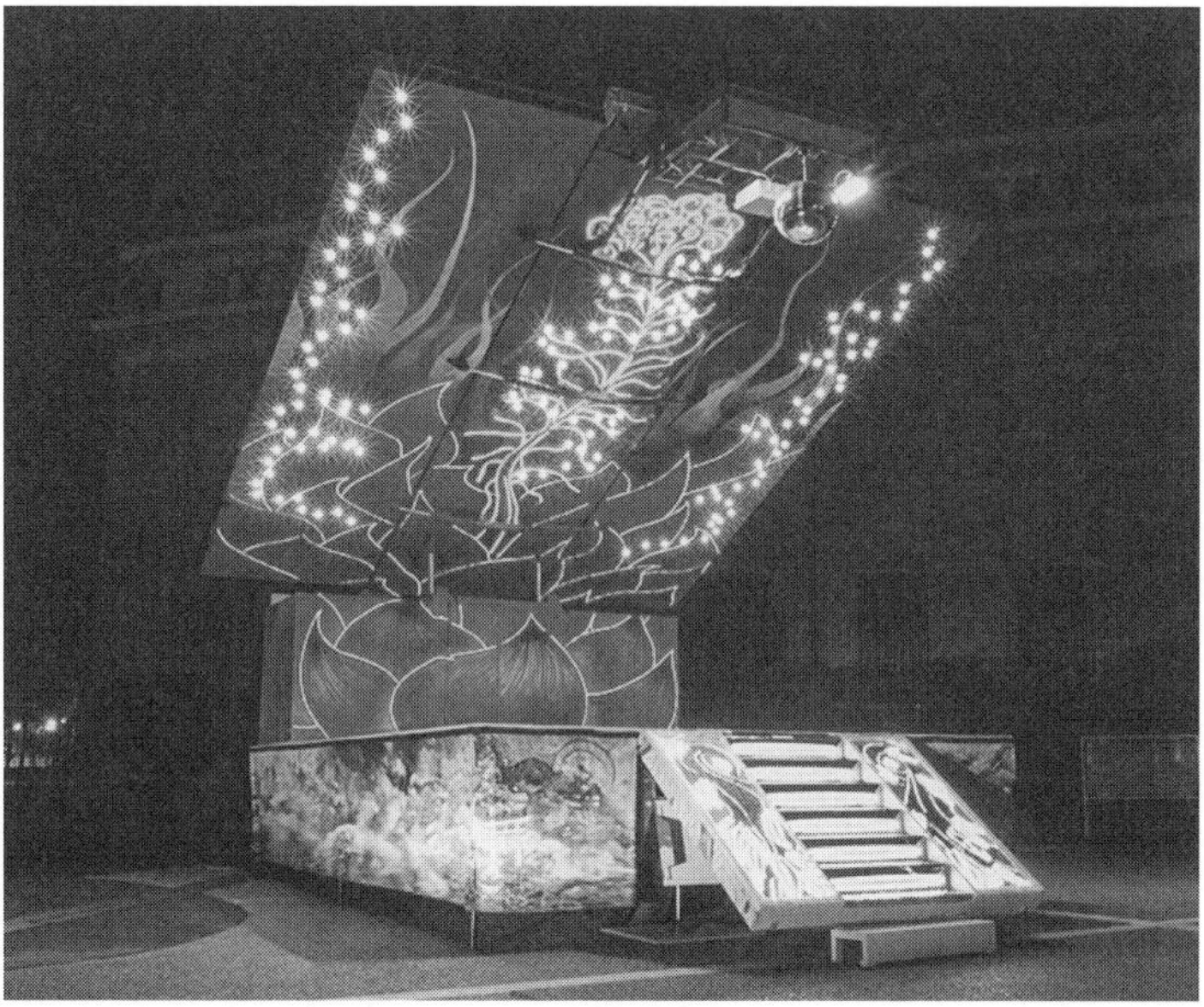

図８-９　やなぎみわ移動舞台車『花鳥虹』©Miwa Yanagi STP.

コトラで、外装が鳥の羽と蛇の絡んだ翼竜という、異種交配を示すものになっている。走れば男性、開けば女性と、中上健次も小説の中で冷凍トレーラーを描写しているという。そして、台湾で学生たちと一緒にこの柄を春から描き、これをいま東北と京都と台湾でも別々に描いている。このデコトラはもうすぐ完成するのだが、中上健次の老女を主人公にした『日輪の翼』の話も、もうすぐやなぎ自ら脚本を起こして書きたいという。

『日輪の翼』は、日本中を老女たちが巡業していく、非常に不思議な話である。老女たちは、熊野から出発し、近いもののどうしても行けなかった伊勢神宮にまず詣出る。伊勢に行って諏訪大社に行き、北上して恐山、出羽三山に行き、そして最後は東京の皇居に辿り着く。そして皇居で全員が行方不明になるという衝撃のラストシーンがあるのだが、全体が非常に淡々とそしてエロティックに書かれている。やなぎは直感で、舞台は台湾から、南から来ないといけないと思ったという。日本にもデコトラはあるものの、舞台が南から来ることで、日本がジャポネシアというポリネシアの一つであることが証明でき、また、トラックはこの海の流れに沿って辿り着いてほしかったようだ。それに語り部である老女たちが乗り込む。この語り部である老女たちは、中上健次の小説では、文盲で文字は読めず、ご詠歌の歌い手である。二〇一四年の横浜トリエンナーレでは、まずこのトレーラーを展示し、実際に老女が乗りこむのはその翌年、京都にて実現したいとやなぎは考えている。

＊追記　やなぎみわのステージトレーラープロジェクト《日輪の翼》は二〇一六年から二〇一七年にかけて、横浜、新宮、高松、大阪、京都での移動公演を終え大盛況のうちに幕を閉じている。

第9章　日本の神話と儀礼における翁童身体と舞踊

鎌田東二

はじめに――談山神社「談山能」（二〇一四年五月一三日開催）における《翁》と「摩多羅神面」から

この章では「老いと踊り」という魅力的なテーマを、日本の神話と儀礼を通して現われてきた老いの神聖身体としての「翁」神のイメージを中核として考察する。その最初の糸口を近年毎年五月に談山神社で行なわれている「談山能」に探ってみたい。

二〇一四年五月一三日、京都から奈良県桜井市の山中に鎮座する談山神社に向かった。新緑でむせかえるあらゆるいのちの芽吹く濃密な季節。石舞台など飛鳥の史跡を抜けて談山神社に到着すると、すぐに権殿（旧常行三昧堂）で修祓と玉串奉納。最後に宮司挨拶があった。これから始まる「談山能」はみな「神事」として行われると強調された。

続いて、《翁》《百萬》《卒塔婆小町》《通小町》の四曲が演能された。《翁》を観世流の大槻文藏、《千歳》を大槻裕一、《百萬》を観世清和宗家、《卒塔婆小町》を片山幽雪、《通小町》を梅若玄祥が演じ、観世流の

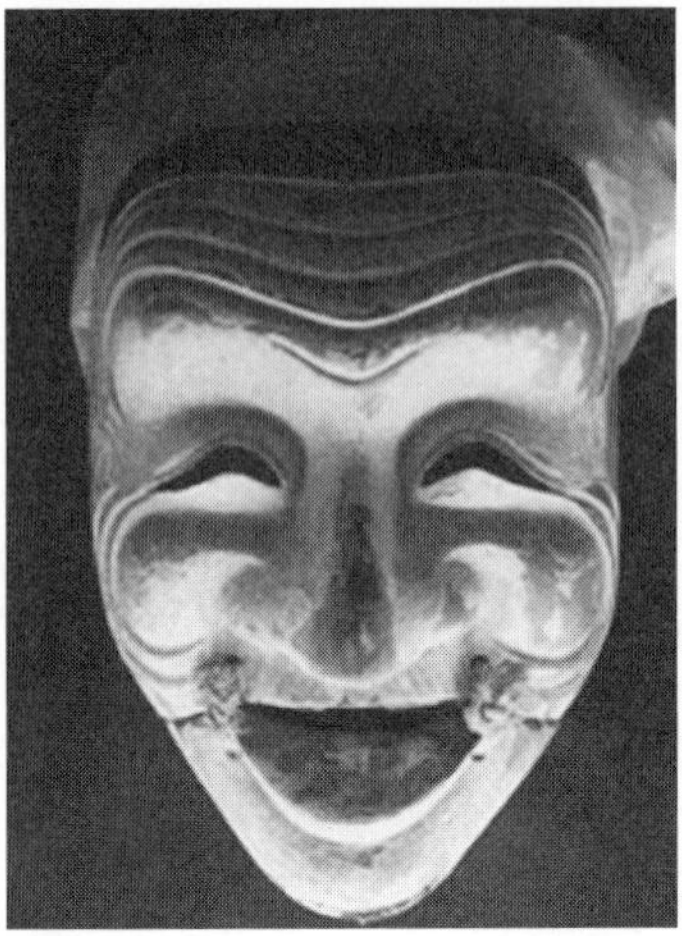

図 9-1　談山神社蔵の摩多羅神面

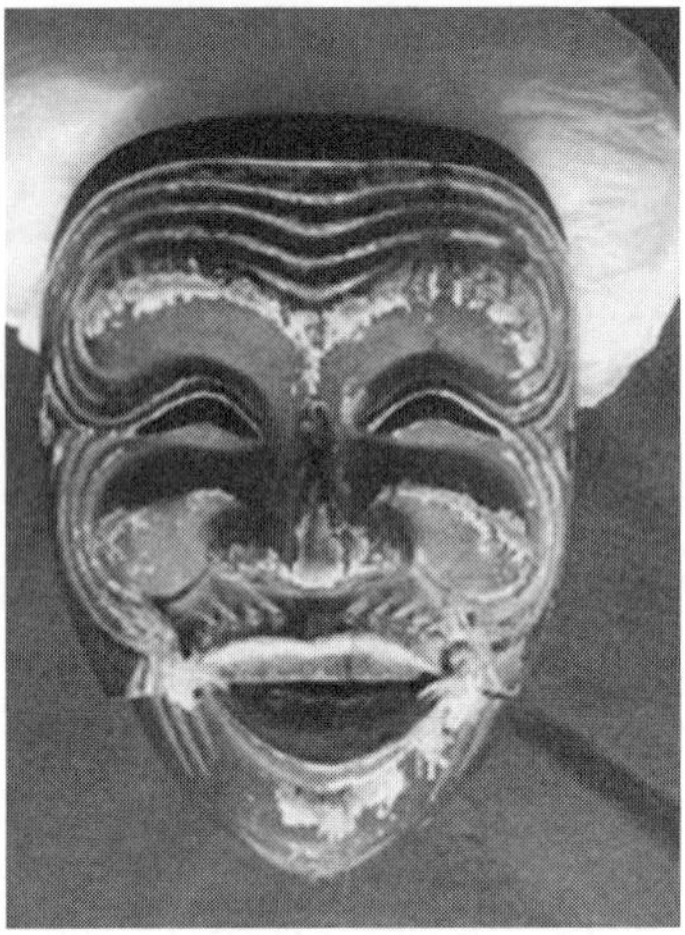

図 9-2　談山神社蔵の黒色尉面

総力を結集しての奉納舞であった。

世阿弥の次男観世七郎元能が世阿弥の芸談を筆録した『申楽談義』には、多武峰（談山神社）のことが出てくるが、そこでは談山神社が興福寺や春日大社以上に重要なものとされている。談山神社は、申楽発祥に関わる最重要の神社＝寺院（妙楽寺）なのである。

多武峰は、元々は、中臣鎌足の墓であった。鎌足の子定恵が唐から帰国して鎌足の墓をこの地に移して十三重塔を造って供養したというのが起源で、当初は興福寺や薬師寺などとともに、法相宗であったが、平安時代に天台僧増賀を迎えて天台宗に宗旨替えした。そして、天台の特徴である念仏の修行道場の常行三昧堂が造られ、そこに芸能神ともされる「摩多羅神」が祀られ、修正会に能（申楽）が演じられた。もちろん、神事として。

その際、《翁》も最重要の神事能として演じられたと考えられるが、その《翁》の面の原型が「摩多羅神面」ではないかと考えられ、能の起源を巡る熱い論議が交わされている。

冒頭、旧常行堂で《千歳》と《翁》が舞われた時、八五〇年前にもこのような《翁》舞がここで奉納されたのかと感慨深いものがあった。

《翁》は他の能の曲とまったく違って、舞台上で面を掛けてから、祝言を謡い舞う。この《翁》は神道の神事、《三番叟》は修験道の修法であるとわたしは考えているが、いずれにしても「式三番」と呼ばれる《翁》が能の起源と原像を端的に示す曲であることに間違いはない。「老い」は、いくらかトリッキーでもあるが、ここでは至高の神聖身体として表象され表出されているのである。

この能の発祥に関わる談山神社の拝殿に展示されている「老い」の神面である「摩多羅神面」と「黒色尉」の面は愉悦に満ち、天上的なトランスを感じさせて大変生々しくもエロティックである。

実は、この能という神事的な舞踊表現には「神事」的な祝言と同時に、南朝系の敗者の鎮魂が組み込まれていると思われる。こうして敗者の鎮魂芸能として能が、南朝方の談山神社で「祈り」として奉じられ、またこの神社＝妙楽寺で特に新作能の発表がなされることになった。

とすれば、その当時の秘められた祈りであり、またアヴァンギャルド芸能としての能の最前衛がこの談山神社で再展開されたといえよう。わたしたちは、八五〇年の時を経て、その贅沢かつ濃密極まりない「談山能」を深緑の多武峰の中で存分に堪能することができたのである。

一　老いの神性としての「翁」神──『八幡愚童訓』の事例

談山神社や春日大社や興福寺などの藤原氏の氏神社や氏寺で奉納された能（申楽）の中で、なぜ《翁》がとりわけ「神事」的な祝言として表現されたのかと言えば、古来「翁」が神性の典型的な表象とされてきたからである。その一事例を『八幡愚童訓』を次なる糸口として探ってみる。

鎌倉時代に成立したと考えられる『八幡愚童訓』には、八幡神は最初は「翁」の姿で現われ、次に「童」の姿に変化する。「異形」の姿をした「鍛冶翁」が三歳の「小児」に姿を変えて「神主」（大神比義）の前に現われて応神天皇であることを明かす。

注目したいのは次の三つの細部の表現と構造である。

①翁姿の八幡神は「鍛冶（＝加持祈禱）翁」と呼ばれている。

②異形の老翁神が三歳の幼童神に変身仮現し「竹の葉」の上に乗って立ち現われる。

③この幼童神が名乗りを上げ、託宣する。

注意しなければならないのは、「竹」が神霊の憑代となる植物であることと、「鍛冶」が単なる製鉄の技術ではなく一種の錬金術的な身心変容の技法であることである。だからこそ、三歳の童子が「竹の葉」の上に乗って顕現するのであり、粗い石を精密で強度のある鉄に変える技術が身心変容技法の表現となる。実際、『八幡愚童訓』には、衆生の「麁悪」は「鉱石」のようなもので、未だ「真金」を現わすことがないので、それを「焼治鋳治」して、「悪用の垢塵」を祓い、「大円鏡智の明徳」を現わして「除災与楽の巨益」をもたらすワザ、それが「鍛冶＝加持（祈禱）」であると明記されている。したがって、ここでは、「鍛冶」とは、衆生の粗悪な鉱石のような身心を練磨して法身・大日如来の大円鏡智の明徳である「真金」を顕現させる「鍛冶」のワザ（技・業）となる。

わたしはここに、神性の表現としての「翁童身体」の位相を読み取る。そこでは、「翁」は「智慧（叡智）」の象徴であり、「童」は「生命」ないし「力」の象徴である。

二　日本の神話と儀礼における「老い」と「若」の表象
――霊性の軸としての「翁童」表象～稲荷神・猿田彦神・八幡神

中世の「八幡神」の身心変容の表象からさらに遡って、「翁神」と「童神」の初期表現と考えられるのが、「鹽土老翁」と「猿田彦神」と「スサノヲ神」と「天孫ニニギノミコト」である。

まず、三つ目の糸口として、「鹽土老翁」と「猿田彦神」の表象を取り上げたい。

『古事記』（七一二年編纂）には山幸・ホヲリノミコトは「鹽土神」に道案内されるが、その「鹽土神」は『日本書紀』（七二〇年編纂）では「鹽土老翁」と記されている。その「鹽土老翁」は釣り針を無くして途方に暮れている山幸彦に「海路」を示し、「航海術」を教える智慧の翁として描かれている。

また、白髪・白髭の表象で描かれ「白髭大明神」と呼ばれることもある猿田彦神も、天孫降臨の「航路」

を示し、みずからガイドしていく先導神である。智慧ある者は「道」を知る者であり、過去・現在・未来の時間軸と世界の広がりの空間軸の両方をよく見通す者である。そのような時空間の掌握者、行く先を指示する者、ナビゲーターが「翁」として表象されている。

白鬚神社（近江国：滋賀県高島市鵜川）の祭神は猿田彦大神で、「比良明神」と呼ばれた。『日本三代実録』の貞観七年（八六五）には、「近江国の無位の比良神に従四位下を授く」と記され、神階が授与されている。また、一四世紀の著作になる虎関師錬の『元亨釈書』には、次のような伝承が記録されている。――聖武天皇の命で良弁が金剛蔵王に祈ると、近江国の湖南の勢多の如意輪観世音の霊地へ行って念ずると黄金が得られるという夢告があった。行ってみると、老翁が大岩に座って釣りをしていた。訊くと、老翁は「地主神の比良明神で、ここは観音の霊地」と名乗って消えた。良弁はそこに観音像を安置し読経した。まもなく夢告通り陸奥国から黄金が出た。この「比良明神」や「三尾明神」は、「白鬚」の老翁神として表象されている。

一方、天から下され、新世界を切り拓き、統治する使命を帯びた者が新生の幼児や童子として『古事記』や『日本書紀』には描かれている。「真床覆衾」にくるまれて高天原から天孫降臨してくる幼童神ニニギノミコトがその典型であるが、本稿は童子神信仰を主題としているわけではないのでこれ以上論究しない。詳しくは拙著『翁童論』を参照されたい。

三　翁童身体の原像としてのスサノヲ神とスサノヲの持つ三種の神宝
——生太刀・生弓矢・天詔琴

四つ目の糸口として、「老い」と「若」の両方を統合した神聖身体として表象される「翁童身体」の原像としてのスサノヲ神について考察してみたい。

スサノヲは父神イザナギノミコトが黄泉国の穢れに触れて、その穢れを祓うために禊をし、その時鼻から化成した貴い子神で、「三貴子」（天照大御神・月読命・須佐之男命）の一神である。とすれば、母神はいない。少なくとも、母の胎内から出産された子神ではない。そのスサノヲ神の行動とその特性を四つのポイントにまとめておく。

①母神イザナミを恋い慕って泣き叫び、海山を枯らして父神イザナギに追放される破壊神（童子神格）

②姉の天照大御神に別れを告げるために高天原に上るが、そこで乱暴狼藉をし、機織女を殺してしまい、日の神の姉を天の岩戸に閉じ籠らせてしまい、姉にも追放される破壊神

③出雲の地に降り立って、八頭八尾の怪物八俣の大蛇を退治し、わが国最初の歌（詩）を詠う文化英雄神

④訪れてきた子孫神オホナムチに三種の神宝（生太刀・生弓矢・天詔琴）と「大国主神」という神名を授け、自分の娘のスセリ姫と結婚させて祝福を与える智略神（老翁神格）

スサノヲは父神に「海原を治めよ」と言われた命令をまったく聞かず、幼少期から顎鬚が胸先に垂れる青

年神に成長するまで、母イザナミを思慕して泣き叫んでばかりいた。その泣き声のために海山が枯れてしまうほどの凄まじい泣き声であった。そこで、父のイザナギは怒ってスサノヲを母の国に追放してしまう。『古事記』や『日本書紀』は、このスサノヲ神の破壊と創造行為によってその全体構造を明らかにしていく。その意味で、スサノヲ神は記紀神話におけるキーパーソンとなる神である。

問題は、スサノヲが直接関係を持たないイザナミノミコトを母と恋い慕っていることに端を発するのだが、母神イザナミの深い恨みの「負の感情」を受け継いだスサノヲは、小さい頃から父の言うことを守らず、反抗し、さまざまな乱暴狼藉（農耕の妨害、神殿を糞で汚す、機織女の殺害）の限りを尽くしたために、父イザナギにも姉天照大御神にも疎んじられて追放され、出雲の地に降り立って、そこで暴威を振るう怪物・八俣大蛇を退治して、今にも犠牲になろうしていた櫛名田比売を助けて結婚し、本邦初発の次の歌を歌った。

八雲立つ　出雲八重垣　妻籠みに　八重垣作る　その八重垣を
（たくさんの雲が立ち上ってくるこの出雲の地でわたしはたいへん美しい姫を得た。その喜びの中で八重垣をもって姫を大切に籠もらせる愛の住まいを打ち立てて常永久にここで愛するおまえとともに過ごしていこう）

禊が身心の浄化機能を持つように、この詠歌もまた身心の浄化を促すワザである。そのことは、スサノヲが「我が心清々し」と言ってこの歌を詠ったことによって明らかである。

こうして、死とそれに伴う身体変容（死体の腐乱）によって、禊と詠歌という二つの身心変容技法がスサノヲを原由に作り出されたことを『古事記』は伝えている。

加えてもう一つ、「祭り」という「身心変容技法」も、このスサノヲの乱暴狼藉に発する「死」を契機としてもたらされた。スサノヲが馬を「逆剝ぎに剝い」で血だらけにして神聖な神衣を織る機織女の仕事をしているところに投げ入れて、機織女がその杼（針）でホト（女陰）を突いて死んだことを知って、天照大御神が怒り悲しみ、天の岩屋戸に籠ってしまったために世界が真っ暗闇になり、最大の生命と生存の危機がこの地を襲った。

すると、たちまちあちこちに災いが起こり、大パニックとなったので、神々は衆議を決して、「祭り」を行なうことにした。榊を立ててヒモロギとし、神聖な鏡や玉を取りつけ、中臣氏の祖先のアメノコヤネノミコトが祝詞を奏上し、猿女氏の祖先のアメノウズメノミコトが手に笹を持って踊った。アメノウズメは踊っているうちに「神懸り」し、胸乳とホト（女陰）が露わになった。それを見て神々は、一斉に花が咲いたように大笑いをする。

平安時代初期に斎部広成によって著された『古語拾遺』には、この時、神々は口々に「天晴れ、あな面白、あな楽し、あなさやけ、おけ！」と歓びの声を上げたと記されている。天が晴れて光が射し、その聖なる光を受けて、顔の面が白くなり、おのずと楽しくなって自然に手が伸びて踊り出し、さやさやと笹もさやぎ、ふるふると木の葉もふるえて、共に喜び踊った。

この神々がみずから行なった「祭り」が歌と舞踊を伴う「神楽（かぐら）」となり、芸能となっていく。この神楽や芸能の始まりとは、魂すなわち霊的エネルギーを喚起し、呼び出して激しく揺さぶり、エンパワーメントすることで、そのふるまいを、『古事記』では「神懸り」、『日本書紀』では「顕神明之憑談（かみがかり）」「俳優（わざをぎ）」、『古語拾遺』では「鎮魂（たまふり）」「神楽」と記している。能の大成者である世阿弥の『風姿花伝』「第四神儀云」では、「申楽」（猿楽・能）の起源がこの天の岩屋戸の前でのアメノウズメノミコトによる「神楽」に始まると記されている。世阿弥は能、すなわち「申楽」は、「神楽」の「神」の字の「示」偏の部分を除いて「申」だけで表現した半神楽のようなものである、と『風姿花伝』の中で述べている。

スサノヲが神事や芸能に関わる神となる最後のエピソードは、訪れてきた子孫神オホナムチに三種の神宝（生太刀・生弓矢・天詔琴）と「大国主神」という神名を授け、自分の娘のスセリ姫と結婚させて祝福を与える智略神となった点である。スサノヲは母の持つ「負の感情」を継承し、それを浄化し解決した出雲神統譜の最初に位置する神であり、歌を最初に歌った神であり、神託を受け取り、神楽演奏に必要な「天詔琴」の第一所有者であり、言霊を司る神である。スサノヲの凄まじい泣き声が歌に変調され、神の言葉を感受する天の琴の演奏を生み出す。まさにトリッキーで文化英雄的な芸能神として躍動する神である。

そのスサノヲが「翁童神」の原像であり、「翁童身体」を持つ。それは破壊もするが、創造し遊楽する身体である。スサノヲはまた泣き悲しむ神であり、笑い破壊する神であり、二度も追放された貴種流離する敗者の神であるがゆえに、その痛みと悲しみを元に怪物退治と歌の創造に転位し身心変容することができた。

このスサノヲの文化創造神としてのはたらきを近代に継承し再活用したのが、神道系新宗教の大本教で、教祖の出口王仁三郎は「芸術は宗教の母」と主張し、自分たちの宗教芸術運動を「スサノヲの道」と称した。

出口王仁三郎は近代における「翁童身体」の体現者であり、トリックスターであったといえよう。

日本文化において、もっとも日本的な芸能・芸術形式といえる能が、イザナミの負の感情を引き継ぎ、「死」を媒介とした天の岩屋戸の前の「祭り」や「神懸り」から始まるとされてきたことの伝承の意味と強度を理解しなければならない。つまり、「祭り」も「神楽」も、その起源においても現在相においても「死と再生」を志向し、『平家物語』などに多くの題材を採る能も死によって怨霊化した霊を慰める鎮魂劇を核としているということ。能の「翁・千歳・三番叟」の三者関係は、スサノヲ的翁童身体の変奏であると解釈できる事例となる。そしてその能（申楽）は、日本発の独特の神事芸能的身心変容技法として最重要の事例となる。

わたしは『老いと死のフォークロア――翁童論Ⅱ』（新曜社、一九九〇年）の中で、次のように主張した。「前著『翁童論――子どもと老人の精神誌』（新曜社、一九八八年）において、神話と民俗儀礼とライフ・サイクルを手掛かりとしつつ、老人と子どもとの逆対応性を指摘し、その両極をつらぬく『翁童存在』とでも呼びうる神話的・存在論的イメージのあることを指摘した。子どもと老人は、死としての誕生、誕生としての死という逆対応の存在として位置しながら、翁を内在化した童＝霊翁という過去の影を宿した子ども、童を内在化した翁＝霊童という未来の影を宿した老人として、ともに霊性の軸を共有し、相補的に連続し合っている」。

その「霊童にして霊翁」のプロトタイプを日本神話最大のトリックスター・スサノヲに見て取ることができる。

四　「神道」とは何か？

ここで迂回して、神楽や申楽の基盤をなす「神事」を第一に置く「神道」を位置づけておく。

「神道」とは何か、という質問に明確に語ることは容易ではない。その理由の第一は、神道には明確な教え・教義がないからである。そのために、「神道は教義なき宗教である」という言い方がなされる時がある。それは間違いではないが、だからと言って何もないわけではない。神社はあるし、祭りもある。『古事記』や『日本書紀』や『古語拾遺』や『先代旧事本紀』などの神話や家伝を記した古典もある。明確な教義こそないが、そこには顕在化しない、「隠れた意味世界」がある。

仏教には明確な教義がある。たとえば、「三法印」（諸行無常・諸法無我・涅槃寂静）、「四諦」（苦諦・集諦・滅諦・道諦）、「八正道」（正見・正思・正語・正業・正命・正精進・正念・正定）、「十二縁起」（無明・行・識・名色・六入・触・受・愛・取・有・生・老死）などは、仏教の要諦とも根本教義ともいえる。これら釈迦仏教や初期仏教の教説を基盤として、大乗仏教の中観派や唯識派の存在論や認識論が生まれ、さらに密教の真言や曼荼羅の思想と実践（修法）体系も編み出されてくる。そのような意味では、仏教とは、教義の飽くなきイノベーションに多大なる精力を注入してきた思索と実践の総体である。

この仏教の巨大な体系的な教義に対して、教義がないように見える神道の体系や意味世界は、まるで「くらげなす漂へる国」（『古事記』の中で原初日本列島を指して言った言葉）のクラゲのようなフワフワしたものであるが、しかしそんな不確かな神道がしぶとくしたたかな生命力をもって日本文化の基盤ないし芯として生き続けていることを、ラフカディオ・ハーン（1850–1904）は次のような逆説的な言葉で表現した。「仏教には万巻に及ぶ教理と、深遠な哲学と、海のように広大な文学がある。神道には哲学はない。体系的な倫理も、抽象的な教理もない。しかし、そのまさしく『ない』ことによって、西洋の宗教思想の侵略に対抗できた。東洋のいかなる信仰もなし得なかったことである」（小泉　一九九〇）。

哲学も倫理も教理もない「神道」。だが、その「ない」ことによって「西洋の宗教思想の侵略に対抗」でき、独自のプレゼンスを高めることができた。逆説的にではあるが、仏教や儒教やキリスト教など、そこに確かに体系的に「ある」何ものかとの対峙と対比を通してしか、その存在感を確認できないようなあえかなもの。明示的に摑むことも示すこともできない幽玄なるもの。不明性を存在根拠とする「宗教文化（形態）」としての「神道」。

知られているように、「神道」の語の初出は『日本書紀』においてである。そこで「神道」は、「仏法」との対比を通して現われる。『日本書紀』用明天皇の条に「信仏法、尊神道」と初出し、続いて孝徳天皇紀にも「尊仏法、軽神道」と出る。

ここに、神道と仏教との差異の認識が出ている。つまり、「仏法」は「法」という教えの体系であるから、それを信じるか信じないか、信不信をはっきりと表わすことができる。しかし、「神道」はそのような「法」を持たず、教えの体系ではないから「信／不信」ではなく、「尊」か「軽（不敬）」の対象でしかない。つまりそれは、古来維持されてきた先祖伝来の伝承の集積だから、それを大事にするか大事にしないか、敬うか敬わないかという二つの態度しかない。信じるとか信じないとかというように、はっきりとその対象の真偽性を事分けることはできない。ここで、「教えの体系としての仏法（仏教）」と、「伝承の集積としての神道」との違いがはっきりと出ている。

それから五〇年以上が経って、「仏法」がある程度定着してくると、今度はその「仏法」も新しいとはいえ一つの新伝統となるから「尊（敬）」するかしないか（「軽（不敬）」）という態度で接することができる。こうして、孝徳天皇は「仏法」を尊び、「神道」を軽んじた。

では、どのような態度が「神道」を軽んじることであったかというと、摂津国（現在の大阪府）の生国魂社の境内の樹を伐ることが「軽神道」の所業であった。つまり、神木とされているような樹を疎かにする態度が「軽神道」のしわざなのである。たとえそれが天皇であってもその態度は「神道を軽（あな）ずる」ことになる。

このような「仏法」と「神道」に対する認識の違いを踏まえて、確かに明確な教義はないが、しかしいろいろな形に表れている「表現（あらわれ）としての神道」を「神道の潜在教義」として次の七つの特性をもって位置づけたい。

①「場」の宗教としての神道
②「道」の宗教としての神道
③「美」の宗教としての神道

④「祭」の宗教としての神道
⑤「技」の宗教としての神道
⑥「詩」の宗教としての神道
⑦「生態智」としての神道

これらの七特性である。

「神道」は、まず何よりも、「場」として、「場所」、「空間の詩学」としてある。つまり、森（杜）の詩学として、斎庭の幾何学として、聖地のトポロジーとして、場所の記憶（メモリー）と記録（ドキュメント）として、存在し続けてきた。それが「神社」であり、「鎮守の森」である。

それは明示的な教えの体系ではないが、様式的で明確な形を持った「道＝生の歩み方（ライフスタイル）」の生活実践であり、いのちと暮らしの構えであった。そのようないのちの道の伝承文化として、「神社」の中に、「神社」を通して、「神社という場」とともに「神道」は生きてきた。

そのような「場」や「道」にあっては、何よりも清々しさ、清浄感や、もののあはれや、気配の感覚が大切にされた。多くの神社人や神道家は、神道で一番大事なのは「掃除」だという。一にも掃除、二にも掃除。掃除こそが神道の精神であるという表現には、そこに生命の原初形態、純粋始源を讃美し慈しむ心と感覚がある。

奥吉野山中に鎮座する天河大辨財天社の柿坂神酒之祐宮司は、それを「フトマニ」と言った（柿坂 二〇〇一八）。ふつう、「太占（ふとまに）」とは、古代の卜占のことを指す。しかし、そのような「うらない」のような吉凶判断ではなく、「ふと」そのまま「まに」ものごとが立ち現われてくる事態をそのまま受け取って対処していくことが「フトマニ」であり、それは「掃除」をすることによって立ち現われ、受け取られるという。だからすべてが、「掃除」を基礎とし、基盤としている。それが神道の精神であり、精髄であるというのである。

それを、たとえば本居宣長ならば、こう歌うだろう。

敷島の　大和心を　人問はば　朝日に匂ふ　山桜花

日本の「心」は、朝日の当たる里山で山桜の花がほのかに慎ましくも清らかに香っている、そのような「自然美」の中にある。それこそ、「大和心」と呼ぶことのできる日本人の心だ、と。これが、神道の最重要儀礼の「禊」や「祓」に様式化されていく感覚基盤である。清めの観念と儀礼は、このような「朝日に匂ふ山桜花」に象徴される純粋自然の始源性を本位とする「潜在教義」に裏打ちされている。

神道とは、このような「潜在教義」性を持った「感覚宗教」であり、「芸術・芸能宗教」である。その感覚性や芸術・芸能性が、「祭り」という身心変容儀礼のワザとなっていく。

「祭り」の主旨は、祭祀という「ワザヲギ」による生命力の更新・復活にある。その神話的起源が、天岩戸の前で行われた神々による神事として、『古事記』や『日本書紀』や『古語拾遺』の中に語られている。

その神事は、天の岩戸に隠れた（象徴的な死を意味する）天照大御神を甦らせ、再顕現させるために行なわれた。そこでは、「死と再生（復活）」がメッセージとして表現されている。

この時、アメノウズメノミコトが手に笹を持って踊りを踊るのであるが、その際、「神懸り」となり、胸乳と女陰（ホト）を露わにして神々が大いに「咲（わら）ふ」。女陰はいのちを宿し、産み出す器官であり、胸乳はいのちに栄養を与え、育む身体部位である。そのような身体部位を露わにすることによって、いのちの出生を表現し、そのいのちの現われ、すなわち「御在（みあ）れ」を待ち望み、寿ぎ、喜ぶ心が神々の「咲（わら）ふ」行為となって現われる。この「わらい」に、あえて漢字の「咲」の字を宛てていることからも、その再生への歓喜を読み取ることができる。

「祭り」とは、「いのちの出現＝みあれ」に対する祝宴である。それは、生命力を賦活し、活性化させる「鎮魂（たまふり）」であり、神々や人々の身心を生命的横溢と共鳴状態に変容させる「技（わざ）」である。その「技」の中核をなすのが「ワザヲギ」である。

「ワザヲギ」とは、アメノウズメノミコトが行なったたましいを呼び出し、付着させたり、活性化させたりするスピリチュアル・アート・パフォーマンスを指す言葉として『日本書紀』に初出する。それはまた、さまざまな妖艶・怪異なシンボリズムと手法も組み込んだエロティシズムの時間と空間の創造でもある。

この非日常的なエロス的な時空は、生活の中に神話的な時間と空間が開基してくる特異点であり、「詩」であるが、そうした「詩」によって、世界といのちを物語的にとらえ、祭りの回路を通して再受肉する。神道は、そのような意味での「詩の宗教」であり、「物語宗教」である。

このようにして、いのちのちからと知恵を畏怖・畏敬し伝承し、暮らしの中に生かす伝え型の宗教が神道である。教え型の宗教にして悟りの宗教としての仏教に対して、神道は伝え型の宗教にして畏怖の宗教である、と対比できる。

ラフカディオ・ハーンが言ったように、確かに神道には明示的な哲学も倫理もないように見える。だがその神道の「あらわれ」の中に、「場」や「道」や「美」や「祭」や「技」や「詩」を通して、神道の「潜在教義」が脈打っている。そのような神道の生命線が「生態智」である。神道という「あらわれ」の総体の中に息づく「生態智」の脈動、それこそが神道の「潜在教義」の核である。

この「生態智」を、「自然に対する深く慎ましい畏怖・畏敬の念に基づく、暮らしの中での鋭敏な観察と経験によって練り上げられた、自然と人工との持続可能な創造的バランス維持システムの知恵と技法」と定義しておく。神道には、そのような深層的な「生態智」が詰まっている。伊勢の神宮や出雲大社や賀茂神社などで行われる「式年遷宮」はそうした「生態智」の具体的な表現でもある。

このように、神道の特性を、感覚宗教、芸術宗教、物語宗教（詩的宗教）、生態智宗教とし、伝え型の伝承宗教、畏怖の宗教と位置づけてみた。

だが、仏教は、本来、このような神道的特性とは真逆の特性を持って登場してきた。それはまず、感覚を相対化する（五蘊皆空）。芸術を遠ざける（官能を刺激する歌舞音曲の禁止や抑制）。物語に酔い痴れるのではなく、世界の理法（ダルマ）に目覚める。あえて戒律を設けることによって、輪廻転生という生態智的な連鎖を断ち切る。バラモン教のような伝承の体系を否定ないし相対化し、畏怖するまなざしから、ありのままにものごとを見つめ、認識する（正見）、識（覚・悟）の実践である。

この仏教の原基を仏教の本義とするならば、どこにも神道との接合点はない。その神道と仏教の原理的な差異を、わたしは神と仏の三異として**表9–1**のように命題化した。

表9–1　神と仏の原理的差異

①神は在るモノ／仏は成る者	在神／成仏
②神は来るモノ／仏は往く者	来神／往仏
③神は立つモノ／仏は座る者	立神／座仏

「仏」とは悟りを開いた「人」、すなわち「覚者」を意味する。「仏」は、何よりも、世界と自己の苦の姿のありのままの姿とその拠って来る由縁を正しく見抜いた人（「正見」した人、「無上正等覚」）である。その時に洞察された真理が、無常、無我、縁起、無自性、空といった、この世界を成り立たせている真正のありようである。そのありよう・成り立ちを知ること（真理認識＝悟り）によって、自己を通して現われ出る苦の現実、すなわち、煩悩、苦しみ、迷いを切断し、解脱していく叡知的存在（智慧ある人間）と成ること、すなわち、「成仏」を目指すのが「仏教」であり、「仏道」修行（実践）である。

このようにして、煩悩と迷いを脱した真理認識者は解脱者とか覚者とかブッダと呼ばれ、悟りを得た人としてリスペクトされ、人生の模範とも「帰依」の対象ともなる。

ブッダは煩悩の消滅した苦しみのない状態（涅槃寂静・絶対平静・安心）に達し、苦と迷いの世界である此岸（俗世間）から彼岸（涅槃）に渡った成就者である。この苦からの解脱者であるブッダのまたの名を「医王」と呼び、その指し示すワザと道は、「抜苦与楽」の道である。

このように、「ブッダ（仏陀）」とは生存世界を形作る「生態智」からあえて距離を取り、それが生み出す輪廻の鎖から抜け出す道を指し示し、自らその道を成就した知恵ある解脱者であり、「ちはやぶるカミ」と呼ばれる力ある諸存在（自然・動植物・英雄・先祖など）とはまったく異なる存在である。

ところが、日本では、決して悟りを開いたわけではない死者のことも「ホトケ（仏）」と言ったり、死ぬこと自体を「お陀仏」と言ったりもする。そこでは、「ホトケ（仏）」の指示領域が、悟りを得たわけではない死者をも指すまでに無際限に拡張されていく。これは、本来のブッダ観からすれば、完全な逸脱、逆転とも言える転倒である。本来、「カミ」と「ホトケ」はまったく異なる存在形態だからだ。

それが日本で、「反対物の一致」を引き起こした。とりわけ、「草木国土悉皆成仏」という天台本覚思想として。これは、「生態智」思想からあえて離れたブッダの実践がさらなる洗練された「生態智」思想に回帰した日本仏教の変成した姿である。

だが、本来的には、「神」と「仏」の原理的差異とは、第一に、「神は在るモノ／仏は成る者」という差異であった。神はたとえばイカヅチ（火雷）・ミヅチ（水霊）などさまざまな自然現象として「在るモノ」だが、仏は修行して悟りを開くことによって「成仏」する「成る者」＝人間である。神は存在世界として、自然現象として「在る」「現われる＝御在れする」のに対して、仏とはそのままの存在ではなくある修行や体験を通して覚者という意識段階（識位）に到達した「成る者」である。

第二に、「神は来るモノ／仏は往く者」という差異。神はどこからか「マレビト」や台風のように来訪する威力ある諸存在であるのに対して、仏は彼岸に渡り煩悩なき悟りの世界すなわち涅槃寂静の世界に到達した人間である。したがって、神は来るモノ（来訪するモノ）、仏は彼岸に往く者（渡る者）とその違いの対照性を示すことができる。

第三に、「神は立つモノ／仏は座る者」という差異。神は「一柱、二柱……」などと「柱」という数詞で呼ばれ、諏訪大社の御柱祭における「御柱」のように立ち現れる威力あるモノであるのに対して、仏は坐り、座禅をして、深い瞑想の中で「正見・正定」し、解脱する者である。神は柱を数詞とするのに対して、仏は座や体を数詞とする。

神は立ち、仏は座る。神の垂直性と仏の水平性が現われている。ちはやぶる神の断裂性に対して、慈悲深き仏の縁起的関係性。注力（エンパワーメント）する神と脱力（エクスパワメーント）する仏。神の異形性と仏の柔和性。祟る神と鎮める仏。

このように分析してみると、神と仏は一八〇度異なる存在である。そのまったく異なる原理や志向性を持つ二つの神聖概念が、いろいろな物事をメルトダウンし、時には「反対物の一致」を引き起こしてきた日本列島の中で、「神仏習合」という接合形態が生まれ、増殖しつづけた。これを仏教の神道化というべきか、神道の仏教化というべきか。いずれにしても、はなはだしい仏教の「日本化」が起こった。天台本学思想はその極地である。

日本という「自然風土」の中で形成されてきた「神道」と、その影響もしくは濾過作用によって変容し続けてきた「日本仏教」。そして、その両者の習合形態としての「修験道」。日本の宗教文化はかくも賑やかで、豊かで、面白い。

この神道と仏教を具体的な演劇形式に統合し融合させたのが、能＝申楽である。世阿弥が完成させた複式夢幻能においては、「ワキ」を務めるのは仏者の「諸国一見の僧」、そして「心の闇」を表出する「シテ」は神や霊や死者。能には、神道祭祀における「祟り」と「鎮魂」、仏教修法における「苦縁」と「供養」が結合し、融合補完し合っている。その神仏習合演劇の極北を世阿弥は開示する。

五　世阿弥と禅竹における《翁》の神学と神仏習合舞踊としての「申楽」

世阿弥は『風姿花伝』「第四神儀云」の中で、「申楽」（能）の三つの起源について記している。

①神道起源
②仏教起源
③家伝起源

の三種伝承である。

まず第一の神道起源については、「申楽、神代の始まりといふは、天照大神、天の岩戸に籠り給ひし時、天下常闇になりしに、八百万の神達、天の香具山に集り、大神の御心をとらんとて、神楽を奏し、細男を始め給ふ。中にも、天の鈿女の尊、進み出で給ひて、榊の枝に幣を付けて、声を挙げ、火処焼き、踏み轟かし、神懸りすと、歌ひ、舞ひ、撫で給ふ。その御声ひそかに聞えれば、大神、岩戸を少し開き給ふ。国土また明白たり。神たちの御面、白かりけり。その時の御遊び、申楽の始め」と述べ、天岩戸の前の「神楽」と「神懸り」に端を発し、「細男」となり、その光で世を開き明るくするものであるという。

第二の仏教起源については、釈迦説法の場での外道を楽しませた「六十六番の物まね」から始まると説かれるのだが、この「釈迦説法の場」が、具体的には冒頭で説明した奈良県桜井市の談山神社の権殿（旧常行堂）の「後戸」を指している。世阿弥は、釈迦如来が説法していた時に、ダイバが外道（異教徒）一万人を連れてやってきて、踊ったり叫んだりして邪魔立てをしたので、鼓と笙鼓を揃え、弟子のアーナンダ（阿難）の才覚とシャーリプトラ（舎利弗）の智慧とフルナ（富楼那）の弁舌で、「御後戸」で六十六番の「物まね」をし、その笛・鼓の音を聴いてみんな静かになったので釈迦は説法を続けることができた、これが申楽の元であると説明している。

第三の家伝起源の伝承は、世阿弥（秦元清）の先祖とされる秦氏の祖・秦河勝が聖徳太子の時代に同じく「六十六番の物まね」を始め、後に秦氏安に継承されたとするものである。そして「申楽」とは、聖徳太子自らが「末代」のために「神楽」の「神」の字の示す偏を取った字、つまり「申」の楽であるとする。「日本国においては、欽明天皇の御宇に、大和国泊瀬の河に洪水の折節、河上より一つの壺流れ下る。三輪の杉の鳥居の辺にて、雲客、この壺を取る。中にみどり子あり。貌柔和にして、玉の如し。これ、降人なるが故に、内裏に奏聞す。その夜、帝の御夢に、みどり子の云はく、『我はこれ、大国秦始皇の再誕なり。日域に機縁ありて、今現在す』と云ふ。帝、奇特に思し召し、殿上に召さる。成人に従ひて、才知人に越え、年十五にて大臣の位に昇り、秦の姓を下さるる。『秦』と云ふ文字、「はだ」なるが故に、秦河勝これなり。（中略）上宮太子（聖徳太子のこと）、末代のため神楽なりしを、『神』といふ文字の偏を除けて、旁を残し給ふ。これ、日よみの申なるが故に、申楽と名付く。即ち、楽を申すによりてなり。または、神楽を分くればなり。」

実に神秘不可思議な霊異譚である。世阿弥が先祖と仰ぐ秦河勝の異能が神秘的に物語られている。この聖徳太子も秦河勝も、強力な文化創造者でありながら、同時に敗残者でもあることに注意しておきたい。

世阿弥は、上に述べた「神儀」篇での申楽三起源伝承とは別に、『風姿花伝』の冒頭では次のように記している。「それ、申楽延年の事態、その源を尋ぬるに、あるひは仏在所より起り、あるひは神代より伝はるといへども、時移り、代隔りぬれば、その風を学ぶ力及び難し。近来、万人のもてあそぶところは、推古天皇の御宇に、秦河勝に仰せて、かつは天下安全のため、かつは諸人快楽のため、六十六番の遊宴をなして、申楽と号せしより以来、代々、風月の景を仮ちて、この遊びの媒とせり。その後、かの河勝の遠孫、この芸を相続ぎて、春日・日吉の神職たり。よつて、和州・江州の輩、両社の神事に従ふ事、今に盛んなり」。

ここで注意したいのは、「申楽」が「天下安全・諸人快楽」の「遊宴・遊び」であると強調し、さらに、「神儀」の他の箇所でも、「魔縁を退けて、福祐招く」「国穏かに、民静かに、寿命長遠」の「天下の御祈禱」であることを力説している点である。この六十六番の演目が長大なので、その中から特に《稲経翁、代経翁、父助》の三つを選び定めて「式三番」と名づけ、その「式三番」の三種が法身・報身・応身の「如来の三身」であると意味づけている点である。

こうして、《翁》が世阿弥においても特別に神聖視されていることがわかる。

これが世阿弥の女婿の金春禅竹の『明宿集』になると、さらに《翁》神学が強化され、大展開される。その『明宿集』の冒頭には次のようにある。

「抑、翁ノ妙体、根源ヲ尋タテマツレバ、天地開闢ノ初ヨリ出現シマシテ、人王ノ今ニ至ルマデ、王位ヲ守リ、国土ヲ利シ、人民ヲ助ケ給フ事、間断ナシ。本地ヲ尋タテマツレバ、両部超過ノ大日、或ハ超世ノ悲願阿弥陀如来、又ハ応身尺加牟尼仏、法・報・応ノ三身、一得ニ満足シマシマス。一得ヲ三身ニ分チ給フトコロ、スナワチ翁・式三番ト現ワル。垂迹ヲ知レバ、歴々分明ニマシマス。」

禅竹によれば、「翁」の「妙体・根源」は、天地開闢の初源より出現しており、その本地は、金剛界・胎蔵界両部の大日如来と阿弥陀如来と釈迦牟尼仏のいわゆる法身・報身・応身の三身を一体としたものだという。この世阿弥に端を発する思想をさらに発展させて、この三身がまた、住吉大明神、諏訪明神、塩竈の神（鹽土老翁）であると述べ、「本地垂迹スベテ一体トシテ、不増不滅、常住不滅ノ妙神、一体ニマシマス」と記すのである。さらにまた「翁」は山王権現すなわち三輪明神とも法華経とも柿本人麿や天満天神や諸天諸明王や地蔵菩薩とも一体であると説く。

さらに加えて、「翁」の漢字について秘密灌頂が口伝としてあるという。「翁」の漢字は、分解すれば、上半分の「公」と下半分の「羽」に分かれるが、この「公」を「王位」と解釈し、その「王」が横三＋縦一の天台山王教学の「三諦即一」（空・仮・中）とも通じると説き、壮大な翁マンダラを展開する。

世阿弥は、『風姿花伝』で《翁》を特別に「式三番」と位置づけ、「老人の物まね、この道の奥義なり」とか、「老骨に残りし花」とか、「老木になるまで、花は散らで残りしなり」とか、「老木に花が咲かんが如し」とかと〝老いの花〟の美学を称揚した。その老いの神学と美学を《翁》論として全面展開したのが、世阿弥の娘婿の金春禅竹であった。この二人によって、「老いの踊り」を最高峰とする翁舞の神聖舞踊が完成したといえる。

おわりに――隔世遺伝としての能と舞踏（Buto）

日本はいち早く「世界一の超高齢化社会」に突入している。ゆえに、好むと好まざるにかかわらず、未来の高齢化社会の先進事例ないしモデルを提供することになる。そこにおいて、「老い」の観方や活かし方を考える参考事例として、「翁童身体」という切り口から日本の神話や儀礼や芸能に潜在する思想性を考えてみることには意味があるだろう。

沖縄に、「ファーカンダ」という言葉がある。それは「ファー（葉）」と「カンダ（蔓・茎）」との合成語であるが、そこには人間存在は「ファーカンダ」的な連続性の中にあるという生命観がある。またそこには祖父母が孫に生まれ変わるという思想が内在している。葉と蔓や茎との関係性のように切り離すことのできない生命の連続性の中に置かれている。切り離されて独立しているかに見えて、その独立性は一面にすぎないという生命観・人間観がある。そこにおいては、線型的には子どもは成長してやがて老人になるが、その老人は再び子供に還ってゆくという生命連鎖と循環の中にある。そして、先祖は子孫となり、子孫は先祖となる。魂ないし霊性のエコロジー、スピリチュアルなエコロジーが直観されているのである。

この祖父母が孫に成るとか生まれ変わるという思想は、談山神社の祭神である藤原（中臣）鎌足の子孫を見ると明白となる。藤原氏の家系図を見ると、祖父の名前が一代置いて孫の名前の一字として受け継がれている命名継承の連鎖・連続を見ることができる。まさに、家系とは、より具体的に祖父母と孫とは、「ファーカンダ（葉と茎）」的につながっているのである。民俗学者の柳田國男の『先祖の話』にも、そのような日本人の「生まれ変わり」の思想、祖父母が孫に生まれ変わるという民俗事例と民俗思想が示されている。その日本の民俗学的伝承に、「七歳までは神の内」という童子神聖観と「六〇（還暦）過ぎれば先祖に還る」という老人神聖観の両極があることも示唆的である。

だが、今日、子どもと老人が置かれている現実はどうであろうか？　孤立し、分断され、きわめて過酷で抑圧的な状況にある。とりわけ、教育への囲い込み（人的資源としての子どもへの投資）と介護への放擲（社会的経費削減）の両極に縛られている。

子どもと老人に共通するのは、「弱さ」（脆弱性、機能未開発と機能低下）である。子どものひ弱さや繊細性、老人の脆弱性など、その「弱さ」を知ることは、これからの人類文化と人類文明の基層認識として重要な視点となるだろう。

加えて、多様性を受容し愛でる寛容、応用力（経験活用力）や時間軸（生の遠近法）、有用性からの解放と身心変容の諸相など、「老人力」が示唆するところは多々ある。

最後に、修験的身心変容技法といえる「能＝申楽」の身心変容技法が「暗黒舞踏」に間歇遺伝しているという見解を述べて結びとする。

能の中でも最重要の神事能である《翁》の中の《三番叟》の「揉の段」などは、「烏飛び」などの修験の「験競べ」を芸能的な表現として取り込んでいるといえる。世阿弥による芸能的身体の転回は複式夢幻能という形式の創造と「二曲三体」という新しい演技体系や稽古体系や「皮肉骨」の追求として展開された。

この「幽玄」性を強調する「皮肉骨」身体論が、土方巽が編み出した「暗黒舞踏」にまでつながっているという舞踊史的・芸能史的パースペクティヴを提起したい。秋田出身の土方巽の暗黒舞踏を、蹲る民俗芸能や歌舞伎などの身体技法を土方流に換骨奪胎しているものと見ることもできなくはない。が、しかし、舞踊史的・芸能史的・日本思想史的なパースペクティヴから見ると、「舞踏とは命がけで突っ立っている死体だ」という土方の舞踏身体論は、外連味たっぷりに生体の肉体性を露出させる歌舞伎的身体よりも、むしろこの世阿弥的「幽玄的皮肉骨身体」観を引き継いでいる。世阿弥の創始した複式夢幻能は、一面、亡霊舞踊とも妖怪舞踊ともいえるが、能の舞台に浮かび上がる亡霊的身体は「突っ立っている死体」を呼び出そうとした土方暗黒舞踏と直結しているように見えるのである。

わたしは、一九七〇年くらいから土方巽や芦川洋子や小林嵯峨の舞台を何度も見ているが、これまで彼らの身体や身体技法を能と結びつけたことは一度もなかった。土方巽自身の舞台に関しては、彼の最後の暗黒舞踏公演を新宿アートシアターで観ただけであるが、その時の極度に動きの抑制され制限された身体は確かに「能」的であった。

だが、土方巽の弟子である麿赤兒の舞台は隈取も含め、その舞踏はスペクタクルで歌舞伎的である。土方の内弟子であった芦川洋子ですら時に歌舞伎的に見える。が、土方自身の舞踏身体死体論という理念は、歌舞伎よりもいっそう亡霊舞踊である能と通ずるものがある。

暗黒舞踏の経験者から聞いた話では、暗黒舞踏は白目を剝いて踊ることが多いが、白目を剝くことで日常のモノの見方ではなくなり、脳を変化させるという。その時、日常身体ではない、何モノか（仮想死体）に成る。白目をむくと、まず角が生え、背中に翼か甲羅かができたりするという。その中でのあえかでかすかな動きが、身体から見えない煙や蒸気やアウラを発する感じだというのである。そして、暗黒舞踏手の身体感覚としては、内臓や肉はあってもそれがない感覚、骨にベールが包まれているだけの感覚となる。

歌舞伎が仮面ではなく隈取をすることを含め、身体の外向性を前景化した芸能であるとすれば、能は顔面に比して極めて小さく視野も狭窄した面（おもて）を懸けることを含め、身心の内向性を、すなわち「心の闇」（《鵺》など）を前景化している芸能であると対比できる。歌舞伎は観客に向かって外連味たっぷりの見栄を切りサービスをする。対して、能は、確かに見所の目利きを意識はしているが、それよりも鏡の間から橋掛かりを通って囃子に導かれながら、修飾的な謡いと抽象化されたムーブメントにより内なる身体と心を、さらに言えば、脳神経系を変容させつつ亡霊化しその怨霊を鎮めることを志向する。白目を剥いた暗黒舞踏者の脳神経が日常とは違う回路を開くように、面に隠された能役者の内面は非日常の異界空間と「心の闇」に開かれていく。

かくして、能にも土方巽の暗黒舞踏にも、意図的に抑制された動きを通して、脳内から神経を通して身心全体変容していくシステムがその舞踏技法の中に身心変容技法として組み込まれている。そのためか、暗黒舞踏の場合、あまりにその土方システムに浸っていると精神状態に変調をきたすことがあるという。

土方の暗黒舞踏は、複式夢幻能の亡霊にも似て、人外のモノになることを志向する。能もまた、人であって人でない霊物というモノになることを志向する芸能である。能も暗黒舞踏も、その舞踊の速度はきわめて遅く緩慢で、動きも最小限、その身体ムーブメントは抽象化されている。
だが、歌舞伎は徹底して人であり、人情であり、世間である。わかりやすい世間咄、人情物語の枠内にある。その人が大勢の人の前で、大見栄を切り、六方を踏み、喝采をあびる。

古代の神楽、中世の申楽（能）、近世の歌舞伎の違いも興味深いが、その近世の歌舞伎を飛び越えて、中世に生まれた能が現代のコンテンポラリーダンスに多大な影響を与えた暗黒舞踏につながっていると考えられることは大変興味深いところだ。

一九六〇年代から七〇年代のアングラ全盛期に、歌舞伎ルネサンスとしての唐十郎の状況劇場や麿赤兒の天賦典式に対して、能ルネサンスとして暗黒舞踏があった。このような視点を持って日本芸能史や演劇史を遠望してみることによって「老いと踊り」の面白さと可能性と深淵をさらに拡張することができるであろう。

＊付記　本稿は、『翁童論』や『神と出逢う国』（角川選書）『世阿弥』などで提示してきた論点を本書のテーマに沿って再編・再構成したものである。

関連文献

小泉八雲（一九九〇）『神々の国の首都』、平川祐弘編、講談社
鎌田東二（一九八五）『神界のフィールドワーク』、創林社（青弓社、一九八七年、ちくま学芸文庫、一九九九年）
鎌田東二（一九八八）『翁童論――子どもと老人の精神誌』、新曜社
鎌田東二（一九九〇）『老いと死のフォークロア――翁童論Ⅱ』、新曜社

鎌田東二（二〇〇〇）『翁童のコスモロジー――翁童論Ⅲ』、新曜社
鎌田東二（二〇〇〇）『エッジの思想――翁童論Ⅳ』、新曜社
鎌田東二（二〇一一）『現代神道論――霊性と生態智の探究』、春秋社
鎌田東二（二〇一四）『歌と宗教――歌うこと。そして祈ること』、ポプラ新書
鎌田東二（二〇一六）『世阿弥――身心変容技法の思想』、青土社
柿坂神酒之祐・鎌田東二（二〇一八）『天河大辨財天社の宇宙――神道の未来へ』春秋社

第10章　老いを巡るダンスドラマトゥルギー
――ライムント・ホーゲの終わりなき《An Evening with Judy》

中島那奈子

二〇一四年五月二六日、ドイツ人の振付家・ダンサーであるライムント・ホーゲ（Raimund Hoghe）は横浜の大野一雄舞踏研究所でワークショップを開催した。スタジオには、大野一雄やラ・アルヘンティーナの写真に囲まれて、ピナ・バウシュ（Pina Bausch）の写真も飾られていた。ライムント・ホーゲは、ドイツのタンツテアター（舞踊演劇）というジャンルを確立した振付家ピナ・バウシュのかつてのドラマトゥルク（演出家や振付家の片腕として創作を支える）でもあった。ホーゲはまた大野一雄の敬愛者でもあり、ワークショップを始める前に、スタジオの中央に、大野一雄愛用の椅子をラ・アルヘンティーナのポスターと共に祭壇のように祭った。ラ・アルヘンティーナは、大野一雄のインスピレーションの源となったスペイン人のアントニア・メルセ（Antonia Mercé y Luque）という舞踊家で、この出会いは大野一雄の傑作となった《ラ・アルヘンティーナ頌》（1977）に結実している。

ホーゲのワークショップには多くの参加者が集まり、問題なく進むかのように思われた。ホーゲはお気に入りのワークショップ用の音楽を持って来て、その準備を直前まで行っていた。しかし、ワークショップが始まったとき、ホーゲのパソコンが突然けたたましい音をあげて動かなくなり、パソコンから音楽を流すことが出来なくなってしまった。その場にいた誰にもこのパソコンを修理することが出来なかったので、代わりに彼は別のＤＶＤプレイヤーを使って、ホーゲ自身の作品《ジョルジュ・マンデル通り36番地 36,（Avenue Georges Mandel)》から音楽を再生することに決めた。このジョルジュ・マンデル通り36番地とはマリア・カラス（Maria Callas）がかつて住んでいた場所で、この作品はこのオペラ歌手に敬意を表したホーゲのソロ三部作の第二作目で、マリア・カラスの歌が作品の中でちりばめられている。

マリア・カラスの「さようなら、過ぎ去った日々よ Addio, del passato…」を聴きながら、私は大野一雄の子息である大野慶人が、以前話していたことを思い出していた。慶人の稽古を、この研究所で行なっていた時にも、同じような機器の問題が起きた。そのときに慶人は、彼の師匠である土方巽が来たのかもしれないと、少し笑いながら話していた。次の瞬間、私は大野一雄がマリア・カラスの音楽がとても好きで、そして彼の傑作となった《ラ・アルヘンティーナ頌》でも彼女のアリアが繰り返し演奏されていたことに気が付いた。後になって、大野一雄の家族がこのホーゲのワークショップ中の出来事は、大野一雄がマリア・カラスのアリアを聴きたかったからかもしれないという話をしてくれた。大野一雄は、もしかしたらライムント・ホーゲと私たちと一緒にあの部屋にいたのかもしれない――というのはワークショップが終わった後、ライムント・ホーゲのパソコンは、突然、何事もなかったかのように動き始めたのだから。

はじめに

ライムント・ホーゲの作品《An Evening with Judy（ジュディとの夕べ）》（2013）は、老いを巡るダンスドラマトゥルギーの研究プロジェクトの一環として、二〇一四年六月四日に京都・春秋座で上演され、ここでは二人の共演者と共に、ホーゲがジュディ・ガーランド（Judy Garland）をリエナクトメント（再演）した。この章では、ホーゲのピナ・バウシュとの仕事から近年の作品創作に至る過程を辿りながら、彼のパフォーマンスについて、文化横断的な美学とジェンダー構築、老いという視点から上演分析を行う。上演分析（Performance Analysis）とドラマトゥルギーは、ほぼ交換可能な語彙のように扱われるが、前者が一つの作品の要素を分解する過程を意味するのに対して、後者は部分部分を繋げてその関係を読みこむ創作過程での「構成」の意味に結びつけられる。ただ、前者の分析による批評的な過程と、後者のリハーサルでの創作過程を横断するのがダンスドラマトゥルクの役割である。[1] そしてそれは、ホーゲにおいてはドラマトゥルクの理論を、その後の振付家・ダンサーとしての実践に応用することでもあった。ここでは最終的に、いかにホーゲが日本の老いのドラマトゥルギーを、彼の作品《An Evening with Judy》に組み込んでいるかを分析し、この一連の研究プロジェクトでなされた議論を参照しながら、更なる創作の指標となる、老いのダンスドラマトゥルギーの構築を試みていく。

一　ピナ・バウシュからライムント・ホーゲへ

ホーゲは、ドイツの週刊新聞である*Die Zeit*にジャーナリストとして記事を書くことから、キャリアをスタートしている。一九七九年からバウシュと彼女のタンツテアターによるパフォーマンスについて執筆を行なった後、一九八〇年にホーゲはバウシュのドラマトゥルクとして働き始め、これが舞台芸術の分野におけるダンスドラマトゥルクの始まりを記すことになった。ホーゲはその後、一九九〇年までバウシュのドラマトゥルクとして働いていた。

ホーゲは、彼以前のドイツ演劇でのドラマトゥルクは図書館での調べものに終始し、演出の現場と繋がっていなかったと言及している。それとは対照的に、ホーゲは先行作品がほとんど存在しないピナ・バウシュの創作過程に深く関わり、リハーサルでダンサーやデザイナーとゼロから模索したという。また、ホーゲがドラマトゥルクとしてそのような役割を新しく担ったことは、ピナ・バウシュがタンツテアターという演劇と舞踊の狭間にあたる、新しい分野を立ち上げた歴史的背景も関係することが考察される[2]。

ホーゲは、ドラマトゥルクとしてバウシュとどのように働いたかをこのようにも説明している。「私はそこにいて、あなたの感じるままに、あなたのしたいようにしなさい、といわれているような必然性を感じていました。（中略）彼女の周りには常に彼女を支える人々がいたのです。そして、私はそういった人々の一人でした。一〇年して、私は彼女のもとを去りました。というのは、ピナ・バウシュは映画作品『嘆きの皇太后（Die Klage der Kaiserin）』（1989）の後、しばらくは、新しい作品を作らなくなり、彼女は古い作品へと立ち戻ってしまって、そのため、私がドラマトゥルクとしてする仕事もなくなったからです」（Hoghe 2013: 116）。

ホーゲ自身も認めることだが、ホーゲの振付家としての働き方はバウシュのドラマトゥルクとして行った仕事から、影響を受けている。バウシュと同様に、ホーゲは、リハーサルの間はダンサーにほとんどフィードバックをしないと言及する。ダンス研究者のメアリー・ケイト・コノリー（Mary Kate Connolly）は、創作の間は作品についてあまり話さない重要性をこう指摘している。「表面に現れてくるのは、何が『正しい』のか知っている確信に満ちた思いに裏付けされた、静かな用心深さである」[3]。バウシュが書き物にダンサーのすべての反応を書き留めていたように、ホーゲはダンサーのすべてのリハーサルを映像で記録している[4]。結果的に、それぞれの作品がそのダンサー個人の現実を反映したものになる。

批判的なコメントを与えずにダンサーと関係を築くというだけでなく、二人にとって重要なのは舞台で提示されるべきダンサーの身体のタイプであった。一九八〇年代は特に、バウシュのカンパニーではそれまで見過ごされていた様々な多様性をもった体型が示されていた。背の高い女性や、背の低い男性、大柄な女性や、高齢者といった標準的なダンサーの体型ではない豊かな多様性をもったダンサーである。バウシュはかつて、ダンサーを選ぶ際に彼らを人として、その人格に応じて検討するのであって、魅力的な身体や、同じ身長であるからという理由で選ぶことはしないと述べている（Loney 1985）。バウシュの振付には、古典バレエに見られるコピーされた美を体現するダンサー集団は必要なかった。

選ばれたダンサーは、バレエやモダンダンスの訓練を受けているが、それぞれの体型や身長、国籍、性向、人種、そして文化的な背景は異なっている。東京でのインタビューの中で、ヴッパタールタンツテアターの日本人ダンサーである瀬山亜津咲が、バウシュのカンパニーは様々な体型のダンサーが寄せ集められていたとコメントを残している。[5] そういった幾人かのダンサーは、この規模で国際的に活躍するダンスカンパニーにおいて、それまで存在してこなかったのだ。

バウシュは、より広い文化史との関連で、訓練された身体の歴史を持つダンサーが、芸術的な表現を行なうところに興味を感じていた。ケイ・キルヒマン（Kay Kirchman）が書き留めているように、バウシュのその試みは、テクストとして他言語の身体や、身体の潜在性、歴史を通して身体が規律化され、コントロールされ、抑圧され、裏切られ、見過ごされ、そして再秩序化される方法を、ドラマ化していくことだという。それは、怪我であれ、希望であれ、挫折であれ、この身体の形式に何が描かれてきたのかという歴史であると述べる（Kirchman 1994: 42）。[6] バウシュは、マージナルなダンサーの身体を舞台に乗せることで、そういった埋もれた歴史に、新たな光を与えたのである。

しかし、繰り返しマージナルなダンサーの身体を提示することが、ある時点でバウシュのクリシェにもなってしまった。バウシュは、ドイツの公立劇場によるレパートリーシステムの中で作品を発表し、国際ツアーもせざるを得なかった。その結果、スリムなダンサーや長い黒髪のアジア人女性といったような、初期の作品で活躍したダンサーと似たような、新しいダンサーを継続して選ばざるを得なかった。古典バレエの主義や理想的身体を否定したにもかかわらず、バウシュはヴッパタールのレパートリーシステムという恩恵に依存していたために、そういった選択をとらざるを得なかった。バウシュのオリジナルのダンサーが老いると、入れ替わりに特定の体型のダンサーをバウシュが採用し続けたのは、ドイツ公立劇場のレパートリーシステムが生んだ産物なのである。[7]

一九八九年からホーゲは自身を含めてダンサーや俳優と、自らの作品を作り続けてきた。彼は所属する公立劇場を持たないインデペンデントな振付家として、自身の作品をドイツよりもフランスや他の国で発表し続けている。こういった姿勢は、個人のダンサーが振付家の作品の中で取り替えられたり、座付劇場を持たない若い振付家には公演や創作への助成の可能性がほとんどなかったりといった、ドイツのダンス制度への意識的な批判ともなっている。[8]

ジャーナリストのロラン・グマル（Laurent Goumarre）は、ホーゲによるこの批判的な姿勢をこのように説明している。「ドラマトゥルクとして一〇年間の時間を捧げたピナ・バウシュに対抗して、一九九四年に、ライムント・ホーゲは舞台に立つことを決断した。もしかしたら、意識的な動向ではなかったのかもしれないが、それぞれのキャリアを考えると、そのように言うことが出来る。バウシュのかつての日々における理解者や登場人物たちを、きっぱりと、ただ平坦にコピーされたダンサーに取り替えていったピナ・バウシュへの問題提起として、ホーゲは自分を考えていたのではないか。そのような取り替えられたダンサーは、イヴニングドレスや黒のスーツ、白いシャツを着て、引き寄せ抱きしめる洗練された腕の仕草を、それが正真正銘ヴッパタールタンツテアター製のスタンプとして認識できる動きを身につけていくのだ」（Goumarre 2013: 85）。

ホーゲが舞台で彼自身を提示する際には、障がい者や同性愛者など、特定の身体が生きるに値しないとして抹殺されたナチス時代の記憶を思い起こさせる。ホーゲのソロ三部作となる一作目の作品は《私の方へ（Meinwärts）》（1994）というもので、このタイトルはユダヤ系ドイツ人の詩人エルゼ・ラスカー＝シューラー（Else Lasker-Schüler）による一編の詩「逃避（Weltflucht）」（1902）の言葉に由来していて、この詩はホーゲ自身によって舞台で朗読される。この作品は、テノール歌手のヨーゼフ・シュミット（Joseph Schmidt）の人生についての作品であり、部分的にはエイズ流行への応答ともされる。ホーゲがその裸の曲がった背中を舞台で曝け出すのは、突き出た瘤がある身体を、ダンス史という領域において異なる身体の例として、提示するためであった。

ドイツでは、ホーゲの身体は抑圧されている。ホーゲは、ドイツで彼の作品に対する関心が低いことを主張し、フランスやベルギー、英国とは異なり、ドイツでは障がいのある身体がとりわけ醜さや不幸と結びついてしまうと嘆いている。フランスでは、ホーゲの作品を見る者は、彼の作品とジェローム・ベル（Jérôme Bel）やグザヴィエ・ル・ロワ（Xavier Le Roy）の創作について議論する。加えて、パフォーマンス・アートや造形芸術の分野に関心のある観客が、ダンスの既存の見方に問題を投げかける傾向がドイツよりも高い（Hoghe 2010: 33）。ホーゲは、自らを舞台で見せて、ドイツの秘められた偏見を明らかにすることで、この美学を巡る文化的思い込みを暴露していく。ホーゲは作品を近年の障がい者による演劇の一部や、演劇セラピーとしてではなく、欧米の実験的、コンテンポラリーのコンセプチュアルダンスの分野で提示することで、ダンスで広まっている理想の身体がクリシェであることを糾弾する。ホーゲは、傷つき、変形する身体を含めて、様々な身体がダンスに存在し得ると書いている[9]（Hoghe 2012: 152）。

これまで除外された身体を政治的に舞台で提示するという意味で、バウシュがホーゲに与えた影響は大きい。そしてそれは、異なった体型というだけでなく、異なるセクシュアリティをもつ身体の提示でもあった。彼らの作品においては、典型的なジェンダー構築による力関係が再検討される。ホーゲは、身体とジェンダーの通常と異なった再現を作り出した唯一のアーティストではない。コノリーも述べるように、典型的なジェンダー関係に固執せず、ジェンダーにおける力関係を転覆させることは、彼が何年も一緒に働いたピナ・バウシュの作品からホーゲの作品へと辿れる共通点である（Connolly 2008: 68）。

新たなジェンダーについての概念は、異なった力関係や欲望を伴う。バウシュの作品においては、女性は長い裾のドレスを着てハイヒールを履き、男性はスーツをきるというお決まりごとの狭間に、ダンサーが異装することで、この新しい関係が実現される（Cody 1998: 120）。バウシュとは対照的に、ホーゲの《An Evening with Judy》を含む作品においては、異なった人種、訓練のレベル、そしてセクシュアリティをもつ身体が、技巧の優劣や家父長制のバイヤス抜きで、並列して展示される。ホーゲ自身もダンスの訓練を受けていないダンサーであり、ダンステクニックの優劣は、ここでは個々の特徴の一部となり、ダンスする身体の優劣をつけない。決まりきった力関係の代わりに、ここでは儀式的な動きが、日本の舞台芸術の美学とともに、作品の中で展開されていく。

二　《An Evening with Judy》

この《An Evening with Judy》において、ホーゲはまず女性用の黒いドレスを着て黒いショールを被り、ハイヒールを履く。京都上演におけるこの作品の冒頭で、彼はポータブルスピーカーを小さなハンドバッグのように持って花道に現れ、本舞台へと歩いていった。本舞台に辿り着くと、彼のアーティスティック・コラボレーターで、ホーゲよりも背の高いルカにそのスピーカーを委ね、舞台中央に置かれたスーツケースを開き、ビニールレコードを床に向かって投げ出し始める。しばらくすると、舞台中央で、ルカが操るカメラに向かってポーズをとり始める。また中盤では、別のショールを肩に羽織り、もう一人の日本人のダンサーでモダンダンスの訓練を受けている上野天志と共に、ダンスを踊り始める。二人は同じ舞台で一緒に、しかし別々に踊るのだが、お互いに競争することはない。上野天志の動きは、技術的に洗練され、ホーゲの動きより時に正確ではあるのだが、それが必ずしもホーゲのパフォーマンスの価値を下げていないのだ。

この作品を通して、クローゼットの中の音楽として描写される「虹の彼方に」を含めた、ジュディ・ガーランドの、一生涯における様々な時点での記録音声が、背景に流れている。花道へ登場する際に流れる始めの「虹の彼方に」は、映画『オズの魔法使い（The Wizard of Oz）』（1939）のもので、これはガーランドが一六歳の時に録音されている。そして最後にホーゲが退場する際に流れる録音は、ガーランドの最後のコンサートとなった一九六九年の「虹の彼方に」で、これは彼女が四七歳で短い生涯を閉じた直前に録音されて

図 10–1　《An Evening with Judy》でのライムント・ホーゲ、春秋座 ©Luca Giacomo Schulte

いる。

　ホーゲの作品では、様々な体型とそのパフォーマンスを同等のバランスで扱えるよう、シンプルなタスクや儀式的行為によって、振付が注意深くコントロールされている。他の共演者も、ホーゲのパフォーマンスを揺るがさないように、短い時間だけ舞台に登場する。このコントロールされた平等さは、ホーゲの共演者への眼差しから生じていて、この作品を見る観客へのドラマトゥルギーとして構築されている。この平等さと差違を受け入れる感覚は、ホーゲの身体性と美意識に体現されている（Connolly 2008: 68）。

　こういったアプローチは、ホーゲの創作の方法からも窺われる。インタビューの中で、ホーゲは作品の構造を助けるような音楽やテクストを持ち寄り、ダンサーにシンプルに、音楽と繋がるように頼むのだと説明する。ダンサーに提案をすることもあるが、最も重要なことは、どのような音楽がそのダンサーに合うかであるという（Hoghe 2013: 94）。ホーゲは、何かが起きるような一つの状況を作ることを試みているのだ。

リハーサルの間に厳しい批判を避けることで、創作に自由の感覚を生み出して行く。「ダンサーは音楽を心地よく感じるべきです。彼らはしたいことが出来るのです」[10]。ドラマトゥルギーを説明するために、ホーゲは京都龍安寺の石庭を例に挙げる。石庭には、五つの石が置かれていて、見る者がどんな人でも、自由に鑑賞してそこに備わるリズムを感じられる。[11]ホーゲは、動きの質と時間的、感情的な要求に従って、ダンスの動きを選ぶという。その優先順位にそって、ダンサーは動きを自由に選びとる。特定の振付の順序の代わりに、一つの作品に何がどう合うか、また見ている者に平等性や差違の許容といった感じを与えるかどうか吟味するために、リハーサルでのダンサーの反応を編集する。

ダンス研究者のラムゼイ・バート（Ramsay Burt）は、ホーゲの音楽の特徴的な使い方を強調する。バートによると、ホーゲの創造的なスタイルは音楽と結びついていて、観客の集団的記憶を呼び起こすと言う。「（彼は）意識的に強い感情を呼び起こす音楽を使う。そのような共有される記憶は、観客やパフォーマーの間に擬似的なコミュニティを作り出す効果をもっている。記憶は、個人のアイデンティティという感覚にとって重要であり、それは集団的記憶を共有するより大きな社会的集団との関係から立ち上がってくる」（Burt 2009: 456）。この作品において、ホーゲによるジュディ・ガーランドの音楽解釈は、彼女が歌い演じた人物の感情だけでなく、同性愛者の権利獲得運動の記憶とその感情をも、聴く者に呼び起こしていく。

一方で、ジュディ・ガーランドの音楽に伴うこの記憶の構造は、ポップミュージックのペルソナとして分析できる。演劇研究者のマイケル・L・クイン（Michael L. Quinn）は、演技の記号学における、三つの主要な構成要素について記している。「パフォーマー個人の特徴、観客の意識の中に存在する形にならない劇中登場人物、そして三つ目の中間にある間柄で、舞台上の姿というもの、専門的な対象や意味を表す人物のようなものとして、俳優や衣装係、演出家などによって作り出された登場人物のイメージである」(Quinn 1990)。この演技のモデルは、歌手のパフォーマンスにも応用されている。ポップミュージックペルソナに関して、パフォーマンススタディーズの研究者フィリップ・アウスランダー(Philip Auslander)も、人、ペルソナ、そして登場人物という三つの層が、コンサートのパフォーマンスで同時に存在することを述べている(Auslander 2004)。ホーゲの《An Evening with Judy》のパフォーマンスでも、一人の歌手のパフォーマンスに三つの層が呼応している。見る者は、ホーゲ自身のパフォーマンスペルソナによって媒介されたジュディ・ガーランドのカバーペルソナが、どのように機能するかを捉える。[12] またそれは、《ハロー・ドーリー！》の主題曲を、「ハロー、ライザ！」と実娘のライザ・ミネリ(Liza May Minnelli)に歌いかけるガーランドのコンサート録音が背後に流れる時、舞台に登場してくるダンサーの上野天志を、娘にあたる人物として、捉えることにもなる。

他方で、このホーゲによるパフォーマンスは、伝統的な日本の美意識でも分析できる。欧米の文化とは対照的にジュディ・ガーランドの音楽とイメージは日本においては周知のものではない。歌舞伎劇場である春秋座を用いたことで、この作品《An Evening with Judy》に日本演劇での女形という、もう一つ別の文脈が加わった。したがって、京都でのこの上演は、日本の伝統的なジェンダー・パフォーマンスという見地で説明することも出来るのではないか。

作品の冒頭と終わりで本舞台へ登場し退出するために、ホーゲは劇場の花道を歩いていった。この花道は、春秋座の紋が入った赤い提灯が背後に一列に並び、歌舞伎での女形の記憶を呼び起こさせる、特別な雰囲気を醸し出していた。

三　芸の構造

伝統的な日本の美意識は、ホーゲの簡素な創作スタイルに影響を与えている。ホーゲは日本の文化に大きな共感を抱き、インタビューでは、西洋の影響よりも、日本の美意識や東洋の視点に、より繋がっているように感じると述べている。ホーゲはよく、谷崎潤一郎が『陰影礼賛』で、美は物そのものにではなく、一つのものがもう一つのものに対して作り出す陰翳のあや、明暗にあると語る部分を引用する（Tanizaki 2001: 46）[13]。

ホーゲは、儀式的なものに近さを感じるとも述べている。バートは、ホーゲの平等さの感覚について言及し、ホーゲの作品は差違に関わらず、もしくはその差違のために、階級的にならない新しい方法で人々が繋がる様を提示するという。そうするために行なうホーゲの戦略の一つが、様々な文化からの儀式的行為を作品に組みいれることである。これらの行為を実行に移す時、パフォーマーはお互いが共に結びつけられるという（Burt 2009: 456）。ホーゲの作品は、ダンスパフォーマンスよりも、このような演劇的、儀式的イベントとして描写できるのかもしれない。

ダンス批評家のウナ・バウアー（Una Bauer）は、日本の美意識を参照しながら、ホーゲのパフォーマンスを分析する。バウアーによると、完璧さは西洋の美のカノンの産物に過ぎず、日本の美意識は不完全さという美の概念に繋がるという。バウアーは、ダンス実践とセクシュアリティという点で、ホーゲのパフォーマンスを描写する。「ホーゲは、バレエを一つの文化的実例とか時代遅れの身体訓練として否定するのではなく、ダンス実践での他の異なるタイプを肯定することに焦点を絞る。これは、異性愛的アイデンティティを否定したり、それによって脅かされたりもしない同性愛的アイデンティティに相当する」（Bauer 2006: 145）。

日本の演劇の一部では、男性の演者が女性の役を演じることが見られた。能や歌舞伎においては全ての役を男性が演じ、女性を演じる技巧である女形は、一七世紀の歌舞伎劇において確立された。歌舞伎史において女形の技巧は、成人男性の演者が女性の登場人物を描写する必要性から生まれた。これは、単に女性的な容貌をさせるだけでなく、一人の女性の説得力ある表現を可能にする、様式化された技巧を作り上げるまでに達した（Cf., Gunji, 1970: 118）。

女形の制度は、政府による規制が野郎歌舞伎という芸術形式の成立を促し、影響を与えた例の一つである[14]（Cf., Episale 2012: 90）。歌舞伎は復元されてきただけでなく、その価値を再発見されてきたのは、江戸日本という文化のあり方として愛されたからである。小説家で歌舞伎愛好家であった三島由紀夫は、一九五七年に出版された『女方』という短編の中で、増山と歌舞伎の女形佐野川万菊の師弟関係を、同性愛的な耽美として書きあげている。三島はまた、万菊と新劇の演出家である川崎との同性愛的な関係も、描写する（三島二〇一七：七一―九一)[15]。この話の中で三島は、近代化された日本における同性愛的な関係という、失われた伝統の比喩を、江戸時代というロマン化された幻想と、結びつけている。

パフォーマンススタディーズの研究者キャサリン・メズール（Katherine Mezur）は、歌舞伎で男性が女性を演じる女形の伝統に関して、江戸における、同性愛と異性愛の異なる構造に言及する。江戸時代の日本では、同性愛と異性愛が、神道と儒教が結びつく仏教の伝統において発達した。そのため、同性愛や、好色なパフォーマンス、売春を歴史的に長く禁じてきたキリスト教中心文化とは、構造が大きく異なる。江戸時代の日本は、権力のある男性が、儒教的モデルを融合したふるまい方と、仏教及び神道の教義と実践での、多様な服装的システムを統合させた社会であったという。これらの教義と実践は、異性愛をより適当と捉えるものの、同性愛を糾弾するものではなかった（Mezur 2005: 3）。

アジア研究者のゲーリー・ロップ（Gary P. Leupp）は、江戸時代の日本における男色という同性愛の伝統についてさらに議論を進める。この男性による同性愛形式は、兄弟愛的な結束を含み、江戸幕府の封建制度に基づいているという。ロップ曰く、この文化は明治に入っても学校や士官学校で存続されたが、近代化以後の欧米文化の影響が、男色の伝統が衰退する主要な要因であった。同性愛への欲望は、もはや文学や演劇、芸術において称賛されるものでなくなったどころか、過去の悪徳な習慣の一つとして近代西洋的な態度としては国家的恥であると、蔑まれることとなった（Leupp 1995: 204）。日本におけるジェンダー構築は、近代化によって影響を受けているものの、ジェンダーやセクシュアリティが交差する多層的なモデルは、歌舞伎劇の構造において未だ認めることが出来る。

演劇研究者の毛利三彌は、日本的な演劇性のみかたを議論しながら、新劇、演劇、芸能を含めた演劇的なイベントの構造分析を行う。日本の舞台芸術は儀式的、演劇的なイベントと舞踊から成立し、演劇の西洋的なカテゴリーから除外されたパフォーマンス・アートは、明治維新後に紹介された。それゆえに現在の日本において、演劇や舞踊と分類されるものは、脱近代化の視点から、組織的、カテゴリー的批判がなされなくてはならないという。例えば、観客が舞台で見ているのは俳優なのか人物なのかといった、演技に関する問いへの回答として、毛利は、登場人物が一つの現実の知覚対象とされる前提から批判すべきという。日本の演劇性の視点からすると、一人の登場人物は人物ではなく、観客の心のなかで知覚内容から作られた観念にすぎない（Mori 2002: 73, 82、毛利 二〇〇七：一一九―一二〇）。

毛利は、観客の演技への知覚は、六つのレベルもしくは層から成っているという。日常的レベル、現実的レベル、呈示的レベル、再現的レベル、虚構的レベル、物語的レベルである。そして、この多層的知覚の枠組みはどのような劇的演技においても見られるという（Mori 2014: 259、毛利 二〇〇七：二一七―二一八）。「どのような劇的演技でも」という箇所は、どのような演劇的なパフォーマンスのイベントであっても、演劇、舞踊、音楽として（そこから除外されないにしても）再分類化され、そして新しく組織された近代化という過程と、その後の複雑化された日本の演劇の歴史と対応するということであろう。

女性の説得力のある描き方を伝える型を生み出した、歌舞伎劇の女形における知覚モデルは、ホーゲの美学に私たちを導いてくれる。演劇評論家の渡辺保は、近代劇や歌舞伎について多数の著作があるが、そのうちの一つ『女形の運命』において、六世中村歌右衛門の例を挙げてその美的構造を検証している。彼によると、女形は江戸時代の歴史を現在の瞬間に持ち込もうとする。それによって、女形が現在とともに虚構のジェンダーを演じる自分自身をも否定する。歴史的過去は自己を否定することによって初めて浮かび上がるのだと言う（渡辺 一九七四／二〇〇二：五―六）。

渡辺保は、また歌舞伎の方法論として女形を演じる際に身体という概念がどのように機能するか指摘している。上演中、歌舞伎役者の中には、実名、芸名、役名の三人の私がいる。歌舞伎役者は歌舞伎の伝統に対する責任を担い、そしてそれぞれの家の芸名は世襲の家制度とその歴史を表している。これら三つの私は、お互い相補的であり、上演中に幻想と覚醒を、観客に構築してみせる。[16]

渡辺保によると、この並行する三つの私の知覚モデルは、歌舞伎を始めとする日本の舞台芸術に通じる芸という方法論によって実現されると言う。欧米圏での演技論とは対照的に、歌舞伎の舞台では芸という方法論が用いられる。この芸という方法論では、パフォーマンスが、演者の身体能力ではなく、その人生や経験と共に発展もしくは減退する。七二歳の女形が二〇代の娘役をつとめることが出来るのも、この芸という方法論を通してである。[17]

仏教的な実践論と同様に、人々は日々の訓練を通して芸を磨く。修行なくして悟りがありえないように、身体を介した実践としての稽古を経ずしては芸の達成は叶わない。また、その芸の達成は実作者の人格の向上と分けて考えられないとされた。したがって、芸術作品の美的価値がその実作者の人格から自立することはない。そしてこれは、年さえとればいいというのではなく、この芸の蓄積がなければ単なる夢想か老耄であると、渡辺は指摘する。

ホーゲの作品で、ジェンダーやパフォーマーの人格を並べて提示する手法は、芸という方法論や日本の伝統演劇における美意識と呼応し、それは他の範疇を否定することなくそれに積み重ねていくものである。不完全さという美意識と結びついた芸の方法論と、三人の別々の名前をもつ私がいるという女形の知覚的モデルは、ホーゲの《An Evening with Judy》という作品における多層的な構造を明らかにしている。

四　踊りを見る人から踊る人へ——老いを巡るダンスドラマトゥルギー

儀式的な動きは、経験や年齢を重ねた者による、シンプルながらも意味のある行為と結びつく。インタビューの中でホーゲは、自身のこれからの作品における身体の行動形式に関して、質問に答えている。「私には非常に小さな動きでも大きな効果を持つことがある。私は観客と、ダンサーや音楽の質を共有したいと考えている。オルネラのような女性［ホーゲのダンサー］はコンテンポラリーダンスにおいてあまり見られず、つまり引退してしまう。私は大野一雄を、彼がとても高齢の時に見て、非常に感激し影響を受けた。また、グレート・パルッカ（Gret Palucca）について書いてもいる。彼女が八六歳の時に会ったのだが、その時にもエネルギーに満ち溢れていた。彼女がまるで子どものように動いていたのは、魅力的だった」（Hoghe 2010: 31）。ホーゲのコメントは、ある特定の範疇や美学、そしてテクニックが制度から作られていて、それがヨーロッパのコンテンポラリーダンスから老いた身体を取り除いてきたことを説明する。舞台で彼自身の老いた身体を提示することは、それ故に、ダンスの制度や文化に対する批判ともなっている。

ホーゲの美的戦略は、身体を並べて展示することである。背中に瘤のある老いた身体と、若く生き生きとした身体、それと共に記憶を呼び起こすような音楽と、ミニマルな儀式的行為。見る者の眼差しが舞台で提示されるシーンを通して辿られるその経緯、身体的な特徴とジェンダー、技術的な優劣、年齢の区別はそこでは曖昧にされる。自身の年齢にも関わらず、ホーゲは舞台で女性用のドレスをきた若い少年の容貌で現れる。片方の肩がもう片方より高い。しかし、彼の繊細な、皺のある面持ちから、その年齢や知識、そして経験が窺われる。

ホーゲが批判する、直立した健常な身体としての、古典バレエの理想の身体のイメージは、プロセニアムアーチで囲まれた欧米の近代劇場空間で構築された。しかし、日本では、その均一な額縁舞台空間は、近代化以後にもたらされたものである。日本では劇場の近代化によって、それまでの歌舞伎芝居小屋の構造が、欧米様式の新しい日本の劇場建設のために取り壊され、そこで培われていた芝居小屋特有の知覚構造は、プロセニアムアーチに代表される一消失点に向けた遠近法的知覚へと変容することが余儀なくされた[18]。

この日本の演劇空間の近代化における議論では、歌舞伎劇場において本舞台へと繋がる花道は、主要なテーマの一つであった。演劇研究者の清水裕之は、明治末期から昭和初期にかけて日本の劇場における舞台と客席の空間が新劇と共に発展し、日本の劇場空間が変容していく過程で、花道を劇場に保存するかどうかが重要な論点になったという（永井、清水 一九九八：一三五—一四二）。日本での演劇改良の後、他の演劇様式に対応できるように、花道は取り付け可能な舞台として設置されることになる。こうした近代化と共に、それがロマン化されるにせよされないにせよ、花道は江戸芝居という失われた過去を象徴するようになった。

歌舞伎において、花道は大抵の場合、観客と役者の間に親密な空間を作り出すために使われた。しかし、この空間的構造は、プロセニアム劇場の均一空間を分断する。花道の向こうとこちらとで、双方の客席での観客の眼差しが交差し、演劇的幻想が中断する。役を演じる役者の肩越しに見える他の観客を、観客同士が見る度ごとに、近代的な知覚構造は崩壊する。

歌舞伎女形の六世歌右衛門が花子であるように、ライムント・ホーゲもジュディであった。この花道は、観客によって知覚的な多層構造を促していく。この舞台で年齢という概念が芸における層の蓄積であるように、老いのドラマトゥルギーは多層的に連なる知覚構造によって支えられている。若い女性を演じる老いた女形という例に、見る者は多層的な、時空間的、文化的蓄積を、一人の個人の中に知覚するようになる。

ライムント・ホーゲがジュディ・ガーランドを演じた京都の春秋座は、七三五席を備える本格的な歌舞伎劇場であり、備え付けられた花道は取り外して他のタイプのパフォーマンスも上演できるようになっている。当初、春秋座の技術者からは、設置と撤去に余分な費用がかさみ、春秋座でのコンテンポラリーの作品では通常花道は使われないという理由で、《An Evening with Judy》の上演に花道を使わないことが提案された。しかし、ライムント・ホーゲは、それでも春秋座の花道をこの上演に使うことを主張した。

花道は、観客がけっして足を踏み入れることのない、舞台面であり、これは客席が舞台空間として使われる場合とは対照的である。歌舞伎研究者の戸板康二は、幾つかの花道を使った歌舞伎の上演を分析し、花道が神々や、亡霊があの世からこの世へと登場する祭壇のように機能していると述べる（戸板　一九六三：五八—六八）。

花道は、この世とあの世を結ぶ橋となって、役者が役を演じる閾をつなぐだけでなく、近代化以後大きく分断された劇場の客席空間と舞台空間を繋ぐ。そこでは、観客が共有する集団的な記憶が、日本の世襲的身体観であれ、マイノリティやマージナルな身体の権利獲得運動であれ、音楽と言葉を通して、その演者の身体を取り巻いていく。見る者が演じる者へとなり代わっていくこの過程は、また、ドラマトゥルクが作品分析による客観的な知を、リハーサルの過程を通して主体的な実践知へと変換し、それと共に作品内に入り込む過程とも言える。そしてホーゲにおいては、彼がドイツ人であるために辿った芸術家としての変遷という、もう一つ別のレベルにおいて、それが実現されている。つまり、ピナ・バウシュのドラマトゥルクとして身につけた知を、振付家・ダンサーとして創作理論であるドラマトゥルギーに変容させているのである。踊りを見る者が踊る者になる。老いのダンスドラマトゥルギーにおいては、近代化以後に分化された劇作家と演出家、振付家、俳優、ダンサーの区別は重要ではない。踊る人は常に、踊りを作る人であり、それは、踊る人は老いても常に、踊り続けるからである。

過去と現在、未来が共存するこのホーゲの作品における老いのダンスドラマトゥルギーは、宗教哲学者の鎌田東二が主張する、神性の表現としての「智慧（叡智）」の象徴である「翁」と、「生命」ないし「力」の象徴である「童」が一体となる「翁童身体」の位相とも読み取れる。[19] これはまた、エドワード・サイード（Edward Said）が説いた芸術家の晩年のスタイル、つまり、時間を空間へと転換させ、時からずれているように見える時でさえ時に適うようになる、始まりと終わりのモンタージュとも言えよう（サイード 二〇〇七：五〇—五一、二一八—二一九）。

図10–2 《An Evening with Judy》でのライムント・ホーゲ、春秋座 ©Luca Giacomo Schulte

ジュディ・ガーランドのパフォーマンスにおいて、ライムント・ホーゲは春秋座の花道を使って入場し、退出した。ホーゲの年齢やジェンダー、セクシュアリティが、ジュディ・ガーランドのそれによって覆われ、舞台における多層的な時空間での姿が薫り立つようであった。ホーゲの《An Evening with Judy》のパフォーマンスにおいて、ジュディ・ガーランドは、目には見えていなくても、その歌声によって、そこにいることが感じられた。そしてそれは、大野一雄がマリア・カラスの歌を通して、ライムント・ホーゲのワークショップの際に私たちと共にいたのと同じであった。

ピナ・バウシュが、二者択一性を再生産しないダンスの方法を展開させた時、彼女の作品はダンスでも演劇でもなくなってしまった（Price 1990: 322–331）。伝統的な日本の美意識に影響され、ホーゲの作品は通常のコンテンポラリーダンスのカテゴリーから超越した。しかし、そうすることで、ホーゲはヨーロッパと日本における、ダンスの基盤をなす歴史的、制度的、そして美的条件を批判し続けているのである。

＊　初出は中島那奈子「老いを巡るダンスドラマトゥルギー　ライムント・ホーゲのAn Evening with Judyを中心に」『舞台芸術』vol 19, Autumn 2015: 121–129.

注

1　これは演劇研究者のキャシー・ターナーやドラマトゥルクのマーリアン・ヴァン・ケルクホーヴェンによっても制作ドラマトゥルクの役割として説明される。(Turner 2008: 166)

2　京都造形芸術大学〈舞台芸術作品の創造・受容のための領域横断的・実践的研究拠点〉共同研究プロジェクト「老いを巡るダンスドラマトゥルギー」(研究代表　中島那奈子）では、ドイツを代表する振付家で、ダンスドラマトゥルクの歴史的な第一人者でもあるライムント・ホーゲを京都に迎え、二〇一三年の作品《An Evening with Judy》のアジア初演を、二〇一四年度の劇場実験として行った。これは、ホーゲと彼のコラボレーターを交え、その上演を踏まえた公開研究会においての言及であり、ここではドイツタンツテアターの振付家ピナ・バウシュの創作を支えたドラマトゥルクとしての理論的基盤が、それ以後のホーゲの振付家としての実践に繋がることが明らかになった。また、この劇場実験と研究会に加えて、五月二三、二四日に東京ドイツ文化センターで国際シンポジウム「老いと踊り」を、また大野一雄舞踏研究所でライムント・ホーゲのワークショップを行い、老いのダンスドラマトゥルギーに関する一連の催しを開催した。

3　Mary Kate Connolly, "Editor's note". (Hoghe 2013: 15) またホーゲは、自分とピナとの共通点について以下のように述べている。"Pina never explained anything to the dancers, she didn't give comments in the rehearsal such as 'this is good/this is bad,' and in a way I'm the same."（Hoghe 2013: 94）

4　ホーゲが Tanzhaus NRW で行なった「身体のドラマトゥルギー」（physical dramaturgy）というダイアローグ（二〇一四年九月一六日）からの引用。

5　映画「ピナ・バウシュ」上映会時の、舞踊批評家の貫成人との対談での発言。（東京ドイツ文化センター、二〇一四年三月一七日）

6　Gabrielle Cody による以下の英訳も参照。（Cody 1998: 118）

7　スーザン・マニングは、ドイツ公立劇場制度がタンツテアターの多くの振付家に影響を与えたことを記している。（Manning 2013: 33）

8　ホーゲ自身がフランスとドイツの制度的な違いを、トーマス・ハーンの記事の中で述べている。（Hahn 2012: 67）

9　ドイツのダンスジャーナリスト、トーマス・ハーンは《Meinwärts》の歴史的背景として、ナチス政権下で障がい者が生きる価値のない者として抹殺されたことを指摘し、それがこのホーゲの作品へのドイツの観客のサブリミナルな反応の根底にあるという。Thomas Hahn, "Artist Portraits Raimund Hoghe—in France adored, in Germany ignored, Dance Scene and Trends in Germany," Goethe-Institute. V., Online-Redaktion（October 2009）また、ダンス研究者のスザンヌ・フェルマーは、グザヴィエ・ル・ロワの作品《未完の自己（Self-Unfinished）》の例などを分析しながら、ヨーロッパのコンテンポラリーダンスにおけるグロテスクの議論を概観するが、ホーゲの作品には言及しない。（Foellmer 2009）

10　ホーゲが Tanzhaus NRW で行なった「身体のドラマトゥルギー（physical dramaturgy）」というダイアローグ（二〇一四年九月一六日）からの引用。

11　同上。

12　サム・オコンネルは論文の中でこのような構造が、ルーファス・ウェインライトによるジュディ・ガーランドのパフォーマンスにおいて見られることを言及している。（O'Connell 2011: 322）

13 (Tanizaki 2001: 46) コノリーも、ホーゲに関する記事の中でこの部分を引用する。("Editor's Note,"Hoghe 2103: 16)

14 渡辺保もこの議論に関して著作を残している。『歌舞伎に女優を』牧書店、一九六五年。Maki Isaka も女形の伝統における政治を、坂東玉三郎と山田五十鈴の例を用いて議論している。(Isaka 2013: 755–9)

15 昭和三二年一〇月「世界」初出。万菊のモデルは六世中村歌右衛門と言われる。

16 渡辺保「老いと踊り」国際シンポジウム講演(二〇一四年五月二三日)での言及。

17 同上。

18 永井聡子は、帝国劇場、築地小劇場、東京宝塚劇場を取り上げ、歌舞伎から西洋近代劇のリアリズムへの志向性に伴い、日本の劇場・舞台空間とそこで上演される作品・制度及びその知覚構造が変容する過程を分析する。(永井 二〇一四)

19 鎌田東二「老いと踊り」国際シンポジウム講演「日本の神話と儀礼における翁童身体と舞踊」(二〇一四年五月二四日)での言及。

参考文献

Auslander, Philip. (2004) "Performance Analysis and Popular Music: A Manifesto," *Contemporary Theatre Review*, Vol. 14 (1): 1–13.

Bauer, Una. (2006) "Performance Review: Melting Away," *Performance Research: A Journal of the Performing Arts*, 11: 2: 145–147 accessed on July 1, 2014. DOI: 10.1080/13528160600812216

Burt, Ramsay. (2009) "History, Memory, and the Virtual in Current European Dance Practice," *Dance Chronicle*, 32: 3: 442–467, accessed on July 1, 2014, DOI: 10.1080/01472520903276800

Cody, Gabrielle. "Woman, man, dog, tree: two decades of intimate and monumental bodies in Pina Bausch's Tanztheater," *TDR*, 42.2 (Summer 1998) 115–131.

Connolly, Mary Kate. (2008) "An Audience with the Other: The Reciprocal Gaze of Raimund Hoghe's Theatre," *Fo-*

rum Modernes Theater, Bd. 23/1: 61–70.

——, ed. (2013) *Throwing the Body into the Fight: A Portrait of Raimund Hoghe*, Chicago. IL: University of Chicago Press.

Episale, Frank. (2012) "Gender, Tradition, and Culture in Translation: Reading the Onnagata in English," *Asian Theatre Journal* 29, no. 1 (Spring): 89–111.

Foellmer, Susanne. (2009) *Am Rand der Körper. Inventuren des Unabgeschlossenen im zeitgenössischen Tanz*, Bielefeld: transcript.

Goumarre, Laurent. (2013) "Guerre et Paix by Laurent Goumarre," *Throwing the Body into the Fight: Portrait of Raimund Hoghe*, edited by Mary Kate Connolly, 85–89. Chicago, IL: University of Chicago Press.

Gunji, Masakatsu. (1970) *Buyo: The Classical Dance*, trans. Don Kenny, with an introduction by James R. Brandon, New York: Walker/Weatherhill.

Hahn, Thomas. (2009) "Artist Portraits Raimund Hoghe—in France adoved, in Germany ignored, Dance Scene and Trends in Germany" Geethe-Institut, V., Online-Redaktion October 2009. accessed on July 22, 2015. http://www.goethe.de/ins/ng/lag/kul/mag/tanz/en5136714.htm

Hahn, Thomas. (2012) "Corps diplomatique: Zur Rezeption in Frankreich. Ein Erklaereungsversuch," *Schreiben mit Koerpern: Der Choreograph Raimund Hoghe*, Hrg von Katja Schneider und Thomas Betz, 66–73, Muenchen: K-Kieser.

Hoghe, Raimund and Bonnie Marranca. (2010) "Dancing the Sublime: Raimund Hoghe in conversation with Bonnie Marranca," (2010) *PAJ: A Journal of Performance and Art*, PAJ 95, Volume 32, Number 2 (May): 24–37.

Hoghe, Raimund. (2012) "Den Koerper in den Kampf Werfen," *Schreiben mit Koerpern: Der Choreograph Raimund Hoghe*, Hrg von Katja Schneider und Thomas Betz, 150–155. Muenchen: K-Kieser.

Hoghe, Raimund. (2013) "In Conversation," *Throwing the Body into the Fight: A Portrait of Raimund Hoghe*, edited by Mary Kate Connolly, 116–117. Chicago IL: University of Chicago Press.

Isaka, Maki. (2013) "What Could Have Happened to 'Femininity' in Japanese Stagecraft: A Memorial Address to Yamada Isuzu (1917–2012)" *Positions* 21, no. 3: 755–9, accessed on July 1, 2014, DOI: 10.1215/10679847-2144914.

Kirchman, Kay. (1994) "Körper-Ganzheit: Ein Essay zur Ästhetik von Pina Bausch", *Ballett international, Tanz aktuell*, Heft 5: 37–45.

Leupp, Gary P. (1995) *Male Colors: The Construction of Homosexuality in Tokugawa Japan*, Berkeley: University of California Press.

Loney, Glenn Meredith. (1985) "I Pick My Dancers as People." *On the Next Wave, Brooklyn Academy of Music* 3, 1–2: 14–19.

Manning, Susan Allene. (2013) "An American Perspective on Tanztheater," *The Pina Bausch Sourcebook: The Making of Tanztheater*, edited by Royd Climenhaga, London and New York: Routledge. 31–44.

Mezur, Katherine. (2005) *Beautiful Boys/Outlaw Bodies: Devising Kabuki Female-Likeness*, New York: Palgrave Macmillan.

Mori, Mitsuya. (2002) "The Structure of Theater: A Japanese View of Theatricality." *SubStance* 31, no. 2–3: 73–93. DOI: 10.2307/3685479.

Mori, Mitsuya. (2014) "The Structure of Acting Reconsidered: From the Perspective of a Japanese Puppet Theatre, Bunraku," *Themes In Theatre—Collective Approaches to Theatre & Performance* 8 (January): 243–61.

O'Connell, Sam. (2011) "Performing 'Judy': The Creation and Function of Cover Personae in Popular Music in Rufus Wainwright's Judy Garland Concerts," *Contemporary Theatre Review*, 21: 3: 317–31, accessed on July 1, 2014, DOI: 10.1080/10486801.2011.585981

Price, David W. (1990) "The Politics of the Body: Pina Bausch's Tanztheater," *Theatre Journal*, Vol. 42, No. 3, Women and/in Drama (Oct.): 322-331, accessed on July 1, 2014, DOI: 10.2307/3208078
Quinn, Michael L. (1990) "Celebrity and the Semiotics of Acting," *New Theatre Quarterly*, Volume 6, Issue 22: 154-161, accessed on July 1, 2014, DOI: http://dx.doi.org/10.1017/S0266464X0000422X
Tanizaki, Junichiro. (2001) *In Praise of Shadows*, Vintage: Great Britain.
Turner, Cathy and Synne K. Behrndt. (2008) *Dramaturgy and Performance*, New York [u. a.]: Palgrave Macmillan.
サイード、エドワード・W（二〇〇七）『晩年のスタイル』大橋洋一訳、岩波書店
戸板康二（一九六三）「歌舞伎の「花道」の意味」『藝文研究』、慶應義塾大学藝文学会、Vol. 14/15,（一月）: 五八―六八頁
永井聡子、清水裕之（一九九八）「明治末期より昭和期に至る劇場空間の近代化に関する研究―前舞台領域の空間的変遷」『日本建築学会計画系論文集』六三巻五一三号、一一月三〇日：一三五―一四二頁
永井聡子（二〇一四）『劇場の近代化』、思文閣出版
三島由紀夫（二〇一七）「女方」『新編日本幻想文学集成』七、国書刊行会、七一―九一頁
毛利三彌（二〇〇七）『演劇の詩学　劇上演の構造分析』、相田書房
渡辺保（一九七四／二〇〇二）『女形の運命』、岩波書店

第11章　大野慶人のレクチャー・パフォーマンス《命の姿》について
――「老い」と舞踏はどこで出会う?

國吉和子

はじめに

「老い」という視点が舞踊芸術において関心をもって語られるようになったひとつのきっかけが、一九八〇年ナンシー演劇祭（フランス）での舞踏家大野一雄の登場[1]にあったことは疑う余地のないことだろう。当時七三歳の大野は白塗りにドレスの女装でヨーロッパ五都市を巡演した。歌舞伎の女形ではなく日本の現代ダンスとして、演じるのではなく本物の老人が無心に踊り尽くした、その姿にヨーロッパの観客は衝撃を受けたという。欧米でも高齢に達した舞踊家の身体を巡る問題が未だ積極的に取り上げられることがなかった時代、すでにタデウシュ・カントール（Tadeusz Kantor）やイェジュイ・グロトフスキー（Jerzy Grotowski）、ピナ・バウシュ（Pina Bausch）らが牽引していたパフォーミングアーツの最前線では、（従来の若く、強く、美しい身体という基準から外れた）機能不全に陥った人間の姿や、加齢で萎縮し老醜を隠そうともしない身体、虐待される弱者の身体に視線が向かっていた。こうした状況が大野一雄の舞踏を受け入れやすくした背景としてあったのだ。換言すれば、欧米を中心とした舞踏の受容初期においては、近代文明が身体にもたらした様々な課題――「老い」の問題も含めて――、それらの多くが人間の生命にかかわる問題であり、そのことに危機感を抱く人々が舞踏に興味を示し、共感を覚えたのだといえる。こうして戦後日本生まれの舞踏がヨーロッパの観客に衝撃を与え、熱く語られるようになったのだろう。老人のように四肢の屈まった、運動量の少ない不自由な動きがその特徴のように語られることの多い舞踏と、今回のテーマ「老い」とはどのようなところで接点を持ちうるのだろうか。

舞踏は現在までにすでにその登場から半世紀以上経過している。一九六〇年代、日本の戦後アヴァンギャルドとして活躍した後、一九八六年の土方巽[2]の死までの二五年間にめまぐるしい展開を遂げた。その後は、大野一雄、麿赤兒、笠井叡らがそれぞれ中心となって活動し、後進の育成も行われてきた。一方では土方や大野一雄の舞台を実際に体験している舞踏家の高齢化も事実で、舞踏が後続の世代にどのように受け継がれてゆくかという問題も浮上している。国内外では舞踏のワークショップが盛んにおこなわれ、若い世代からの関心も依然として高い。舞踏のなにが受け継がれるべきかという問題を考えながら、今回の「老い」と舞踏がどこで出会うか、という本稿の課題とを交差させてみたい。

一　JADE '93のこと

「老い」という万人に等しく不可避な身体の最終章をめぐり、この状態を表現の領域からパフォーマティブにとらえるという、このたびのシンポジウムが想起させたもう一つの国際会議があった。それは一九九三年に開催されたJapan Asia Dance Event '93 in Tokyo（JADE '93）である。この催しはアジアにおける豊かな舞踊文化に焦点を絞った初めての国際舞踊会議（主催＝JADE '93実行委員会、実行委員長＝郡司正勝）として、欧米中心的な現代舞踊の世界に対して、多彩なアジアの身体表現を紹介し、その可能性について語り合うために、研究発表と会議、舞台上演で構成されたフェスティバルだった。その最終日に開かれたのが、「寿（ほぎ）の舞・Tokyo '93〈老いの力〉」と題したプログラムで、柳田国男の「妹の力」ならぬ「老いの力」と題し、伝統舞踊から舞踏までを視野に含めた日本で初めての催しとして注目された。舞台では東京都奥多摩郡の《鹿島踊り》と毛越寺の延年より《老女の舞》、日本舞踊からは花柳寿恵幸（当時六八歳）と若柳吉駒（当時九六歳）、そして舞踏の大野一雄（当時八七歳）がそれぞれ舞い踊った。JADE '93の「老いの力」では、年老いた者が顕す寿ぎの霊力、祝福の神としての翁、媼という切り口ではあったが、齢を重ねた者が本来もっている力を再認識させる舞台として記憶に残るものであった。

その舞台に現役の元気な老体の代表のような形で招かれた舞踏家大野一雄は彼自身、「老い」ということをどのように感じていたのだろうか。彼が「老い」について残した言葉を探してみたのだが、管見ながら、わずかに永井旦氏の言葉をうけて記した以下の文が目にとまった。

考えただけで胸がドキドキする疲労の極に在る時、力をふりしぼって立ち向った時、それは舞踏家にとって最良の時であると。老いた肉体なるが故にポンコツ自動車として走るしあわせ。冥利につきるとはこのことか。死者が走り出す（大野 一九八九：四七）。

「老いた肉体」という言葉を使っていた箇所である。しかしこの文章とても、老い衰えた老人が言うような言葉ではない。胸をときめかし、内側から漲る力が迸る文章である。結局、正面から大野が「老い」についてネガティブに触れた言葉は、今のところ見つけることができない。生命が誕生し老年期を経て死へ至るという流れが、通常の人間がたどる人生の経過である。しかし大野は自らの老体を意識するどころか彼の一生からは、ちょうど老年期のところが抜け落ちているのではないかとさえ思われる。疲労の極、力の限界にあってもどこかワクワクしながら全力を出そうとする姿は老衰からほど遠い。大野の舞台を見る限り、誕生と死しか意識されていない、生と死の間の「老い」など考えている暇がない、といった感じである。そして、次の大野慶人の言葉は興味深い。

土方さんとの出会いの中で、一雄は根本的に変わったと思います。その前までは、モダンダンスや表現主義的な踊りを踊ってたんですけれども、この時から初めて「死」というものの考え方が本格的に入ってきた。その前まではどちらかというと生きる、「生」の側から見た踊りだった。この時から初めて死の側から物事を考えるということが始まったから、決定的に逆転したと思う。（大野一雄舞踏研究所編 一九九九：一九二）[3]

二人の出会いとは、土方巽が大野にディヴィーヌという人格を与え共演した時である。[4] 大野の人生観を大きく反転させ、生きながらにして死者の側から生を見るという視点への激しい反転が起こったと考えられる。生に固執していては見えなかったことに改めて気づいたといえる。生と死は等価にあるのではないか、という新たな視点が、死さえもいきいきとして在る状態として大野には捉えられたのだ。さらに大野は「死者が成長する」という。「だんだんだんだん成長する。成長するってことは、螺旋状にずうっと、だんだんだんだん天に近づいていく」（大野一雄舞踏研究所編 一九九七：一九二）という。「手足がいつの間にか消えてなくなっても成立する命とは何だったのか」と問いかけながらも、「生命が生命自体の尊厳を体験」するために、多くの「死に体」（大野 一九八九：二〇八）が存在するのだと気づいた大野にとって、「老い」ることは生命力の減退ではなく、さらに成長することであり、誕生の瞬間に戻ることと意識されていたのではないだろうか。

二　大野慶人　一九六九—一九九九—二〇一五

さて、JADE'93の会議から二三年後の今回、外山、中島両氏の企画構成による国際シンポジウムには、大野一雄（以下、一雄）の舞踏の後継者とされる、一雄の次男で舞踏家の大野慶人（以下、慶人）が招かれ、《命の姿》と題してレクチャー・パフォーマンスを行った。因みに、このレクチャー・パフォーマンスという形は、呼称として安定していたわけではなかったが、父一雄が晩年専ら用いた方法でもあり、一雄が自らの舞踏を語りながら、思わず踊り出す、まさに生きることと、踊ることが分かちがたく結びついた一雄の生き方そのものを表すものであった。いわば話しながら踊るという「仕方話」ともいうべきもので、一雄は語る度に想いが昂じて、もう待ちきれなくなった彼の体が自然に踊りだしてしまうかのようであった。慶人はそれを彼なりに引き継ぎ、今回も自身の舞踏の成り立ちを身振り手振りにユーモアを交えて語りつつ振り返った。途中で短い踊り三種――俵屋宗達の「蓮池水禽」（部分）のスライドをバックにして、蓮の花の蕾から三日目に散るまでの変化を踊り、さらに、芯が空なるが故に様々なものが行き来する器となる体という説明とともに竹の踊り、最後に鳥の踊りを踊った。全体は六〇分ほどのレクチャー・パフォーマンスはわかりやすい彼の語りとアットホームな雰囲気のもとで好評のうちに終了した。慶人の踊りを、今回のテーマ「老いと踊り」の角度から考えてみると、彼の肉体は決して老体とか加齢による肉体の衰えといった視線でとらえることができない。終始統制がきいた動きは、むしろ若々しく感じられる。しかし、この「若々しい」という形容自体がすでに老人に対して使われる言葉ではないか。舞踏家の「老い」を巡って、この実年齢にしては「若々しい」慶人の語りと演技を考えてみたい。

ドイツ文化センターでの当日のレクチャー・パフォーマンスでは、サッカー少年だった慶人が一三歳の時、父の勧めでダンスを始めることになったきっかけから、一九五九年《禁色》で土方巽と共演、なにもわからないまま言われる通りに舞台に上がった二〇歳の青年の戸惑い、そして土方との出会いが大野父子をたちまち変貌させた様子が、つい昨日のことのように語られた。いずれもこれまでに何度も語られたエピソードではあるのだが、繰り返し語られる毎にこうした出来事がこれまでいかに慶人の拠り所となってきたか、語られるその様子はまるで人生で突出した出来事を幾度も振り返ることで、絶えずその瞬間を反芻するかのようであった。

そんな慶人の舞踏、年齢的には老体といえる段階に達した彼の舞踏を考察するうえで、今回のレクチャー・パフォーマンスのほかに二つの舞台を合わせて比較してみたい。その一つは今から一七年前に行われた《ドリアン・グレイの最後の肖像》（一九九八年初演、シアターχ[6]）の舞台、もう一つの舞台はさらに昔、今から半世紀前に発表した慶人の初リサイタル《暗黒舞踏公演、大野慶人、DANCE EXPERIENCE の会》（一九六九年のこの作品を筆者は見ていないのだが）である。そして最後に、大野父子に強烈な影響を残した土方巽の舞踏の核心、「衰弱体」からの距離を測ろうと思う。

三　不動と硬直

大野慶人は現在（二〇一五年）七八歳、一九歳で土方巽に出会い、一九五九年の《禁色》以後、一九六〇年代の土方作品にはなくてはならぬ共演者として出演していた。その後、一時舞台から遠ざかる時期があったものの、父一雄が一九七七年に突然舞台にカムバックしてからは、父の公演につかず離れず、裏方として同行する形で関わることとなった。一九八五年「舞踏フェスティバル'85」の土方構成・演出による《死海》で父と共演し、この作品をきっかけに舞台に舞踏家として復帰している。一九九八年からは自身のソロ公演も行うようになった。身体が不自由になった晩年の父のパフォーマンスには必ず慶人の姿があり、自らは黒子に徹して車椅子の父を必死に支える姿には観る者の心を打つものがあった。二〇〇四年から毎年開催されるようになった「大野一雄フェスティバル」ではソロ作品を発表しつつ、二〇一〇年一雄が亡くなってからは父譲りのレクチャー・パフォーマンスという形を通して、土方とのエピソードを語り、一雄とともに生きた舞踏の歴史を語り踊る。常に父一雄と土方の二人を近くに見ながら、人生の大半を過ごしてきた慶人は齢八〇を間近かにした今、彼の中の舞踏を語り始めたのだ。

　まず今回の慶人のトークのなかで興味をひかれた話は、一九五九年に発表された土方巽の作品《禁色》（初演）に出演する頃、土方が青年慶人に体を硬くするようにと指示し、具体的な二つの動きをさせたというところである。ニーチェの言葉「跳ぶことを学ぼうとするものは、まず立つことを学べ。……」[7]のように、その動きはとてもシンプルなもので、父一雄の稽古もまた、歩く、立つ、走るといった基本的な動作に意識的であるよう、常日頃から厳しかったという。慶人はこのように話した後、土方巽が慶人に二〇分間立っていることを指示したというエピソードを紹介した。そして今回実際に彼は直立姿勢のまましばらく動かなくなった。当時は、二〇分間経ったと思われた頃に口をパカーッと開けて終わったという。さらに一〇分かけてしゃがむ、という指示のとおり、じんわりと恐ろしく緩慢な速度で腰を低くしていく。この何もせずにただ立つ、という動きと、ゆっくりと、ひたすらゆっくりとしゃがんでゆく過酷な動きを見ているうちに私は、一九九九年シアターχで行われた《ドリアン・グレイの最後の肖像》（郡司正勝・原案）という慶人のソロ作品の冒頭とラストシーンに行われた同様の動きを思い出した。

この《ドリアン・グレイの最後の肖像》という作品は、歌舞伎研究の郡司正勝が慶人に遺したいくつかの言葉[8]に基づいて、慶人（当時六〇歳）が郡司の亡くなった一九九八年に、シアターχで初演した作品である。すでに病床にあった郡司は慶人に舞台上の動きの指示をすることは最早できなかったと思われる。私が見たのは、その一年後に再演された舞台である[9]。無音のまま始まる冒頭シーン、舞台上手に吊るされた大きな振り香炉がゆっくりと左右に揺れ始める。正教会の埋葬式を連想させる。下手には白いロングドレスと若き日の慶人の写真パネルが置かれている。振り香炉の揺れが次第に小さく、静止に戻ろうとする頃、下手からサポーターひとつの姿で慶人が登場、直立不動のままミリ単位かと思われるほど緩慢な速さで上手に向かって歩いてゆく。舞台中央に達するまで一五分は経過していたと思う。さらに舞台正面から前方へ出て、歩行を止めた地点で今度は、ゆっくりと上体を前屈してゆくのだが、次第に小さく終には全身が球体状になるまで屈み込んでしまうこの姿勢も、じっと動かなくなってそのまま五分以上も同じ姿勢を保っている。やがて体が耐えきれなくなって、ぶるぶると小刻みに震えてくる。なにか音楽が聞こえてきて、ようやく体を起こしてゆく。腰低く立ち少しの移動はあったものの、跪いて両手首を交差させる。肩の傾斜、両腕を下方へのばしたまま水平に移動するなど、いくつかの動きの後、突然、細長い鏡を胸にかかえて登場、鏡の中の自分の姿に驚愕したような早い動きで鏡と踊る。その後はロングドレス姿で踊った後、ドラゴンのような形の被り物と踊るシーンへと続き、最後は緋色の長い布を腰に巻いた不動の立ち姿のまま、北原白秋の「この道」の歌曲が流れる中、約二〇分間じっとそのまま立ち続けて終わった。全体的に一連の動きが集中して見られたシーンはいくつかあったが、意志的に強く制御された静謐な不動の時間を、慶人とともに劇場全体が体験したような公演だった。

おそらく《ドリアン・グレイの最後の肖像》で見せた強靭なまでに持続する不動の動きは、慶人の最初のリサイタル《暗黒舞踏公演[10]　大野慶人　DANCE EXPERIENCEの会》(1969)で、彼が本番の舞台で一歩も動けなくなったという体験と通底するものではないかと推測されるのである。動けずに苦い経験をしたこの初リサイタルのあと、慶人は一九八五年に再び土方巽の構成・演出で一雄と共演する《死海》までの一六年間、舞台から遠ざかっていた。本番で動けなかった体験はそれだけ強烈なトラウマのように慶人の体に残ったのではないだろうか。そして三〇年後、永遠の若さを求め破滅の運命をたどったオスカー・ワイルド原作の『ドリアン・グレイ』とは異なり、郡司原案の《ドリアン・グレイの最後の肖像》で彼は、「動けないこと」を「動かないこと」に、三〇年をかけて転じることができたのではないだろうか。

古代ギリシャの青年像のようだと、かつてその日本人離れした美しさを称賛された慶人にとって、一九六九年彼が三〇歳の時に発表した初リサイタルの舞台で封印したものとはなんだったのか。なにか暴力的な力で停止させてしまったもの、それが三〇年後の《ドリアン・グレイの最後の肖像》の舞台で封印が解かれ、慶人の身体にもう一度ぶり返す形で帰ってきたのではないだろうか。そしてさらに一七年後の今回、レクチャー・パフォーマンスでも繰り返された身体が、まさにこの硬直した不動の身体であった。硬質で明確なフォルムを大切にする慶人の踊りの資質は、父一雄とは全く異なるものである。正反対といってよい。慶人の基盤には土方に指示された数少ないフォルムがしっかりと据えられていて、慶人はこのフォルムを自らの初心として、今なお自身の踊りの軸に置いているように思われる。

『舞踏という生き方』という慶人自身の言葉と映像で構成した集成本が二〇一五年に出版された。その中に収められた映像記録からもこうした基本的フォルムと誠実に向き合う慶人の姿をみることができる。若い頃に身に覚えたフォルムを記憶の基層として刻み、再生し更新し続ける、そこに慶人の舞踏があるのではないだろうか。まさに天然の素直さ、一途にシンプルであろうとする彼の踊りの特徴といえるだろう。慶人が土方との最初の出会いで指示されたという、体を硬くする、立つ、屈むなど単純な動作を異常なほど長い時間をかけて行うなどの動きには、一九六〇年代ネオダダら前衛美術家らとのハプニング的[11]な要素が反映されているようにも思われるが、むしろ動きを内に閉じ込めることによって「無限の行動の表現の皺を畳みこむ」（郡司 一九九一：八五）といった日本の芸能に特徴的な姿勢と近い。とにかく慶人は当時の土方の指示を現在に至るまで忘れていないのだ。

また一方で、土方からの動きの指示を慶人は振付とは言っていない。慶人は、幸いにも土方から振付けられていない[12]、だから、土方の弟子とは違って、指示された動きを軸にして自分で変えていけるのだと書いている。そして、いつも同じものを踊っていると思うかもしれないけれど、「おれは違う、毎日が新しいんだ、新しい俺が踊っているから、新作だよ[13]」。さらに、父一雄が亡くなってから、大きな変化を実感するようになったという。それは、これまで自分は形を大切に考え、それを貫いてきたが、最近、形から自由に踊ってもいい、自由に踊ったほうがいい、と思うようになった、という[14]。このような変化は、今回のレクチャー・パフォーマンス当日の蓮の花、竹、鳥という三種の踊りに現れていた。しかし、この自在さは父一雄の「命に形が追いすがる[15]」という、動きのフォルムが決まるより前に想いが先行する踊りとは異なり、あくまでも慶人の踊りは「形に命が追いすがる」という関係である。くっきりとした体軀、彫の深いプロフィールから紡ぎだされる詩情、腕の位置や肩の角度の変化からさまざまなニュアンスを描きだす慶人の舞踏である。この「形に命が追いすがる」という表現は、いったい一雄の舞踏との違いを比較して土方の舞踏を表した言葉である。私は同じ言葉を慶人の踊りについても使ったが、これはフォルム（形）が先行する慶人の踊りと、形より想いが先行する一雄の舞踏の違いでもある。しかし、だからといって慶人の踊りがそのまま土方と同じというわけではない。そうではなくて、土方との出会いを通して体得した不動の動きと硬直する身体――それは慶人にとって正に初心ともいうべきもので、強く記憶に焼き付いている――この基本の動きを彼は自身の舞踏の軸と位置付けているということなのである。

四　《花と鳥》三様

土方巽、大野一雄、大野慶人、この三者の違いは、今回蓮の花と鳥の踊りのとらえ方にもよく表れている。《花と鳥》の踊りの起こりは古く、慶人が一九六九年に初リサイタルを開いた時のテーマだったことが、当時の公演パンフレットに寄せた土方巽の文章に記されていた。

……彼の冷えたからだは下痢状態に見舞われ、それに雨が降りそそぐ、からだは妙な原形に近づいている。そんなからだで彼が踊る今回のテーマ、花と鳥。彼のからだとどういう関係にあるのか、もし私達がそれを知ろうとしたなら、それはどういう関係の名称でよばれるものだろうか。それはやはり、肉体の政事《まつりごと》にかかわった象徴的な事件となるものであろう。（「爪の孤独——大野慶人」一九六九年大野慶人暗黒舞踏、公演パンフレットより。『美貌の青空』二一〇—二一一）

この土方の文章中の「花と鳥」については、その後一九七八年に土方が詩人白石かずことの対談の中で再び触れている。

さっき鳥の話がでたけど、森羅万象にわたって全神経を集中していないとホントは鳥も踊れないですね。蝶をやるためには蜜、鳥をやるためには花、とそういう関連がもう当然の事で、感覚的に、それを自然科学の本などをよんで調べてゆくというのではなく、舞踏という全感触の中でそれを記号として登録してゆく作業なので、とても教えるなどという一方的なことではできない。（「森羅万象を感じとる極意」（土方 二〇〇五：八七））

この引用箇所からわかることは、土方は花と鳥という全く異なったものを、「舞踏という全感触の中でそれを記号として登録してゆく作業」を通して、身体的感覚のレベルで有機的に関連づけて位置づけている。性質も形姿も全く異なるこの「花」と「鳥」が、舞踏家の身体の現れを変貌させ表現されるものと捉えられている（ちなみに、このたとえは即興性ということが誤解されているという話につながっていることから、土方はこうした森羅万象の現れがすべて関連しているのだから、思いつきのインスピレーションで即興的に踊ることはありえないと続けている)。

一方、慶人は今回ドイツ文化センターでの舞台の最後、羽をあしらった帽子を被って鳥の踊りを踊る際に次のように言った。「馬鹿野郎……と怒ったり、鳥みたいですね。花はやさしさのような、紙の柔らかさ、障子……」と自ら語ったように、慶人は花と鳥を相反する性格をもつものとして捉えていた。人間がもっているきつい挑戦的な面、これを「鳥」。それに対して柔らかさや、やさしさを感じさせる面として「花」をイメージしているのだ。

自分の中にある優しさ、あるいは繊細さ。そういうものを「花」という。(中略)それを日常の中で育てて育てて、それを作品の中に、形を表す。それから、(中略)「何やってんだ！」とか、「冗談じゃないよ！」なんて、そういう激しいものを、「鳥」と名付けようと。それを育てて、形にする。(中略)内部と外部といってもいいし、それしかないんだ。(大野慶人 二〇一五：二八)

相反する「花」と「鳥」を両面「育てる」ことによって、その落差、コントラストを形を通して際立たせる、そこに危ういバランスと引き戻す力学を見出そうとしているようだ。そのために形象の明確さが求められたのだ。そして、内部=花、外部=鳥といずれも相反する感情が向かう方向であり、これは花と鳥を変幻自在なひとつながりの塊として捉えようとする土方と同一に語ることはできないのだ。

では一雄は花について、どのように捉えているかというと、稽古の言葉の中で次のように語っている。

気持ちが高まるときだけ喜びじゃなくして、高まりの伝達を受けて、そして萎れていくときも美しく、ですよ。見たこともない美しさのなかで、やらなきゃ。とめどなく美しい萎れ方があるんですよ。萎れていくときの美しさが最高の美しさになればさ、安心して見られる。これは死ですよ、ある意味で。

（大野一雄舞踏研究所編　一九九七：一六二）

花は萎れる時が最も美しいのであり、これはまさに死であるという。花はイメージを超えてまさに壮絶な姿を現すのである。この壮絶美に衰えという様相は皆無なのである。一雄にとって、花の形よりも、「萎れる」というイメージこそがすべてに優先されるのである。

五　舞踏の芸能化

慶人は一雄の舞踏世界をどのように受け継いでゆくかという大きな課題を負っている。一雄が一生をとおして踊り尽くした、あの命が先行する不定形の舞踏世界をリスペクトしつつ、同時に慶人独自の舞踏世界を築き上げなければならない。慶人が手がかりとするのは、土方がかつて慶人に課した身体の不動と硬直という体勢である。そして今回のレクチャー・パフォーマンスでは紹介されなかった動き――大野慶人著『舞踏という生き方』付録ＤＶＤに収録されている——もまた、土方のメソッドを基盤としている。慶人のタブララサの身体に書き込まれた不動と硬直にはじまる土方からの動きの示唆は、舞踏を創り出すための種子のようなものである。つまり、これは舞踏の「技法」であって、「技術」ではない。

ここで「技法」と「技術」の違いについて説明しておかなければならないだろう。技法とは、作品を作り上げるひとつひとつの要素となるもので、バレエを例にとって言えば、パ（pas, step）にあたるものだ。バレエを習得する場合、このパをひとつひとつ練習して身につけてゆくわけだが、これが上手にできるようになっても、バレエ作品を創れるというわけではない。いわば作品を構成する部品にあたるものがパなのだ。そして、これらのパ（部品）を作品、つまり、ひとつの表現に組み立ててゆく能力が「技術」なのだ。したがって、ひとつひとつの技法には特別な意味があるわけではない、抽象的な動きだ。しかし、新たにひとつの技法を形成することはとても時間がかかる。厳選された動きが技法として受け継がれてゆくには、さまざまな検証が必要であり、また時間とともに繰り返し淘汰されてゆく。このように考えると、古典バレエの技法は、現在まで三五〇年以上もの時間に耐えた実に強靭な技法といわざるをえない。バレエのみならず古典舞踊には、こうした技法がしっかりと継承されているのだ。日本の場合は歌舞伎舞踊の技法であり、能楽の舞の技法がそれに当たる。また、地方に伝えられている民俗舞踊も、その土地の共同体で長い間育まれてきた技法というものを持っているのである。どのような技法にも、それが成立した根拠があるので、長い間受け継がれてきた技法を学ぶことによって、逆にそれが成立した背景を知ることも可能である。古典芸能の習得という道は、このように技法を繰り返し体で学習し、その動き、形から作品世界の理解へと導かれていくものである。こうした古典や民俗舞踊の技法に匹敵するほどの新たな「技法」を二〇世紀になって打ち立てたのが、土方巽の暗黒舞踏といえるのではないだろうか。

土方が一雄と出会った一九五〇年代から、慶人も共演者に加わり活動をともにする六〇年代にかけては、土方が暗黒舞踏を形成する初期時代に重なっている。当時、土方は東京の現代舞踊に対してことごとく反発していた。それは、戦争をはさんで心身ともに人々は大きな打撃をうけたはずなのに、あいかわらず戦前から続く洋舞の技法を習得することに懸命であった洋舞界の趨勢に疑問を抱いたからにほかならなかった。この時期、土方は突発的な動きと、肉体の硬質なフォルムを強調することに夢中になっていた。当時、土方が重要だと思っていたことは、一素材としての肉体を再確認することだった。そのために通常は柔軟さが求められるダンスに対して、土方はあえて、曲がる関節を曲げずに棒のように硬直させ、オブジェのように不動であることも辞さないパフォーマンスを行うことによって、規制の社会常識にことごとく反発した。彼の意志表明が、そのまま六〇年代暗黒舞踏初期の「技法」のひとつとなったのである。慶人に手渡された不動と硬直の動きがこの「技法」だった。だから慶人は、自分は土方には振りつけられていない、といったのである。そしてこの後は、作品を作り上げるために「技術」が必要になるのだが、慶人は土方から受け継いだこうした「技法」にあくまでも拘り、育みながら、慶人自身の舞踏の「技術」を見出そうとしている。

一雄死去の後、慶人は一雄の名舞台《ラ・アルヘンチーナ頌》冒頭のシーンを自らディヴィーヌの扮装で踊るなど、一九六〇年代土方らと共演した作品について改めて自身の体で辿りなおすことを続けている。また一方では、洪水の後一兎の野兎をうたったランボーの詩にインスパイアーされた《ウサギのダンス》というソロも発表するなど、慶人の一連の活動は、土方から学んだ「技法」の検証と同時に、父一雄の舞踏との交点を見出そうとする試みとして極めて興味深い。つまり、「技法」が生まれた根拠へと全力で遡行することによって、慶人自身の「技術」を生成しようとしているのだと考えられるからである。

この「技法」を超えて、「技術」へと展開するためには想像力が必要である。伝統芸能とは違って、舞踏は踏襲すべき既存の技法が皆無な地点からスタートした表現である。（今ここではその一々を振り返らないが、）土方が一九六〇年代に実行した様々な試みの果てに、独自の「技法」を一九七〇年代半ばに考案し、意識的に残したものが「舞踏ノート」である。その一部は現在広く公開されているが、これらは舞踏の「技法」であって、「技術」ではない。いわば「技術」へと至るための手がかりとなる物の見方や、身体の気づき方のエッセンスが記録されたものだといえよう。土方はこうした「技法」の先に、暗黒舞踏を創造する「技術」を創り上げることに全力を注いだが、その死によって未完に終わってしまったのだ。

この舞踏の「技術」の模索は、舞踏の後継者達それぞれに託されているともいえるのだが、その多くが「技法」の習得にとどまっているように感じられる。「技法」の習得も大切である。しかし目的ではないということなのだ。伝統芸能では技法の体得は年齢を重ねるほどに深く豊かになるものなので、高齢の芸能者が見事な演技を見せる。演者の肉体が成長し、老成してゆくことと、その演者の芸の窮まりが理想的に重なってゆく。たとえ演者の動きが若者に比べて十分でないとしても、長年の修行によって培われた身体意識、身体統制力には動き一つ一つが意味の生成の磁場として観る者の想像力を掻き立てるのである。この芸道の極意を説いたものが世阿弥の『風姿花伝』である。つまり芸能者の身体の老成と、芸域の完成とが重なるのである。しかし、舞踏は伝統芸能ではない。舞踏は時間をかけて成長するようなものではない、「とても教えるなどという一方的なことはできない」と土方は明言している。では舞踏とはどのような踊りなのだろうか。

六　土方巽の「衰弱体」

大野父子に比べると土方巽は、早くから老人に興味を抱いていた。土方の自伝的ファンタジーともいうべき『病める舞姫』[16]の冒頭の段落には、「からだの無用さを知った老人の縮まりや気配りが、私のまわりを彷徨していた」という記述があるように、少年期に見た年寄りの描写が随所に見られる。その中でも老婆を描写した次の一節は出色である。

今、あの老婆はどんな地点にたどりついているのか、あれはもう人間というものではなくなっている、飛ばない一つの軽さのようなものではないか。弱くなった足が足を真似る際のふらつきや、ほどかれていく足に対する変な期待が、土手のあたりを歩いている老婆には見えていた。（中略）遠景の老婆は、そのとき、空気のなかでアアアアと叫んで溺れ死にするようによろめきながら、風に喰われた筏のようにすすすっと傾いていった。あれでは到底、起き上がれまい。（第一〇章より抜粋）

この描写はそのまま土方の弟子、芦川羊子が踊った《ハッチャキ婆》の踊りを彷彿とさせるに十分ではないか。遠くに見える老婆の姿はカラっと乾いた薄っぺらなもので、風に吹かれ流されているのか、歩いているのか分からないほど気ままに飄々と動いている。余計なものをそぎ落とした姿は「跳ばない一つの軽さ」のようだという。極めて抽象的だが、このような老婆の姿に寄せる土方の視線には、いとおしむかのような優しいまなざしが感じられる。では、土方にとって老いた体は、どのように捉えられていたのか、土方の「衰弱体」の意味について明らかにする必要があるだろう。

「衰弱体」とは土方が特に晩年、公の場で好んで用いた言葉で、暗黒舞踏の最重要語である。暗黒舞踏が誕生する源であり、最後に到達する身体《からだ》を示す言葉といってもよいだろう。「衰弱」という言葉はすでに『病める舞姫』（一九八三）の文中に現れていて、「引き抜かれた草のように衰弱している人の声は、さんざん蒸留器にかけられた後の熱い息だけになっているのだった」（第五章）など、衰弱という言葉は衰え弱ること、という一般的な意味でも使われている。しかし土方は衰弱に東洋的美意識が作り上げた「仙骨」の美を求めたわけでもない。古典芸能の老体とははっきりと区別して、次のように言っている。

> これは日本の古典伝統にある〈翁〉などのように脱水した、枯れとかわびとか言われる一種の身体を名指して言っているのではありません。そうではなくて、猛烈な衰弱体とでも言うべきものが私の舞踏の中には必要だったんです。（一九八五年、講演より）

暗黒舞踏の成り立ちに不可欠な言葉として明確にされたのは、一九八五年の舞踏フェスティバル前夜祭の土方の講演であった。講演には「衰弱体の採集」というタイトルがつけられていた。この中で土方は現代人の健康幻想を軽く批判したあと、「私は何か、柔らかすぎる生の寸法を測ってみた」と言って、『日本霊異記』から作者である薬師寺の僧、景戒の夢の挿話を引用した。

自分が死後、火葬にされる情景を見た景戒の夢の話である。思うように焼けない自分の身を、景戒は自分で串刺してひっくり返し、このようにすると良く焼けるのだと、人々に示した。そして、自分の身がすっかり焼け落ちた後、景戒はそばにいる人の耳に大声で遺言を言うが、死者の魂には声がないから、ちっとも声が届かなかったという話である。これはまさに臨死体験であり、景戒の人体離脱記と読めるのだが、土方はこの話について次のように言っている。

この景戒の書いてる文章がね、夢を見てる最中の話じゃなくて、夢から覚めて字にしたもので、こんなにさっさと書けるわけがない。私の風だるまは風に吹かれてこういうふうな坊さんの書いた、自分の骨の焼けてゆく思いを考えながら畷を歩いていくわけです。（土方 二〇〇五：一一一―一一二）

と、自分が死んで焼かれる場面を景戒自身が見ている、ということを強調している。そして、土方は景戒の火葬の話に、厳しい吹雪の夜に突然、家の板戸を開けて戸口に立つ「風だるま」の姿を重ねて、

その顔は何か、死んだ後の異界をのぞいて来た顔なんですね。お面みたいになってるわけです。生身の

身体でもないし、虚構を表現するために、物語を語るために、何かの役に扮しているのでもなくて、身体がその場で再生されて、生きた身体の中に棲んでしまった人なんです。（同前）

つまり自分の死んでいくところ、究極の私の姿を他ならぬ自分が見ていること、死と生が当人の中で同時に起こっている、このことがその人の現れを異様な姿にしている。土方自身によるこのような言葉から考えてみると、衰弱体とは、文字通り衰え弱った体、つまり病者や老衰した体を表しているのではなくて、すでに自分の体がすっかり見られてしまっている、その状態を何者かが自分の体に棲み込んでいるように体が意識されていること、そのような状態にある体を土方は「衰弱体」と称しているのだと思われる。視覚についで土方は「見ることが腐る地点からしか姿をあらわさぬもの」と書き残している。私達は「見ること」によって瞬時に多くのことを判断し、理解し、何らかの了解をしている。これに対して土方は視覚だけではなく、「舞踏という全感触の中でそれを記号として登録してゆく作業」によって、身体の再構成を試みたのである。このように自ら意図して急速に不全に陥る身体にとって、豊かな記憶を蓄えている老体は、動きの宝庫であり、幾重にも折りたたまれた大伽藍のようなものなのだ。（ここでは個人であることは求められていない。）

一九六〇年代の終わり頃にはまだ「衰弱体」という言葉は使われていなかったが、当時土方が語っていた「私は、私のなかにひとりの姉を住まわせている。私が舞踊作品を作るべく熱中するとき、私の体のなかの闇黒《やみ》をむしって、彼女はそれを必要以上に食べてしまうのだ。彼女が私の体の中で立ち上がると、私は思わず座り込んでしまう」という言葉には、「衰弱体」と同様の状態が考えられるのである。つまり、私の中からもう一つの視線が、他ならぬ自分自身を見ているという意識が、私がなにかしようとする傍から何者かが私をじっと見据えている。この視線によって私がこれから行おうとすることをことごとく既知のことのように意識させてしまう。すでに生きられてしまった、と感じた瞬間から私はもうその先には行けないといった挫折感、すでに放心してしまうような感覚に囚われてしまうのである。そしてこのような状態を意識するのは、なにも齢を重ねたり、病に倒れたりということに起因しているとは限らないのである。衰弱体を改めて再構成するような表現、そのために必要な状態を土方は「衰弱体」という前代未聞の「技術」と考えていたのではないだろうか。

土方が最晩年に出演した『1000年刻みの日時計』（小川伸介監督）に残された映像は、彼の最後の舞踏となってしまったのだが、この撮影の半年ほど前に土方が写真家の内藤正敏に次のように言ったという。「いま、人間が死んでいく姿をもう一人の自分が見ているような舞踏を考えている。これを『衰弱体』と名づけている」。さらに土方は「衰弱体」を考える参考にしたいので、修験道について内藤に教えを乞うた、という（山根 一九九三：二一七）。はっきりと「衰弱体」の意味を語っているが、これはまさに『日本霊異記』の景戒が語る体外離脱の話を即、連想させる。ここでは老いた体への言及はなく、老人の体と特定する表現も使われていない。衰弱は老衰ではないのだ。しかし先に引用した遠景の老婆のように、時に老人の姿に見事に衰弱体が完成を見せている場合もあるのだ。土方の最後の姿はこの『1000年刻みの日時計』の「与き」という男の姿として映像の中に残されている。土方自ら「衰弱体」となって踊った最後の暗黒舞踏である。しかし、「衰弱体」として「技術」を完成させる前に土方は他界した。そのため、「衰弱体」は課題として残されているのである。

おわりに

果たして「老い」と舞踏の接点はあったのだろうか。この問いに応えるために大野慶人のレクチャー・パフォーマンスを中心として、大野一雄と暗黒舞踏の土方巽の舞踏を参照しつつ考えてみた。土方の暗黒舞踏は戦後日本の現代舞踊のアヴァンギャルドとして登場したが、その後の展開には社会や舞踊界への批判的態度から、身体そのものを問いかける表現として、土方を思想の中心とする舞踏世界が形成された。その中で大野一雄、土方両者の強い影響のもとにあった大野慶人の現在を通して、舞踏と老いがどのように出会うのかについて考えてきた。伝統を否定したところから始まった舞踏という表現がすでに半世紀以上の歴史を持っているという事実は、現在の舞踏にさまざまな課題を浮上させている。現実に舞踏家の肉体が老いるという現実と、その後に続く世代の舞踏家達が先人の何を受け継ぐべきかという問題を考える時、「技法」と「技術」を明確にすることの必要を痛感する。舞踏は本来、技法の熟練のレベルで語られる表現ではない。課題とすべきは「技術」の実現可能性であり、その時、舞踏にとって「老い」は一つのレファレンスに過ぎないものとして了解されるのではないだろうか。

注

1 大野一雄（一九〇六年函館―二〇一〇年横浜）日本体育会体操学校卒業後、現代舞踊の江口隆哉に師事、戦争中は従軍し、一九四九年から舞踊界に復帰した。一九五四年のリサイタルを最後に、六〇年代は専ら暗黒舞踏の土方巽の作品に共演するも、六八年以後は舞台活動が少なくなったが、七七年《ラ・アルヘンチーナ頌》で舞台に復帰、以後、国内外で活動し、世界的な舞踏ブーム到来の端緒となった。一〇三歳で亡くなるまで、現役の舞踏家として活躍した。

2 土方巽（一九二八年秋田―一九八六年東京）暗黒舞踏の創始者。高校卒業後、秋田から上京し、モダンダンサーとして舞台に立つ。一九五九年《禁色》をきっかけとして現代舞踊界からドロップアウト、一九六〇年代は美術家とともに前衛的な舞台を発表した。一九七〇年代にはのちに世界的評価を得る舞踏作品を振付、演出する。主な作品に《四季のための二十七晩》《東北歌舞伎計画》など。主な著書に『病める舞姫』他。

3 國吉和子「暗黒舞踏成立前夜――戦後日本のモダンダンスと大野一雄」（岡本　二〇一二：七八―七九）。

4 ジャン・ジュネ『花のノートルダム』に登場する老いた男娼の名前。

5 曲はP・カザルス演奏による「鳥の歌」を使用。

6 初演は一九九八年シアターχ、大野慶人のソロ公演としては一九六九年以来の舞台。

7 当日、慶人が口頭で引用したこの箇所は、次のような原文からの引用がもとになっている。ニーチェ『ツァラトゥストラかく語りき』（竹山道雄訳、東京、新潮社　新潮文庫）より、「読むことと、書くこと」七四―七五頁。「いざ、立て、われらかの重圧の霊を殺してしまおうではないか！　われは歩行することを学んだ。これより後、われは馳ろう、と願う。われは飛翔することを学んだ。これより後、われは他より衝き出さるることなくして動きいださん、と願う。いまぞ、われは軽快である、いまぞ、われは飛翔する。（以下、略）」

8 郡司が残した言葉は、「イメージは聖徳太子像、朱（あか）色の腰巻き……仏から鬼へと変身。そして、「最後の」の語を挿入する」（初演時のパンフレットより）。

9 執筆にあたり記憶と当時のメモを確認するため、記録DVDを参照した。

10　「舞台練習のときは、まったくスムーズに即興で踊っていたのが、本番になったら、踊れなくなってしまって。動けなくなってしまって。(中略)僕はもう、大失敗したと思って、それで辞めるんですけどね。」(大野慶人 二〇一五：五六)
11　当時はハプニングとは呼ばずに、イベントと呼ばれていた美術家とのコラボレーションのこと。
12　「僕はですね、有り難いけど振付けられていないので、変えていけるわけですよ」と、他の土方の弟子との違いを語っている(大野慶人 二〇一五：八六)。
13　(同：八七) 引用箇所に続いて「わたくしが新作である限り、それを踊っていく。そうすると、土方巽の言葉がもっと新しく、今に生きてくる」と記している。
14　「大野一雄が死んで、自分の中で大きな変化があった」(同：八一)。
15　大野一雄がこの言葉をいつ頃から使っていたかについては、初出資料、年代ともに特定は難しい。
16　土方巽『病める舞姫』白水社、一九九三年。『新劇』連載は一九七七年から。

参考文献

大野一雄(一九八九)『御殿空を飛ぶ――大野一雄舞踏のことば』、思潮社
大野一雄舞踏研究所編(一九九七)『大野一雄――稽古の言葉』、フィルムアート社
大野慶人＋大野一雄舞踏研究所編(一九九九)『大野一雄――魂の糧』、フィルムアート社
大野慶人(二〇一五)『舞踏という生き方』、有限会社かんた
岡本章編(二〇一二)『大野一雄――舞踏と生命』、思潮社
郡司正勝(一九九一)『郡司正勝刪定集　三巻　幻容の道』、白水社
土方巽(二〇〇五)『土方巽全集Ⅱ』、種村季弘・鶴岡善久・元藤燁子編、河出書房新社
土方巽(一九八三)『病める舞姫』、白水社
山根貞男編(一九九三)『映画を穫る』、筑摩書房

図 11-1　上星川の稽古場で踊る大野慶人と大野一雄人形　写真：Naoto Iina.

番外編

第12章　旅立ちの日のための「音楽」（ダンスも含む）

外山紀久子

身体の内側を取り戻すということは一方で、身体にもともと備わった力でもある。それは身体の内側の、見えない踊り・祈り・歌といったものではないだろうか。（片山 二〇一〇：二三〇）

はじめに――老いと死、見えざるもの

《死を前にした生（Life before Death）》というシリーズがある。写真家ヴァルター・シェルス（Walter Schels）（および彼の伴侶でもあるジャーナリスト、ベアテ・ラコッタ（Beate Lakotta））がドイツ（ハンブルク、ベルリン）のホスピスで患者とその家族の了解のもとに撮影した、死に臨む前後のポートレート写真（『医学と芸術』二〇〇九）であり、その一部は固有名を伴った以下のようなテキストを添えてインターネット上に公開されている。「ハイナー・シュミッツ（Heiner Schmitz）。二〇〇三年一一月一九日に第一回撮影。二〇

〇三年一二月一四日逝去。最初の撮影のときシュミッツは、友だちが誰ひとりとして彼がどんな具合か尋ねない、彼らは怖がっていて、その話題を避けようとしているから、と言った。〈私はもうすぐ死ぬ！ ひとりでいる時は、ただそのことばかり考えている〉。彼らには友だちも親類もいますが、そういう人たちは次第に彼らから距離を置いてしまう、彼らが置かれている現実の状況に関わることを拒んでいるからです。そこで、見舞いに訪れては、彼らの愛する人がじきよくなるとか、もうすぐ家に帰れるとか、ほどなく仕事に復帰できるとか言う。死を間近に迎えている人々は私たちに、それが孤立感を抱かせるのみか、傷付けもすると言っていました。一番身近に感じていたい人々からつながりを断たれている、と感じる——なぜなら、彼らが死に瀕している、終わりは近いという事実を認めることをこれらの人々は拒否しているので」[1]。

死に赴く人々の孤立、彼らを送る側の人々の無力——二〇世紀に入り、医療化と衛生観念の進歩に伴って、死はタブー化し、隠蔽され、死に瀕する者がその主体であり続けることが不可能になった状況をフィリップ・アリエスは「倒立した死」と呼んだ。司祭が立ち会い、終油の秘跡を授けるといった公的行為、周囲の人々に別れを告げるといった、かつて長い間守られてきた死をめぐる作法、看取りの文化は、「包み隠し／虚言」（瀕死者は何も知らぬ状態に置かれねばならぬ、という新たな心理的プレッシャー）に取って代わられ、「瀕死者はついには何も言わないで旅立つようになった」（アリエス 一九九〇：五〇四）。葬送や喪の意味も極小化される。「社会は大政治家の死は除いて、死を追放した、もはや都市の中には、何かが行われたことを告げるものは何もない。黒色と銀色の昔の霊柩車は、車の洪水の中ではそれと気取られない普通のリムジンに変わってしまった。／社会はもはや中断を置かない。すなわち一個人が死んでも、それによって社会の連続性はもう損なわれない。都市では、誰ももはや死なないかのように一切が推移する」（同：五〇二）。

死の不可視化は、老いから死への移行プロセスそのものの不可視化、その社会的意義の喪失という事態と結びついている。「繁殖を終え、生きものとしての賞味期限が切れても、まだ何十年も生きるのは、人間とゴンドウクジラだけだそうです」（中村 二〇〇九：一二六）——とすると、老いはまさに特殊人間的な（&ゴンドウクジラ的な——サメもか？）ステージである。死への移行を自然に達成するための（自然死・大往生への）種子のようなもの——その発芽と生育の機会が不慮の事故や災害・宿痾によって失われてしまう場合に比して、本来老いの身体には最後の困難な仕事を果たす準備が培われているとも考えられるだろう。ところが、近代における聖と俗、この世とあの世の実体論的意味付の喪失とともに、死への過程の完了を妨げる過剰介入が横行する。「高度に発達したといわれる医学に対する過度の期待とその裏返しとしての、穏やかな〈自然死〉を目にする機会を失ったこと」（同：一二六—一二七）による弊害は多くの論者に共有されている。[2]「およそ今日ほど、老いや死についての感覚や観念や実感が不明となり、不確かになった時代はないであろう。ごく卑近な例をあげれば、私たちは人生上の重要な経験として、肉親の老いを見守り、老いとともに生き、またその死を見守り、その死体に触れるという機会を失いつつある。老いや死は養老院や病院や役所や葬儀産業によって管理され、老体や死体はすみやかに、そして清潔に処理される。病院（誕生）から墓場（死）までの、生体処理から死体処理の移行の管理システムはじつによくいきとどいている。こうして私たちは死者儀礼や通過儀礼の意味（観念）すらも見失う」（鎌田 一九八八：五五—五六）。[3]死に接している身体、のみならず広く「穢れ」の状態にあると眼差されてきた身体全般の不可視化とともに、フラットな生の蔓延する、影を喪失した真昼の世界に閉じ込められているかのような状況が固定して久しい。

このような老いと死の不可視化というコンテキストを踏まえて、本論では、いわゆる舞台芸術の資源としての「老い」の可能性、すなわちドラマトゥルギーや古典芸能の基本的な契機として語られる「老成」の問題ではなく、きわめて素朴に、素人の視点から、老いと死の問題を舞踊との関連のなかで考えることを試みる（人間国宝ではなく一般人の経過するものとしてのそれ――結果としてドラマトゥルギーにも絡んでくることを期待しつつ）。そのために、実践／臨床美学としてのタナトロジー（死生学）[4]の可能性を示唆する事例を渉猟する。舞踊（ダンス）・音楽という言葉も目一杯拡大解釈され、両者の関係の厳密な区別なく、時に競合し時に重なり合う双生児・姉妹のようなものとして用いられている。古代の「音楽」＝ムーシケーという概念が包含していた魂のケアや浄化としての哲学から宇宙論にまで及ぶ射程、そのような広範な射程を望見する場合には便宜上引用符付きで「音楽」と表記し、あえてそのようなアナクロな枠組みの内部で舞踊を語ることの意味を模索していく。

一　ミュージック・タナトロジー、ふたつの事例

先に触れたシェルスの《死を前にした生》は、死への恐れという彼自身の個人的課題の克服とともに、死へのプロセスを不可視化し疎外する現状に対する抵抗の試みとして評価されうる。他方、シェルスやラコッタが死にゆく当事者たちとどのような関わりを持っていた・いるのか――たとえばハナ・ウィルケー（Hannah Wilke）の《イントラ・ヴィーナス（Intra Venus）》シリーズ（1992–1993）のような、若い頃その美貌を恣にさらした自写像で知られた作家が、後年加齢と癌治療によって変化した自らの身体を被写体にした作品と比べると、やはり喉に突き刺さる小骨のような？曖昧さが残るのは否めない。カメラのフレームのなかで（その白黒の肖像写真としての美しさにもかかわらず、あるいはその美しさのゆえに一層）被写体の死は否応無く三人称の死に転化する。一人称／二人称としての死（その重さ、意味）について論ずることの本来的な難しさ、表象不可能な出来事を表象のフレーム内に収めて語ろうとする自分自身の立ち位置の曖昧さを改めて考えさせられるのである。

礫刑図から「日々の災厄」シリーズまで、死を主題とするアートには事欠かない——とは言え、自分やごく親しい人以外の第三者に起こった死ではなく観念のそれでもない死を主題化することはそもそも可能なのか。《ジェイムズ・リー・バイヤスの死（The Death of James Lee Byars）》（1994）は、タイトルが示すようにバイヤス（James Lee Byars）が自分自身に訪れる死に想いを巡らせたパフォーマンス（黄金のスーツを着て横たわり、「消えた」という）である。彼は早くから作品のタイトルに「死、幽霊、スピリット」を多用していたので（《ジェイムズ・リー・バイヤスの幽霊から電話です（This is a Call from the Ghost of James Lee Byars）》（1969）、《死の遊戯（The Play of Death）》（1979）、《完璧な死（The Perfect Death）》（1984）等々）、生涯を通して自分の死や「死後の生」を予感し、その秘教的な観念と戯れていたようにも見える。一人称の死はパフォーマンスの素材／モチーフとして正面から取り上げられ声高に語られることでむしろ巧妙にその表層へ留め置かれている。当事者性の有無という点でやはり微妙なのは、ビル・ヴィオラ（Bill Viola）の《過ぎ行くもの（The Passing）》（1991）だ。眠っては目覚め、（羊水のなかに抱かれているように？　無意識化の不透明な闇に浮き沈みしているように？）水中にたゆたうヴィオラの姿とともに、彼自身の母の臨終と息子の誕生が併置される。モノクロームの画面に浮かび上がる砂漠の景色や葬式の場面に挿まれ、「過ぎ行くもの」＝誕生と死のサイクルを旅するものの映像は強い印象を与え、作品としての完成度は疑いようもない。他方、極限的な状況における家族の身体を実録で撮影してヴィデオ映像に取り込むことに違和感が残る向きもあるかもしれない。母親の死＝二人称の死の作品化という侵犯行為に耐えるために、ヴィオラは半ば眠り半ば死んでいるような自らの姿をそこに並べたのだろうか。

このような事例が喚起する、一人称ないし二人称の死は芸術作品の内部に位置し得るのかどうかという問いに答えることは容易ではない。近代以降の自律的（ということになっている）芸術と、セラピーないしタナトロジーの機能を帯びた芸術との関係を問うことにも直結していく。宮島達夫の圧巻のインスタレーション、《メガ・デス（MEGA DEATH）》（1999）と個人の死に寄り添うホスピス・プロジェクト《浮遊する時（FLOATING TIME）》（1999）との間の距離をどのように考えるべきなのか。あるいは演劇やダンスなどの舞台芸術の場合は、老いの表象（演技）と現に老いつつあるパフォーマーの身体との錯綜をどのように捉えるべきか…。一九六〇～七〇年代のニューヨークに出現し日常的な身体を取り込んだポストモダンダンスは、同時期のミニマル・アートによる（純粋視覚の担体としての「観客」「観者」に代わる）「身体的主体」の発見とも連動し、抽象的・無時間的な、観念のなかの、他と代替可能な身体——舞台を構成する素材として磨かれ、加工され、ノイズを除かれた、永遠に若く美しい（という幻想を産出し続ける）身体——ではなく、個別具体的な「この」身体、この地上で重力の作用を絶えず受けながら、個々の生の不可逆的なプロセス(老・病・死)を辿りつつあるリアルな身体の受容に通ずる道筋を開いた。それは形を変えてピナ・バウシュのタンツテアターや大野一雄の舞台によってより端的に顕現してくる。とは言え、やはりアートのなかの死、とりわけ生身の人間を素材とする芸術のそれは、一人称・二人称の死の測り難い重量にどのように耐えうるのか、必ずしも定かではない。

以下に見ていく「ミュージック・タナトロジー(音楽死生学、あるいは音楽による看取り)」はいわゆるハイ・アートの文脈の「外部」に属する事例である。近代の自律的芸術観からすれば凡そ取るに足りない在野の素人芸術?——そもそも通常「芸術」のカテゴリーに分類されないかもしれない(「作品」は何も残らない)ものだが、シェルス同様、切迫した自らの死に瀕する人々、その彼らの文字通り「魂の脱皮の苦しみ」[5]と向き合うものである。

一九九〇年代初頭にアメリカでテレース・シュローダー＝シーカー(Therese Schroeder-Sheker)によって始められたプロジェクト(「魂の休息の杯」プロジェクト(Chalice of Repose Project))は、死を迎える人々の「身体的、精神的、霊的な苦痛」をハープと歌声によって緩和・解放することを目的とした奉仕活動、司牧活動だ。[6]学生時代、シュローダー＝シーカーはアルバイトで、コロラド州デンバーの老人施設の当直をしていた。ある晩、「神経質で気難しい」男性が「ひとり死に臨んで心身ともに苦しんで」いるのを見る。彼の魂の平安を祈って頭を抱き「慣れ親しんだグレゴリオ聖歌を歌ったところ、その男性は平安な表情になり、安らかに死へと旅立っていきました」。以来デンバーを中心にこの地区の大学と神学校で活動を始め、九〇年、モンタナ州ミゾーラ市にあるカトリック系の私立病院、聖パトリック病院に招聘され、ミュージック・タナトロジー学校（School of Music Thanatology）を創設、二〇〇二年にはジョン・ホプキンズ大学附属病院とも提携している。

日本では「パストラル・ハープ」／「リラ・プレカリア」（Lyra Precaria）（祈りのたて琴パストラル）として、シュローダー＝シーカーの学校で研修を積んで認定資格を授与されたアメリカ人宣教師キャロル・サック（Carol Sack）が同様の活動を行っている。[7]台東区の山谷地区にある「在宅ホスピスケア対応型集合住宅施設〈きぼうのいえ〉」を、二〇〇四年より週一回のペースで訪問し、またパストラル・ハープのボランティア養成講座を開いている。[8]その二〇曲ほどのレパートリーのみならず、ハーモニーやテンポ、構成、伴奏など組み合わせを変えることで、無限に展開する「薬となる音楽（prescriptive music）」が生み出される。他方、病の治療＝生の側に留まらせることを目的とする音楽療法、ミュージック・セラピーではないという主張も繰り返され、あくまで「死にゆく人の困難なこの世からあの世へ〈移行〉するトランジトゥースを助ける」ものであり「祈り」だという。したがって、根底には古今の宗教に通底する「不死性の形而上学」があり、「死をなんらかのかたちにおいて、人間の存在様式を転換させる最大の契機として捉え、その契機にある種の〈移行儀礼〉を施すことによって、人間を移ろいゆく〈俗〉なる生存様式から永遠の〈聖〉なる生存様式へと転入させようと努め」る試みとしても解釈される（福井 二〇〇六：二一）。[9]

彼女らの活動で注意を惹くのは、奏者から患者への一方向的な作用ではないという事態が強調されている点である。両者のコラボレーション、いや、むしろ徹底して患者が「リーダー、道案内、コンダクター」であって、通常の演奏会やコンサートのような一対多の、演奏者主導で聴衆に提供されるものと区別されている。「パストラル・ハープは、自己表現の手段ではありません。患者さんの状態を感じ取って音楽にする、まさに患者さんの音楽なのです」[10]。ただし患者が実際に指示をしたり、演奏に参加したりするのではなく、その「身体的・精神的・霊的状態」、その存在全体の「見極め」「見守り」「観察」が奏者を導く。そのために、まず「患者に意識があっても無くても」自己紹介し、「患者の脈や体温を計ったり、呼吸を数えたり」してから、「それからハープのところに座って静寂の中で始めます。静けさの中で患者に関して気がつくことをしっかり観察します。患者が目覚めているか眠っているか、意識があるか無いか等をみます。何か不安そうか安らかか、痛みが無いか、脈が速いか遅いか、といったこともみます」。「そして今患者さんを観察して、どんな音楽がこの患者にとって最も有益かを感じられるようになるまで待つのです。おそらく見守りの中で一番大切なことは、患者の呼吸のペースを知ることです。なぜなら音楽をその患者さんのペースにあわせるからです。こうして患者本人が音楽の道案内となるのです。…それから、四五分から一時間ほど、ハープと歌声、ハープのみ弾いたり、歌声だけ、あるときはハープと歌両方という、音楽の時間のところどころで、静かな沈黙をおいていくのですが、どんなときでも、瞬間、瞬間の患者の生理的変化に対応していくのです〔強調は筆者による〕」「私達は患者とともに居るこの時を、Vigilと呼びます。これはラテン語ですが英語の「be alert（よく見極める）」という意味のラテン語から来ています」[11]。

このVigilの際、特に重視されているのが「呼吸」「命のリズム」に合わせることである。「患者さんを観察する上でいちばん大切なのは、呼吸のペースを知ることです……私たちの命はさまざまなリズムで成り立っています。たとえば私たちの脈拍数、心拍数、呼吸パターン、これらはみな人それぞれ違っていて、その人特有のリズムがあるのです。私たちはこのリズムを尊重し、患者さんの呼吸のペースに合わせて音楽を奏でるのです」[12]。「観察」「見極め」「見守り」といった視覚ベースの表現が用いられているが、患者を前にして、呼吸のペース、「その人特有のリズム」に合わせ、「どんな音楽がこの患者にとって最も有益かを感じられるようになるまで待つ」「音楽の時間のところどころで、静かな沈黙をおいていく」というのは、医師が患者から距離を置いて診察する際の主体／客体関係とはかなり異なるだろう。インドの音楽家イズラト・イネーヤト・ハーンは音楽が「宇宙のすみずみにまで作用している法則の精密な縮図」であるという視点に立って、「脈拍、心臓の鼓動、呼吸のいずれもがリズムの働き」であり、「生命は肉体の全メカニズムのリズム作用に依存しています。気息が声、ことば、音として現れ、音は自分の中に外にと絶えず聴こえています」と述べている（ハーン 二〇一一：一六）[13]。パストラル・ハープでは奏者の側の呼吸についての言及はないが、患者の呼吸に現れている「生命のリズム、気息の音楽」に応答する音楽を追求している。そのような応答が可能だとすれば、患者の刻む「生命のリズム（という音楽）」と響き合い、共振する関係——呼吸への注視を通して一種の間身体的な共感・同期の時空＝パトスを共にしている状態——が成立しており、しかも奏者と患者はともにそこで鳴り響く同じ音楽を聴いている——「同じ音の場に同期しながら存在している」——のであって、それが奏者の側に「導かれる」「引っぱられる」、患者が中心となって奏でられる＝与えられる音楽という受動性（脱主体性）の実感を呼び起こしていると思われる[14]。

タナトロジー・アートの例として次に参照するのは野口晴哉とその系譜に連なる「整体」の思想と実践である。キリスト教系の典雅な奉仕活動と並べるのはいかにも無茶苦茶な飛躍だとは思うが、生命を(「同期型」コミュニケーションとしての)「音楽」の見地から語る言説がその根底にあること、個人という単位、自己と他者の区別が曖昧になる、脱主体化の作用が働く契機が「息」「呼吸」に認められていることに注目してパストラル・ハープと比較していく。

野口晴哉が開発した「愉気法」(「外気功」の一種)は、「人間の気が感応しあうということを利用して、お互いの体の動きを活発にする方法」と定義され、相手の身体に触れる場合もあれば、触れない場合もあるが、一種の「手当て」による療法である(「気」については次節で論じる)。「自分の気を相手におくるつもりで、気をこめて息をおくる。それだけである。静かな気、澄んだ気がよい。強くとも荒んだ気、乱れた気はいけない」(野口 二〇〇二：二九―三〇)。しかも、「必ず相手のどの部分に手が引かれるか、その押えている部分がどのように感じるか、その感じる部分を押えて愉気することが大事で、やることを相手の状態から出発させるのです。こちらの考えを押しつけるのではなくて、相手の中から取り出していくというやり方が必要でありますよ」(永沢 二〇〇八：三二―三三に引用)。相手の状態をつぶさに観察し、相手の呼吸のペースに合わせ、その刻一刻と変化する様子に応じて演奏するパストラル・ハープに通ずる、受信的、共感的態度が、愉気法の要としても求められている。

整体の実践者であり理論家、野口の思想にも多くを負っているという片山洋次郎によれば、医療技術が外部から変更を与えるのに対し、整体は身体の内側からのより良い反応と変化を誘発する。そこでは、「〈見る〉というより〈聞く〉という感覚に近い。身体の内側の響きを聞くという感覚である。そして耳で聞くというよりは、〈全身で聞く〉という感覚である。」「別のいい方をすれば、全身で共感し共鳴するということである。身体を楽器とする音楽的セッションのようなものと言い得るかもしれない。うまくいけば互いに〈良い響き〉を引き出すことが出来る訳である」（片山 二〇一〇：一一—一二）[15]。相手の呼吸に合わせ、その生命のリズムに感応し同調することで、双方向的に作用するコラボレーション、「レゾナンス」の空間が成立する（「互いの気の空間を一つにして共有する」片山 二〇〇六：二六五）という。

繊細な観察・信仰に基づく祈りの心を前提とするパストラルに対し、野口整体では「青空のような心」「天心」が求められる。「秋の空の晴れわたっているように、雲がなくなると空は蒼い。心の中の雑念がカラッとなくなると天心があらわれます。天心であれば気は感じ合います。だから誰でも心を静め、浮かんでくる雑念がおさまってくると気を感じます」（野口 二〇〇二：三〇）。片山は共鳴状態（気の交流状態）が成立する条件を以下のように記述する。「意識の集中の仕方としては、ジッと見つめる感じというよりはボーッと見る感じ。眼の集中というよりは耳の集中という感じ。全身で周囲の気配を感じとる〔強調は筆者〕」「音楽を聞くときの感じで言えば、音楽を対面的に聞くというより、音楽の中に入り込む感じ。意識としては無心の状態になっているのがよい」（片山 二〇〇六：二六五）。総じて、深くリラックスして全方位的に開かれ、特定の想念に捉われていない「無心」「虚心」、脱力と集中の共存する瞑想に近い状態が示唆されている。

整体はいわゆる自然治癒力を引き出す技法として、一般に終末期の患者以外にも広く適用され、諸々の不調に対処する代替療法、治療、セラピーの役割を担うものである。その場合病は治すべきもの、克服されるべきもの、となる。他方、片山らが指摘し、『風邪の効用』といった野口自身の著書のタイトルが示すように、気の交流／共鳴に基づく野口整体の場合、些か異なる病気・健康観が語られる。その根本は「非治療的発想の整体」であり、野口自身は生来ほとんど超能力的なカリスマがあって無理にも治せる人だったにも関わらず、ある時点で「治療を捨てた」ということがターニング・ポイントになったという。そのとき病気は治療すべき逸脱というより、その人の生きることの中で一つの経過にすぎないものとなる。「愉気法」と並んで、バランスの偏りや崩れを自動修正する身体の無意識的自動的な動きとされる「活元運動」（＝自発動功、霊動の一種とも言われる）に導入する方法を開発し、さらには、「苦しまないで死にたい」「楽に死にたい」「人相のいい顔で死にたい」という人々の思いに応えて、死へのプロセスがより安らかに進むのを援助する「鳩尾への愉気」を教授した。「生ききった者にだけ安らかな死がある」というその「全生」の思想には、したがって、セラピーというよりやはりもうひとつの（ミュージック・）タナトロジーの実践という側面が認められるのである。[16]「外側から見て、死期の近いひとや、重症のひとはかえって〈より良く生きている〉あるいは〈生きることに集中している〉のであり、ほとんどの場合、悪い気分を感じるというよりもある種のさわやかさすら感じる。生死の境にはある種の非常にバランスの良い状態がある。それは多分、死ぬということのためには、良く生きる必要があるからだろう」（片山 二〇一〇：一一二）。

二 「気」とダンス、踊る主体は誰か

生から死への移行――このプロセス自体が妨げられ、不可視化される趨勢のなかで（パストラル・ハープおよび整体による）「ミュージック・タナトロジー」はその完了を守るための非侵襲的な介入の「アート」なのだと考えられる。そこでは呼吸や息、奏者（施術者）・患者との間の同期的コミュニケーションが重視され、自他・内外の区別を越えて他なるもの、外部へ開かれていく主体の在り方が示唆されていた。

既に見てきたように整体の思想・言説には「気」という言葉が頻繁に登場し、時には「息」とも言い換えられている。「気をおくる」「気をこめて息をおくる」。パストラル・ハープでも、「息＝（プネウマ＝スピリトゥス＝）気」の概念上の連鎖に触れられている。「ヘブル語で〈スピリチュアリティ（霊）〉を指す言葉、*ruach* は、〈息〉もしくは〈風〉を意味します、ギリシャ語の *pneuma* も同じですね。ですから患者さんの呼吸に注意を向けるとき、またそのようにして彼らのかけがえのない存在に敬意を払うとき、私たちは文字通り霊的な（スピリチュアリティの）実践をしているのだと私は信じています」[17]。息は単なる生理活動、身体の活動ではなく、「霊」「風」「魂」を表し、神の息吹によって生かされていること（また時が来れば「神の国」へ召されるべき存在であること）の証し、此岸と彼岸の間を旅する霊的存在に向き合っていることを教えるものとなる。小川侃によれば、「プネウマ」（息、呼気、吸気、風、霊……）に相当するのが古代中国および日本における「気」の概念であり、それは「人間の身体に宿る活力、力、精神力であるとともに、世界もし

くは天地の間に充ちる力である」（小川 二〇〇〇：三―五）。一方では感性的・可感的な現象（霞、霧、風、水蒸気等の自然現象／雰囲気、空気といった心理現象／呼吸・息）として経験的にアクセスできるが、他方では「一気」（朱子）、万物の始原、宇宙の根本原理といった抽象的・形而上学的概念として展開してきた。とは言え「つねに人間存在の身体性とともに与えられている」（同：七）――その基点はやはり息・呼吸であり、風・大気といった体感される現象に根差していると指摘する。

比較宗教学の見地から野口晴哉の整体思想を精査している永沢哲は、「気」「プネウマ」とそれに準ずる微細エネルギー（「バイオ・コスミック・エネルギー」）について古代医学の展開と関連させて論じている。そこでは「生きものの物質的な身体の構造や機能に関する知識と、生命を支える微細なエネルギーについての知識」の二種類が区別され、「生命には、解剖学的な構造や目に見える物質的な形とは別の、微細なエネルギーからなる身体のようなものがある」という認識が共有されていたと述べる。[18] この「微細なエネルギーの身体」は、西洋近代医学や科学主義の台頭によって周辺に押しやられつつ、鍼灸や整体、気功といった代替医療的実践のなかに生き延びて開放系（open system）としての身体観・生命観を提起する。湯浅泰雄の詳細な分析が示すように、東洋医学ではいわゆる「経絡系のシステム」＝解剖学的に認知できる「客観的身体」には属さず、「生体にのみ見出される独特なエネルギー回路」として「気」の回路が考えられ、修行や武術／瞑想の訓練のなかでも重要視されている。[19] しかもそれは単に一定の実効性を持ったオルタナ系の身体観というに留まらず、「近代的な物心二分法とは原理的にちがった世界観・人間観」を示唆するものである。「哲学の歴史では、昔から、人間は一つの小宇宙《ミクロコスモス》であって、大宇宙《マクロコスモス》と精神的に対応した存在であるとみなされてきた。西洋でも古代ギリシアや近代のライプニッツなどにその例がみられる。近代科学は、そのような人間観と世界観を否定したのであるが、瞑想法と東洋医学の身体観は、このような古い考え方に対して現代的観点から再評価するための端緒を与えるものではないかと思われる。」「……もし気という生命エネルギーが何らかの形で存在するとすれば、小宇宙と大宇宙の間には気エネルギーによる（無意識的で心的な）交流があり、気にみちみちた自然界は単なる物質界ではなく、生ける生命的自然の秩序としてとらえられるであろう」（湯浅 一九八六：一五七―一五八）[20]。

この「古い考え方」の再評価という点で、久山雄甫は同様に「気／プネウマ」（およびそれに相当する諸概念）が近代的な主体・身体観に代わる視座を提供しうるという事態に注目し、それが（修行や武術のみならず）踊る身体にとって決定的に重要な意味を有する点に論及する。「身体の外側にあるもの」「身体の内側にあるもの」に通有する「気」の思想は、「身体を〈皮膚で覆われた閉鎖系のユニット〉としては理解せず、環境世界へとひらかれていく開放系として考える」。したがって、人間は個人という明確な単位に分かれず、身体とその環境、「内なる自然」＝ミクロコスモスと「外の自然」＝マクロコスモスは互いに切り離せない。「辺りの気（外気）によって自らの体内を流れる気（内気）が変化するプロセス全体は〈気の感応〉として、身体の内外をことさら区別することのない身体観・宇宙観のなかで整合的に理解されていたのである」（久山 二〇一五：五〇）。そのようなものとして「気」は「〈私〉ではない主体」を含意し、「自我意識」の直接的なコントロールの埒外にある（同：四九、五一）。久山は、クライストの特異な身体論「マリオネット劇場について」（1810）の批判的読解のなかで、「意識の所属先が物的な個である」「意識とは自己反省的な〈私〉

の意識である」（同：四八）という主体観に対し、ダンスの場合には「反省的意識をもつ人間主体が身体を客体として支配・操作する」という枠組みが成り立たないと主張する。「単純な主客のシェーマが通用しないとき、それでも踊っている〈主体〉について語りうるとすれば、その〈主体〉とはどのようなものか」――この問いに対して、「理性の他者」である「気」を「自我意識」とは異なるある種の「意識」（〈身体意識〉や〈生命意識〉や〈自覚されない意識〉の一種）として想定する可能性を提起し、「主体と身体をめぐる一元的な近代的言説」の相対化を視野に置いている（同：五〇、六〇―六一）。

理性的自己（「自我意識」）の支配・制御の及ばないものが「主体」になる。あるいは、（通常の意味での）主体の位置に留まることが不可能となり、「脱主体化」作用が生起する。このような事態は、たしかに、「踊る身体」の成立（ダンスは、踊っていると言い得る身体は、いつ、どのように、到来するのかという問題）の根幹に関わるものと思われる。踊ることは、自ら動く／動かすことに終始するのではなく、少なくともどこかの時点で（自分ではない他なるもの――「理性の他者」――に）動かされているというオートマティスム的な瞬間ないし段階を含む。コンタクト・インプロヴィゼーション［C. I.］に関する福本まあやの見解を参照しよう。「ダンスには様々な即興の方法があるが、一般的にその活動は主体的で自己の内面を外側に向かって表現する活動と捉えられている。しかしC. I. においては、動きは他者と自分と物理的な力との合力によって動かされた産物として見ることができ、主体的であることよりは合力に主体を譲る委任の態度が強調され、自然発生性という受容的な側面が強調されている」（福本 二〇〇六）。コントロールの主体であろうとするより、それを明け渡して流れのなかに同調・一体化する。これは合気道を軸としたスティーヴ・パクストンのコンタクト・インプロヴィゼーションのみが例外的ケースなのではない。「自らを虚ろにし、ダンスが入ってくるのを待つ」(デボラ・ヘイ)、「ダンスは来るものであって踊るものではない」(黒澤美香)といった舞踊家たちの証言の示す通り、ある種の脱自——分析的／理性的な意識によるコントロール、自他／内と外の明確な区別から離れ、非自己同一的受動的な在り方が求められるということ——アメノウズメノミコトの「神懸かり」ダンスやバリ島のサンギャン・ドゥダリのようなトランス・ダンスに限らず、「作為から離れ」、身体感覚(体性感覚)に集中する(「無心に向う」)ことで「なすべきことがあちら側からやってきて、それをそのまま受け入れる身体になる」という世阿弥の教えにも、土方巽の衰弱体(「自己というものが統一のとれた秩序だったものではなく、自分以外の人格やものによって、すでに浸潤され壊されていること」)の思想が示す、憑依的身体にも通底するものではないかと思われる。[21] 踊ることは、自己解体の危険を冒しても日常性の澱の底から別の層の大気のなかに生まれ出ようとする生命の跳躍なのだ。とすると、ダンスが「来る」ためには、患者の呼吸のリズムに共振して音楽に導かれるパストラル・ハープや被施術者との間身体的同調に基づく「愉気」の場合と同様に、「気」(自己と世界の間を還流する微細エネルギー)を介した非意志的ないし非意識的主体の様態への転換(脱主体化)を要求するという仮定が成り立つだろう。物質としての客観的身体が後景に退き、「微細エネルギーの身体」が浮上する、と言い換えてもいい。

しかも——この点はなお議論の余地が大きいと思われるが——その脱主体化による「ダンス状態」は、必ずしも長年修行を積んだ特権的な身体や特殊な文化的背景のなかで注意深く伝承されてきた「憑依的」(「神懸かり」「シャーマン的」)身体に限らず、一定の条件さえ整えば実は誰にでも接近可能な状態なのではないか。アナ・ハルプリンが同年代の老人たちと行ったワークショップ《ロックするシニアたち(Seniors Rocking)》(2005)[22]、そのワークショップの成果を示す戸外でのパフォーマンスを例に引こう。サンフランシスコ郊外サン・ラフィエル公園で、湖の畔に五〇脚の揺り椅子が置かれ、参加者たちが腰を下ろしている。ハルプリンは「息(breath)」「鼓動(pulse)」「背骨(spine)」に注意を喚起する。呼吸とともに周囲の自然(「目に入るもの全て」)を取り込み、身体の鼓動に加えて足裏や揺り椅子の振動を通して「大地を感じる」。背骨を軸とする動きのセンセーション(自己受容感覚)に自己を委ねることで自ずと呼び起こされる情動(emotion)を味わう。「〈あの音が聞こえる?〉と彼女は聞く、鳥の群れが湖を横切って飛び、素早い翼の音を立てている。〈草の匂いがするのがわかる?〉そして、〈もし何でも特別なものを見たら、それを他の人にも見えるようにして、それを指さして〉。すぐに腕があちらこちらに伸ばされて、眼がその先に従う。両手が上に上がる、〈見てきたものすべてを息とともに吸い込みながら〉、そして下がる、〈全てを吐き出し、去らせて〉。一〇〇の手首が揺すられ、遠くでさえずる鳥達と混ざり合い、手のひらは羽根を真似る」(Wittman 2015: 54–55)[23]。呼吸という内と外をつなぐ動きが、周囲の空間に存在する種々のエネルギー体(動物、トリ、大地、岩、波、風……)に同調し一体化するツールとして捉え返され、「内なる自然」と外の世界の自然との感応のなかで「なすべきことがあちら側からやってきて、それをそのまま受け入れる」状態に参加者一人一人が導かれている。物質としての身体から「微細エネルギーの身体」へのモード転換は、舞踊が成立するための(踊っているという状態が成り立つための)基本的な前提だと言い得るとすれば、彼女らはいかに素朴ではあってもそのような舞踊の核心部に接しているのではないか。

三　老いの身体とダンス

言うまでもなく、老いた身体の可動性のレベルは若い時と比べようもない。しかしながら身体の自由を制限され、動きの意識的主体に留まることを放棄せざるをえない状況の受容が、却って一層鮮明にダンスのはじまりの地点を指し示しているように見える場合もある。[24] いや、老人の身体はむしろ有利か？　ふつうは生のピーク・パワーの発現として若者の性愛的身体が圧倒的に優位を占める活動でありながら、ピークを降りて久しい老いの身体、老いにおいて見出される生のモードが舞踊の要諦を宿しているのだとすれば。

今でも私たちは老いと死をもっぱらマイナスと受け取る社会・文化・時代に生きている。アンチ・エイジングの最先端医療は長足の進歩を遂げ、男はいつまでも「現役」、女はいつまでも「美魔女」でいることが称揚されている。まず対他身体（外見）の点で、若年志向には抗いようがない（この点は男女でスタンダードが異なる）。高齢者の人口比率がこれほど多い超高齢化社会であっても、メディアのなかに大量に流通し現実の代理表象として現実を隠蔽する「スペクタクル」の中心を占めるのは相変わらず（いや、デジタル加工で一層）ツルピカの若い男女であり、高齢者は周辺に押しやられている。次いで、対自身体（機能）の面では、全般的な劣化、弱体化、それに応じた運動能力の低下・衰えが否めない。感覚器官（目、耳、歯、嗅覚、味覚、皮膚感覚等々）の衰えもこれに加わる。老いを生きる身体は、諸々のマイナス要因（老化のみならず、病気、疲労、衰弱、怪我等）によって劣化し、痛みや不具合・不自由に耐えている――身体のままならなさが日常化した／しつつある状態である。もはや「向日性」ではなく、むしろ大地に近いところに留まる。低さ、遅さ、弱さ、不安定さ。モビリティや心身の柔軟性の低下に連動する「大地」（故郷、ホーム、生活の場）との一体化——そこから切断されることが十分致死的になりうるのは原発事故後に思い知らされた通りである。

かくして老人は（ここまで高齢化が進む日本のような場所でも、またどれほど経験の蓄積や「老成」が讃えられても）、「弱い主体」の典型だ。生産&再生産活動からリタイアし、社会の中心から脱落したことで、モダンの普遍的標準的主体モデルの偏り（虚構／限界／抑圧）を示す「他者」であり続けている。他方、周縁に押しやられた者には中心からは見えない風景が見えるのもまた確かではないか。「中心から周辺へ」の追放は条件次第でプラスに転じうる。鎌田東二は老人と子どもの「境界性」・周縁性に着目し、「性と労働という人間生活における二つの基本的な生産行為から疎遠で、自由な位置にいる」「〈近代の線型思考と連動している〉時計時間に属さない」というその特性ゆえに「老年期と幼年期とは、人生における古代なのである」と述べる。「有用性や使用価値や能率性に汚染されない神話的時間、循環的無時間性が老人身体や子ども身体に宿っているのではあるまいか」（鎌田　一九八八：二八、七一）。古代、中世の日本では、老人と子どもは「社会的に、完全に無能力」であるが、同時に、むしろそれゆえに、「象徴的には神に近いものと考えられてきた」（同：一七三）。「成人化した男女が聖なる霊界に近づくためには、〈物忌み〉という〈隔離され疎外された非日常性（＝聖）〉を手段化しなければならぬのに比べて、〈翁童〉は、〈物忌み〉が日常態となった存在である。したがって彼らは世俗原理から超出した〈聖性を刻印された者〉となる」（同：五五三）。老いのvirtusについてのスペキュレーションの可能性が開けてくるのは、何よりこの「中心からの追放」が「解放」でもあるという二重性の構図に拠るのではないか。佐藤眞一によればL・トーンスタムは「高齢になると思考が内面化し、社会関係から自由になり、自己概念が変容してそれまでの自己を超越するような人々がいる」ことを指摘し、それを「老年的超越（gero-transcendence）」と名付けた。「過去・現在・未来の区別の意味が薄れて渾然一体となるため、先祖とのつながりを強く感じたり、人類や宇宙との一体感が高まって生命の神秘や宇宙の意志を感じたりするようになり、生死の区別もその重要性は低減するため死への恐怖も払拭されるという意味で、宇宙的意識を獲得する」（佐藤ほか 二〇一四：二一二）。

特定の場所や「ホーム」との絆を持たずに自由に移動する（ハイブリッドなディアスポラ）、大脳が肥大化し、大地と切断された高速多機能身体（サイボーグ身体）が「中心」を占めているとしたら、そのような場所からの脱落・追放（&宇宙への解放）はむしろ楽しくも喜ばしい（子ども時代の享楽へ還る！）――それもあくまで条件次第ではあるにせよ。[25] 老衰劣弱身体を生きるマージナルな時空では、中心世界からドロップアウトし、スローダウンし、ゆっくり時間をかけることが許容される。効率性・目的志向の支配するテクノロジー社会のなかで絶えず生起している「先へ先へ走らせ、追い立てる強制力」（古東 二〇一一：三五）の勢いから振り落とされ、マージン／僻地（もしくは瞑想センターのような贅沢なリトリート）においてしか見出されることのなくなった「存在の地」を味わう余地が与えられている。

さらに大風呂敷を広げれば、国民国家の成立および産業資本主義の展開に伴って加速した身体の管理・標準化・規格化――子どもの「御しがたい」「まつろわぬ」身体を「大人しい」「役に立つ」社会の成員（兵士や企業労働者）としての「従順な」身体へと作り替えていくシステム、その効果が解け、「緩む」段階、もはやどうにも有効に機能しない段階への突入と言い換えてもよい。鶴見済がフーコー（のみならず、学校と刑務所双方での自分の経験）に基づいて「ドリル」（規律・訓練＝「一言で言えば、〈体をビシッとさせること〉で躾けて、おとなしくさせる技術」）と呼んで活写し（鶴見 一九九八：五二）、チェコの美術家エヴァ・コタッコーヴァ（Eva Kotátková）の二〇一三年のベニス・ビエンナーレ出品作、子どもたちの教室に拷問部屋のイメージを重ねる《再教育マシーン（Re-education Machine）》（2011）で視覚化されてもいた、学校、監獄、軍隊、病院、収容所等の近代の隔離施設での身体加工システム。そこからの脱出――「常識・良識的な身体のコードから自分を逸脱させること」「メジャーな権力による家畜化に抗い、自分の身体のイニシアチブを奪取すること」（千葉 二〇一二：二〇七―二〇八）――を求めるときに、そのための道筋は、レイヴでのダンスだったり（鶴見 一九九八）、薬物やサイボーグ機器だったり（千葉 二〇一二）、柔道・キックボクシング・古武術・韓氏意拳等々の「生に徹すること」としての武道遍歴だったり（尹 二〇一四：五五）、あるいはハルプリンに連なるソーマティクスだったりと、多様でありうる。「物忌み」による非日常性へのシフトもそのひとつかもしれない。他方、そのような「自分の身体をハッキングする手段」にあえて訴えなくとも、老化によって私たちは自ずと「安定的に労働し再生産する〈人口〉」からめでたく下りることになる（監獄社会の「ドリル天国」のなかで、鶴見によれば、「人は〈子ども・老人→女性→男性〉という順に自然から離れていく。これはそのまま、ドリルにはまっている順番だ。そこでは頭でわかる快感がすべてで、体で感じる気持ちよさなどはほとんど無視される」（鶴見 一九九八：五三））。ドリル外しは「子ども・老人」にはまだ／もう必要ない？。とすると、生死の境界／社会のマージンに位置することは、そのままで「カウンター生政治」の過激なスタンスとなりうるだろう。

もっとも、老いの身体は「自分の身体のイニシアチブを奪取する」「ハッキングする」という勇ましい脱植民地化宣言からもっとも遠いもののように見えるのも確かだ。「自分の身体」は否応なく漸次意識にとっての他者、コントロール不能の状態に接近していくのだから。主体的・意志的に「奪取する」のではなく、むしろ自動的にそうなる（他に選択肢はない）。意識にとって不透明な物質としての重さ、嵩、ままならなさの度合いが増加し、「ドリル」の加工に抗う耐性も増していく。にもかかわらず――あるいはむしろ、衰え、ままならない身体だからこそか――かつて老いの身体には、ある種の寿ぎ、めでたさの感覚とでも言うべきものが認められる場合もあった。人の一生を、弧を描いて上昇し、中点を経てやがて沈んでいく太陽の軌跡のようにイメージするなら、誕生（日の出）から死（日の入り）まで、その前のどこかで断ち切られることなく他界へ没する日を迎えることができる長寿の証として老いは寿ぐべき事態だった[26]。

本論では「気」という概念が示唆する近代的主体観の相対化によって、意識（自我意識ないし理性的自己・表象主体としての「私」）にとって他者として働くその作用に注目し、踊る身体の非自己同一的非意志的な脱主体化の契機を気＝微細エネルギーの身体から捉えようとした[27]。最後にもう一人の重要な気の思想家、野口三千三による「原初生命体感覚」を経由して、その試みを半歩でも先に進めたい。野口はその徹底した一人称身体への内省に基づいて息・生・命の連続性、不可分性とともに「非意識主体説」を展開し、生きている全体のなかでの自分の在り方を示しているのは「地球上に最初の生命が発生した状態」（「未分化なひとつの全体」）だと主張する（野口 二〇〇三：一〇三、三三）。「こころの主体は意識ではなく、非意識の自己の総体である。意識・意志……は、その非意識の創り出した道具であり機械である」「私は、意識的自己というものは、生きものにとってむしろ特殊な存在状態であって、非意識的自己とは、その特殊な意識的自己という状態を除いたきわめて広いすべてを含んだもので、〔無意識・下意識・前意識・潜在意識・深層心理等の意識中心の用語が示すように〕特別に下とか前とか深いところとかに限定されるものではなく、自分という存在状態にとって、いつでもどこでも遍満して在るというべきものだと考えている。意識はこの非意識的自己が必要とするとき、いつでもみずからの力により、みずからの中に創り出し、必要がなくなった時には再び非意識的自己の総体の中に吸収されるもので、意識は非意識的自己のひとつの存在様式と考えるべきだと思う。（同：五〇―五一）。

「非意識」は「気」＝「からだ」「こころ」「人間の原初存在」とも言い換えられ、そのときの「原初」の意味は時間的ないし空間的特異点を示すものではなく、「自己や時間・空間を越えて、宇宙に遍満しているというような感じがする」（同：三五、五二）。「そして、人間という生きものは、目覚めている時間が、意識が働いている時間が多すぎるようになってしまった生きものではないのか。生きものとして変態的な異常な生き方になってしまったのではないか。眠っている時間を、意識が働かないでいられる時間を、もっと多くもつべき方向へ転換すべき時期に来ているのではないのか……、そんなふうに考えるのである」（同：五一）。

非意識こそ主であり意識はそのつど一時的な突出にすぎず、「眠りの状態が生きものの基本状態である」。このようなラディカルな生命観に依拠するなら、老いや不慮の事故・病気によって「寝たきり」の社会的弱者／マージン居住者の生は、毎日の高速回転によって摩耗しきった（「意識が働いている時間が多すぎるようになってしまった」）一般人／センター居住者の生から失われている非意識的主体＝「生きものの基本状態」に近いところに戻っていると言えるのかもしれない。「眠っている／意識が働かないでいられる時間」をふんだんに恵まれた（人間以外の）動物の生、さらには大地に根を張って安らいでいる植物の生とでもいうべきものに接近し、ビオスよりもゾーエーの深みに降りている状態。先に触れた「老年的超越」も「身体的能力の多くを喪失し、自立性を失いつつある超高齢期」に最も訪れやすいと考えられている（佐藤など二〇一四：二一二）。整体の観点からすれば、「老化は省エネ型」＝エネルギーがなくなっていく分、バランスが崩れにくくなるという面があるという（死が近づくほど気の流れはいい（！）とさえ）。「とくに八十歳以上の人の体は気が通りやすい。老人と赤ちゃんが一番素直で、気を通す側としては楽で気持ちが良いのです」（片山二〇〇六：一〇八―一〇九）[28]。眠っている、意識もない、死の間際の身体が、パストラル奏者の音楽を導くと言い得るのだとしたら、まさに患者もともに踊って（歌って）いるからではないか――息＝プネウマ＝気が媒介する共振の場で、限定された小さな弱々しい動き、時にはただじっと横たわって呼吸しているだけ、いのちの純粋な流れ、宇宙とのハルモニアの回復をただゆったり味わっているだけのダンス。気の身体論は旅立ち前の老いの身体がそのままダンスの究極の姿に転ずる微かな道筋を指し示している。

おわりに――自己解放（脱植民地化×「和」あるいは祈り）

気の身体論においては、解剖学の対象となるような物質としての「客観的身体」とは別に、それに重なるもう一つの身体があり、（「気」「プネウマ」等々と呼ばれる）微細な生命エネルギーが流れる回路がそなわっている。内と外の区別が曖昧な、内と外がそのエネルギーの循環によって相互に開かれている「開放系」の身体である。そのエネルギーは「万物の始原、宇宙の根本原理」「あらゆる生成と運動の原因」であり、それを介して小宇宙（人間）と大宇宙は照応関係にある。通常の五感によっては捉えることができない（し、いわゆる科学的再現性もない）が、ある種の意識状態で経験され実感されるものと信じられ、「〈私〉ではない主体」、自我意識・理性的主体としての自我の「他者」として捉えられる存在様態に導くものでもある。「気の感応」として語られてきた間身体的な作用は、整体のみならず、「患者に導かれる」パルトラル・ハープの同期的コミュニケーションにも関与していると考えられる。ダンスの場合も、ダンスの場合こそ、「気」の身体、「〈私〉ではない主体」が求められ、老いによる「非意識的主体／生きものの基本状態」への帰還はそのプロトタイプを示唆する。

最後に、観客の視点から以上のような老いの身体が舞台に上がるときに何がおこっているのか、おこりうるのかについての早口な覚書き。

エリカ・フィッシャー＝リヒテは、パフォーマンスにおいて動物が登場する際、その「操作不可能性」「制御不能性」のゆえに強い意味での「現前」が舞台を支配すると主張する。「根源的な」「神秘的な」「計算不能な」自然の登場、「見通しの出来ない何かが起こる可能性」、「虚構へのリアル」「秩序への偶然」「文化への自然」の侵入——人間的秩序が自然の脅威に出会う時と相似した、演出によるコントロールの臨界点を画するものである。「動物（コヨーテ（ボイス）やニシキヘビ（アボラモヴィッチ）のみならず、家畜やドレスアップしたプードルさえ含まれる」が舞台に現れると、それは暴風雨や洪水に似て、ある危機的な瞬間が呼び起こされる。そこではすべてが疑問に付され、人間的な秩序が自然の脅威にさらされそうになる。もちろんそのような瞬間は、暴風雨や洪水とは異なっている。人間的秩序が壊されるという期待、つまり動物が演出を無力にするという期待は、すべてが計画的に進んでほしいという希望よりも遥かにおもしろく見える。動物の登場は、演出を吹き飛ばしかねない破壊的な瞬間を組み込むことになるのだが、しかしそれは観客には非常な魅力を用意するのである」(フィッシャー＝リヒテ 二〇〇九：一五八)。その魅力は、コントロール不能の他者の現前によって、観客もまたいくばくか自分が壊される感覚に晒されるということにも由来するのではないか。このような「制御不可能性」の横溢する動物身体の現前の力を、舞台の上でのシニアの人々の身体のそれに引き比べて語ることは許されるだろうか、と考え始めたところである。老人、小さい子ども、さらに、ハンディキャップを負った「規格外」の身体が舞台上に登場する場合、動物と同じく、「自然的な身体」が「社会的身体」を(ゾーエーがビオスを)凌駕する瞬間――「根源的な」「神秘的な」「計算不能な」自然の侵入する瞬間があり、それが観客の「解放」「ドリル外し」にも寄与しうるのではないか。

九〇歳を越えた大野一雄の《宇宙の花》(2000)。大野はそこで、「ほとんど体の動きもままならなかった」。渡辺保はそれを《ラ・アルヘンチーナ頌》(1977)第一部の最後のシーンで身動きもせず無言で立ち尽くしていた大野の姿に重ねあわせ、「この舞踊家の経てきた人生の時間」、さらに「その人生の果てにあるもの」(死)を語って止まない「生き葬い(生前葬)」の舞台だったと記している(渡辺 二〇一四：一二二～一二三)。老いの身体には、それまでの生の過程と間近に迫る死の定め(mortality)の刻印が刻まれ、若いスムーズな身体よりもいわば穴や綻びが随所にあって、他界の光（漆黒の闇にいつ反転するかわからない光）がそこから洩れてくることからくる特異な感覚を引き起こす。しかも——しつこく繰り返すがもしもその「旅立ち」へのプロセスが守られたものであるなら、という条件付きで——その内面の平和（「宇宙的意識」）の発する柔らかなさざ波が私たちにも伝わってくる。

大洪水のあと、一匹の野うさぎだけが虹に祈りを捧げたというランボーの詩[29]に依って、大野慶人が踊る《ウサギのダンス》（2014）は、弱いもの、小さいもののもつ祈りの力を思い起こさせる。と同時に、常識・良識的な身体のコードから自分を逸脱させる自由、社会規範（「従順な」身体への強制）に対抗するレジスタンスでもありえる（なにしろ——あまり「研究者」もどきが言うことではないのですが、しごくナイーヴな目で見れば——おじいさんが白塗りでうさぎの耳をつけて童謡を踊っているのだ、もちろん彼のお父さんに比べればずいぶんおとなしい逸脱だけれど。ライムント・ホーゲの《ジュディとの夕べ（An Evening with Judy）》に感じた尋常でない解放力とも無関係ではないと思っている）。しかしそれは二重の意味での自己解放だ（老いの身体そのものに由来するそれと規格外への超出による解放と）——もしも老いの過程（死の練習）が奪われず、老いの身体それ自体が「神話的時間、循環的無時間性」（「生きものの基本」の状態）を生きることを再び許されるなら。

このように、和解・受容・祈りのスタンスとアウトローな抵抗力・解放力の併存という異常な事態が生起するのが、老いのドラマトゥルギーを考える迷路（でいいのか？）の入り口になるかもしれない。

注

1 ラコッタ『ガーディアン（Guardian）』二〇〇八年でのインタヴュー、以下の記事より引用。David Rosenberg, "How One Photographer Overcame His Fear of Death by Photographing It" (http://www/slate/com/blogs/behold/2014/08/17/walter_schels_life_before_death_includes_portraits_of_people_before_and.html).

2 「死にかけると、とにかく病院に駆け込む。その結果、現代医療の過剰な介入によって、非人間的な姿になって病院で亡くなる」――「死にゆく姿を見せる」ことという、最後の最重要な役割が奪われてしまう（中村 二〇〇九：一二六～一二七）。永沢哲は「繊細な配慮を必要とする」死への「プロセスを阻害する技術が実用化され、自己組織的なスーパーシステムとしての生体が持っている精密な自己制御のプロセスを攪乱することが治療と考えられている」状況を「近代医学の無明」として指摘する（永沢 一九九八：二八）。

3 日本の死の作法（「臨終行儀」）、死の文化および看取りの術の喪失については、（山折 二〇〇九：六五）（小佐野 二〇〇八：三五―三六）参照。

4 死生学（「死から生の意味を省察する学問」）は、「死を〈点〉としてではなく、〈過程〉として総合的に考察する、しかも生と死を併せて考察するのである」（竹田 一九九七：七）。

5 井上ウィマラが紹介している在宅ホスピス医の言葉より（井上 二〇〇九：一一九）。

6 Chalice Repose School of Music Thanatology. (http://www.chaliceofrepose.org/)

7 リラ・プレカリア（Lyra Precaria）は祈りのたて琴。(http://lyraprecaria.kibounoie.info)

8 その起源は一一世紀フランスのクリュニー地方の聖ベネディクト会修道士の活動に遡るという。彼らは「聖なる意図をもって歌われた音楽は、永遠の世とこの世が交差する一つの場所になる」と信じている（キャロル・サック「キリストの愛に包まれて――音楽による看取りへのケア――」『PGCニュース（Personal Growth Counseling 研究所ニュース）』、第四二号、二〇〇三年、二頁）。「死に逝く人を一人にせず、聖書の言葉を唱え、聖歌を歌いながら温かく包み込んだのです。そして、永遠の終わりを意味する〈死〉という言葉を用いずに〈Transitus（移行）〉と呼び最高のケアと敬意をもって接しました」（「セミナー報告：祈りと音楽（身体と魂の癒しに働きかける死生音楽の紹介セッションが開かれる）」『教育医療』第三〇巻第一号、二〇〇四年、六頁）。

9 そのような「他界」の存在が信憑性を失った現代では、むしろ「音楽によるある種の安楽死」という見方も提出される。鴨下重彦「ミュージックタナトロジーに思う」『日医雑誌』第一三三巻・第四、平成一七（二〇〇五）年二月一五日。

10 パストラル・ハープの実践経験では、「痛みの軽減」「心拍数の安定」「呼吸の安定」「精神的な安定」といった緩和ケア的効果に加え、短期間に「人格の劇的な変化」さえ引き起こす場合があると報告されている。「きぼうのいえ」施設長の山本雅基氏が伝えるケース（不満が多く攻撃的な――「訴えてやる」が口癖だった山手八郎さんの事例）参照（山本二〇一〇：一八五―一八八）。「死の受容の五段階（①否認②怒り③取引④抑うつ⑤受容）」（キューブラー・ロス）の最終段階に超速で運ばれたかのようだ。（田口二〇〇八：一九三―一九四）参照。パストラル・ハープのボランティア養成講座第一期生の湊久美子さん談、『カトリック新聞』第三九五九号、二〇〇八年六月一五日。

11 サック「キリストの愛に包まれて」、三頁。

12 サック「ハープと歌による祈り――現代に生きる詩篇」（ＰＤＦ）、四頁。（http://lyraprecaria.kibounoie.info/movie.html）

13 生物学者の福岡伸一は「音楽とは人間が自らの外部に作った、生命のリズムのレファレンス」だと言う。「呼気と吸気。血管の拍動。筋肉の収縮。神経のインパルス。セックスの律動。そう、我らのうちなる自然。そこにはリズムが横溢している」『朝日新聞』、二〇一六年一月一七日（木）。「沈黙の音楽」――世界に響く万象の音を音楽として聴くジョン・ケージの無響室体験（自分の身体が発する音［心臓の鼓動音と神経系統の音］の意識化）を思い起こさせる観点ではある（グリフィス二〇〇三：八二―八三）。

14 尺八奏者中村明一が語る、音楽における「同期型コミュニケーション」、とりわけその自他の境界が消え他とつながる契機についての記述（中村二〇一〇：一八七）、西平直「第１部第４章　スピリチュアリティ再考：ルビとしての〈スピリチュアリティ〉」の中で「スピリチュアリティの第4の位相」として語られる「大いなる受動性」（西平 二〇〇七：七八―八〇）を併せて参照。

15 音楽の比喩を使うのは、野口整体をチベット仏教と比較する宗教学者永沢哲も同様である。「……相手からたえず発せられている生命の音楽を聴きとり、〈触れる〉行為がもたらす変化を一瞬一瞬受けとりながら、移動していく。手は〈触れる〉ことをつうじて、ほかの生命との〈間〉に音楽のアンサンブルを生み出す。そうやって、新しい幸福な音楽が生まれるのだ」（永沢 二〇〇八：三二）。エリアーデはヨーガの調息法（プラーナーヤーマ）がもたらす快い感覚が「音楽、特に自分で奏したときのそれ」に譬えられるという報告を紹介している（エリアーデ 一九九三：一〇〇）。

16 永沢は「気息のタナトロジー」と呼んでいる（永沢 二〇〇八：七一）。

17 キャロル・サック、「ハープと歌による祈り――現代に生きる詩篇」（PDF）、四、二頁）。ヨハネ伝第三章八節には「風は思うのままに吹く、あなたはその音を聞くが、それがどこからきて、どこへ行くかは知らない。霊から生まれる者もみな、それと同じである」『聖書』（日本聖書協会 一九六九、新約聖書：一三八）という記述があるが、小川侃によればこの箇所では「風」も「霊」もともにプネウマという言葉が使われており、「風と霊が基本的に同じもの」「本来プネウマは神の息吹であって、風としても霊としても現れる」（小川 二〇〇〇：五―六）。

18 「とくに大切に思われるのは、この〔微細エネルギーの身体に関わる〕意識とエネルギー状態の変化に関する知識が、死に限りなく近づいていく体験をつうじて獲得されたものであり、したがって、死そのものによりよく対面するための人間の知恵の最初の豊富なストックを提供することになったということだ」（永沢 二〇〇八：二六―二七）。永沢は上記の二種類の知識に、「薬草や食事、環境が人間の生理や心理におよぼす影響に関する体験的知識」が加わって、それぞれ「しかけしくみ」（三木成夫）の医学、「プネウマ」の医学（「インドのタントラ医学や中国の気の身体論」を含む）、「養生」の医学として人間の医学的知識のベースを形作ってきたが、近代医学の発達によってそのバランスが失われた、と述べる。古代・中世思想の脱領域性のゆえに、プネウマ（ラテン語ではスピリトゥス）の射程は医学に限定されない。ジョルジョ・アガンベンは、アリストテレス『動物生成論』やプラトン『ティマイオス』等に遺され、古代ギリシャ医学全般に共通する概念として継承され、ネオプラトニズムやストア派によって宇宙論的な展開を見せる「プネウマ論的学説」に触れ、「医学から宇宙論、心理学から弁論術、救済論にいたるまで、中世文化のあらゆる側面が複雑に絡みあっている」（アガンベン 二〇〇八：一八五）ことを指摘している。古代末期から啓蒙期にいたるヨーロッパ文化において、エピキュロス派（アトム説）とストア派（プネウマ説）の影響とその交差を探るものとしては、（Osler ed. 1991）がある。

19　この回路を流れている気のエネルギーは通常は五感によって感知することはできないが、「瞑想の訓練をへた修行者や武術の技をみがいた達人」の「変性意識状態」に入るとき、ないしは「無意識における情動の作用を浄化していくときに、われわれは気の流れを感得する状態にまで至る」（湯浅 一九八六：一九〇―一九一）。たえず変化する flux としての現実世界に触れ、その世界との一体性から離れることのない（武道の心得や「子ども主体」に典型的に体現されている）「無心」「正心」（鎌田・清水 一九九四：三六―三七）、荘子の「心斎」論が語る「虚」の状態（『荘子　第一冊』二〇一七：一一五―一一八）を併せて参照。

20　マクロの世界とミクロの世界を媒介するエネルギーを想定し、その調整／調律によって個人・個体とその環境・世界とのハルモニアを維持する（失われている場合にはそれを回復する）というコンセプトは古今の多様な文化のなかに認められる。伊藤博明の明快な解説によるフィチーノ（1433–1499）の〈スピリトゥス〉概念参照。オルフェウスに傾倒し自ら竪琴を弾き詩歌を歌ったというフィチーノは、スピリトゥスに作用し、有益な効果を天上から引き出す占星術・自然魔術として音楽を最重視していた（伊藤 二〇一二：二五六―二六二）。

21　サンギャン・ドゥダリについては（石井 一九九九：七六―一〇二）に詳しい分析がある。世阿弥は、（西平 二〇〇九：二二八―二八九）、夢幻能におけるシテの「パトス（受動）的身体」の歴史的成立過程を解析した（松岡 二〇〇四：二〇三―二一六）を併せて参照。土方についての引用は、（國吉 二〇〇四：〇一一）参照。

22　このプロジェクトはまずは生と健康の側にとどまるためのダンス、マージンからセンターへの包含を要求するエンパワーメント、社会的弱者のQOLを向上させ、介護の負担を軽減する福祉政策にも貢献する専らポジティヴなアクションに見える（アート・セラピーはそのようなバイオ・ポリティクスの原理に親和的な一面を持つものかもしれない）。同時に、通常の医療に欠落しがちな補完医療的アプローチを提供するものと評価することもできる（平均年齢八三歳のヒップホップダンスグループ、ニュージーランドの小さな島ワイヘキに誕生した「ヒップ・オペレーション・クルー」はさらにその先に行く事例として注目される）。他方、このワークショップの動機には、もともとハルプリン自身が直面している老いと死の問題があり、「一人称としての死」との取り組みとして、Eeo Stubblefield（Body Art）との合作《Returning Home》（2003）にもすでに別の形で表れていたテーマ――死出の旅のリハーサル、死と折り合いをつけるためのダンスという要素が指摘されうるだろう（Ross 2007: 350–357）。一九七二〜七五年の闘病経験に際してのハルプリン自身のヒーリング・ダンス、一九八七―八九年の癌患者やＨＩＶ陽性の人々とのワークショップでは、治癒を目指すとともに、死を受容するという両方の面に注意が払われていた（"Face death, but choose life"）と思われる。死の恐怖とともに、エイズ感染者に顕著な社会的孤立・疎外の解消が企てられていた（Ross 2007: 322–338）。

23 シニアたちの集合体とその動きに鳥達は時おり同期しているかのように見える（湖面に舞い降る、さえずる）。ハルプリンによる動物舞踊の取り込みについては、（Halprin 1995: 207–211）参照。

24 「〈ダンスは自分自身との、お互い同士の、周囲環境との関係を捉えるもの〉なのであって、ときには動きが小さければ小さいほど、それを感じ取り、スペースを捉え、すべてのものとのコネクションを確認することができる」（第63回舞踊学会大会概要「ダンスの拡張／ハルプリン以後」、Jamie McHugh の特別講演およびワークショップの報告参照（『舞踊學』第三五号、二〇一二、七三））。ハルプリンの野外デッキでかつての盟友（A. A. Leath）が踊ったダンスの短い映像はこの感じ――しごく「小さい動き」で世界とのコネクションを確認している――に近いと思われる。ケントフィールド、北カリフォルニアの豊かな自然、降るように注ぐ音楽に包まれているリースは、最後に腕を降ろす以外ほとんど目立った動きを見せない。かつて様々な葛藤のあったダンサーズ・ワークショップ時代の仲間（ハルプリン、ジョン・グラハム John Graham）とのほとんど半世紀ぶりのリユニオン＝受容と和解の喜びが、ただそこに佇んでいる彼の姿から放射されていた（『BREATE MADE VISIBLE』a film by Ruedi Gerber 2009, Switzerlard/USA）。

25 「弱さが天使の最終兵器です」（谷川俊太郎）。もちろん、最弱者の評価は社会がどれだけ「もたもたする」「同じことを繰り返す」「非効率な動きをする」権利を認めるかに左右される。介護や年金問題等々の老年期のインフラが整備され、社会に非生産的な老いを許容するだけの余白が存在するという条件下でなければ、「老いの祝福」「弱い主体の再評価」を語ることなど笑止千万、近年の「百年現役」政策にあって一段と妄言化してしまったのは否めない。

26 そのような（死への熟しとしての）老化のプロセスを歩みきることは現状では阻害される傾向にある。「中心」とは異なる原理を生きる存在様態（老年／幼年＝人生の古代）の囲い込み・放逐・植民地化。子ども身体・老人身体が効率や生産性の強迫から解き放たれた「神話的時間」「循環的無時間性」を宿す、と述べた後で、鎌田は以下のように指摘する。学校・病院（養老院を含む）・牢獄は、近代における三大隔離施設であり、管理のいきとどいたトポスであるが、近代においては老人と子どもは社会的な管理システムに組み込まれ、その神話的特性を十分に発揮できない。時計時間に従属しない老人と子どもの夏休みは、時計時間に囲い込まれている。他界としての、異人としての老人と子どもが繰り返しや繰り言を制限されるのが近代である」（鎌田 一九八八：七一）。同様に「老年的超越に対する無理解による常識的価値判断が、老年的超越を阻害してしまっている」という現実が指摘されている（佐藤ほか 二〇一四：二一三）。

27 老いとダンスの逆説的関係については、世阿弥の老体論やヴィパッサナー瞑想の指南書を援用して別稿でも検討した（Toyama 2014）。

28 「老化というのは一般的にはイメージがよくないですけど、そうじゃなくて、本当は時間的な経過に対して体が楽になっていくような適応の仕方」「大変になっていくんじゃなくて、楽になっていく方向での適応の仕方」（片山 二〇〇六：一五二）。

29 《イリュミナシオン》所収の「大洪水の後」『ランボー全集　個人新訳』（鈴村和成訳）みすず書房、二〇一一年、二七二―二七三頁。

参考文献

アガンベン、ジョルジョ（二〇〇八）『スタンツェ――西洋文化における言葉とイメージ』、ちくま学芸文庫

アリエス、フィリップ（一九九〇）『死を前にした人間』、成瀬駒男訳、みすず書房

石井達朗（一九九九）『アクロバットとダンス』、青弓社

伊藤博明（二〇一二）『ルネサンスの神秘思想』、講談社学術文庫

井上ウィマラ（二〇〇九）「瞬間に死して永遠に生きる――仏教瞑想と死の準備学」『日本人と「死の準備」』、山折哲雄編著、角川新書

尹雄大（二〇一四）『体の知性を取り戻す』、講談社現代新書

エリアーデ、ミルチャ（一九七五）『エリアーデ著作集　第九巻　ヨーガ①』、立川武蔵訳、堀一郎監修、せりか書房

小川侃（二〇〇〇）『風の現象学と雰囲気』、晃洋書房

小佐野重利・木下直之編（二〇〇八）「1章　言葉とイメージ　ダンテの地獄と源信の地獄」『死生学［4］死と死後をめぐるイメージと文化』、東京大学出版会

片山洋次郎（二〇〇六）『整体から見る気と身体』、筑摩書房

片山洋次郎（二〇一〇）『整体　楽になる技術』、ちくま新書

鎌田茂雄・清水健二（一九九四）『禅と合気道』、人文書院（二〇〇三年オンデマンド版）

鎌田東二（一九八八）『翁童論――子どもと老人の精神史』、新曜社

グリフィス、ポール（二〇〇三）『ジョン・ケージの音楽』、堀内宏公訳、青土社

國吉和子（二〇〇四）「土方巽と暗黒舞踏――見出された肉体」『土方巽の舞踏――肉体のシュルレアリスム　身体のオントロジー』、川崎市岡本太郎美術館／慶應義塾大学アート・センター編、慶應義塾大学出版会

古東哲（二〇一一）『瞬間を生きる哲学』、筑摩書房

佐藤眞一・高山緑・増本康平（二〇一四）『老いのこころ――加齢と成熟の発達心理学』、有斐閣アルマ

ジャンケレヴィッチ（一九七八）『死』、沖沢紀男訳、みすず書房
『荘子　第一冊』（一九七一）金谷治訳注、岩波文庫
竹田純郎（一九九七）「序章　なぜ、いま死生学なのか――死生学の定義と課題――」『〈死生学〉入門』、竹田純郎・森秀樹編、ナカニシヤ出版
田口ランディ（二〇〇八）「8章　エリザベス・キューブラー・ロス　その生と死が意味すること」『死生学〔1〕　死生学とは何か』、島薗進・竹内整一編、東京大学出版会
千葉雅也（二〇一二）「〈享楽〉を守るために、法のクリエイティヴな誤読を」『踊ってはいけない国、日本――風営法問題と過剰規制される社会』、磯部涼編著、河出書房新社
鶴見済（一九九八）『檻のなかのダンス』、太田出版
永沢哲（一九九八）『野生のブッダ』、法藏館
永沢哲（二〇〇八）『野生の哲学――野口晴哉の生命宇宙』、筑摩書房
中村仁一（二〇〇九）「自然死と医療死」『日本人と「死の準備」――これからをより良く生きるために――』「第2部「死の準備」講座」、山折哲雄編著、角川SSC新書
中村明一（二〇一〇）『倍音　音・ことば・身体の文化誌』、春秋社
西平直（二〇〇七）「第1部第4章　スピリチュアリティ再考――ルビとしての〈スピリチュアリティ〉」『スピリチュアリティの心理学――心の時代の学問を求めて』、日本トランスパーソナル心理学／精神医学会　安藤治・湯浅泰雄編、せせらぎ出版
西平直（二〇〇九）『世阿弥の稽古哲学』、東京大学出版会
野口晴哉（二〇〇二）『整体入門』、筑摩書房
野口三千三（二〇〇三）『原初生命体としての人間――野口体操の理論』、岩波書店
ハーン、ハズラト・イナーヤト（二〇一一）『音楽の神秘――生命は音楽を奏でる』、土取利行訳、平河出版社

久山雄甫（二〇一五）「踊るのは誰か――主体をめぐる間文化的考察」『musica mundana 気の宇宙論・身体論』、外山紀久子編、埼玉大学教養学部リベラル・アーツ叢書6
フィッシャー＝リヒテ、エリカ（二〇〇九）『パフォーマンスの美学』、中島裕昭他訳、論創社
福井一光「I死生学とは何か　死生学の系譜　第1章　西洋における死への視座」『〈死生学〉入門』、（前掲書）。
福本まあや（二〇〇六）「コンタクト・インプロヴィゼーションにおける“disorientation”の概念」『人間文化論叢』Vol. 9、お茶の水女子大学
松岡心平（二〇〇四）『宴の身体――バサラから世阿弥へ』、岩波現代文庫
山折哲雄（二〇〇九）「二章　われわれは死とどう向きあうのか」『日本人と「死の準備」』「第1部　日本人と「死の準備」」、角川SSC新書
山本雅基（二〇一〇）『三谷でホスピスやってます。』、実業之日本社
湯浅泰雄（一九八六）『気　修行　身体』、平河出版社
渡辺保（二〇一四）『身体は幻』、幻戯書房
『医学と芸術　MEDICINE AND ART　生命《いのち》と愛の未来を探る――ダ・ヴィンチ、応挙、デミアン・ハースト』、森美術館編　二〇〇九、平凡社
Halprin, Anna.（1995）*Moving Toward Life: Five Decades of Transformational Dance.* 1995. Ed. Rachel Kaplan. Hanover and London: Wesleyan University Press.
Osler, Margaret J., ed.（1991）*Atoms, Pneuma, and Tranquility: Epicurean and Stoic Themes in European Thought.* Cambridge, New York, Melbourne, et. al.: Cambridge University Press.
Ross, Janice.（2007）*Anna Halprin: Experiences as Dance.* Berkeley and Los Angeles: California University Press.
Toyama, Kikuko.（2014）“Old, weak, and invaid: dance in inaction.” *JTLA*（*Journal of the Faculty of Letters, The University of Tokyo/Aesthetics*), Vol. 39,（2015）: 25-38.Nanako Nakajima and Gabriele Brandstetter eds.（2017）

The Aging Body in Dance: A Cross-Cultural Perspective. London and New York: Routledge, 122-136 に再録

Wittmann, Gabriele, et al.（2015）*Anna Halprin: DANCE—PROCESS—FORM.* London and Philadelphia: Jessica Kingsley Publishers.

あとがき

老いと踊り――この魅力的ではあるがトリッキーなテーマに最初に接したときは、実はむしろ戸惑いや躊躇いの方が大きかった。「永遠の一五歳」オーロラ姫こそが主役、「ダンスは性愛の練習が起源」（H・エリス）、といった古典的な見解に肩入れしていたわけではないものの、サロメの七枚のヴェールの踊りやディオニュソスの徒マイナスたち、天宇受売のストリップ・ダンス等々古い物語が語ってやまないように、エロース（幼児化したキューピッドではなく、古代の、非人称的な大いなる神）の発現がダンスの力の根元にあるだろうという思いに抵触したのかもしれない。日本舞踊や能のような異なる伝統では老いること＝年齢を重ねることが重要な価値を持つのはわかってはいたが、「舞い」と「踊り」の位相差や個人を超える「家の芸」の特異性などを考えると同じカテゴリーとして扱う際のハードルは侮れないのではないかという素朴な疑念、西洋の他者を日本が代表することへの疑いもあったかもしれない。いや、しかしそれよりもおそらく、老いについて語り、それを俎上に載せることそのものに対する抵抗が強かったのだ。無論老いは誰にとっても避けられない「基本的条件」であるとは言え、未だリアルな老いを知らない人生のフェーズで、老いについて云々するのは僭越では？という、バカな思いが頭をもたげたのだ（当事者研究のみがオーセンティックな言説としての権利を主張できるということはない、のだから本当にバカなのです）。

後者については、その後ほどなく、自分自身が高齢者の入り口に近づいて後ろめたさが和らいだのだが、それでも老いの問題はいわゆる「政治的正しさ（ポリティカル・コレクトネス）」の制約に縛られて予め方向性が決まってしまうという懸念は去らなかった。とは言え、過去数年でさらに超々高齢化が進み、老いの重みに耐える余力を失っていく社会の中で、老いのテーマは一層多くの人々にとって「自分ごと」として可視化されてきている（ほとんど毎日のように「エイジング・ジャパン」の記事が目につくようになった）。半ば巻き込まれる形で参加したシンポジウムや研究会、そして今回の論集に加わる過程で、老いと踊りがいかに豊穣な思考のトポスになりうるのかということに気付かされた。最近は自分よりはるかに若いジェネレーションに属する意欲的な研究者の友人に引っ張られ、自分ひとりでは開けることのなかった窓を開け、思いがけない風景に出会う機会が与えられる——そのことを改めて嬉しく思っている。同時にこのアンソロジーに寄稿してくださった諸姉諸兄の縦横無尽の議論を多くの喜び・発見・学びの機会として受け止めている。老いと踊りのテーマが一個人のなかで完結するのではなく、世代を超えて受け継がれる文化価値の問題でもあることを実感した。

多くの方々の助力によって日の目を見ることになった本書であるが、編者のタイム・マネジメント能力の欠如もあり最終段階で突貫工事になってしまった。不足や誤りのご指摘、ご示教をいただくことができれば幸甚である。

本書の起点となった国際シンポジウム「老いと踊り」の開催に際し、ご尽力くださった東京ドイツ文化センター、とりわけ今は亡き当時の所長／日本統括代表ライムント・ヴェルデマン氏、文化部の小高慶子氏、久井麻世氏、また埼玉大学教養学部・大学院人文社会科学研究科及び美学会東部会（共催）、舞踊学会及びドイツ学術交流会（DAAD）（後援）の皆様に、深く感謝の意を表したい。ホーゲさんによるワークショップやレクチャーでご協力いただいた大野一雄舞踏研究所、明治大学大学院文学研究科（演劇学専攻）、明治大学ドイツ研究会、成城大学文芸学部の皆様、さらにその後の同テーマでの共同研究をサポートしてくださった京都造形芸術大学「舞台芸術作品の創造・受容のための領域横断的・実践的研究拠点」プログラム関係各位にも心から御礼申し上げる。本書の完成まで辛抱強く協働してくださった執筆者、翻訳者の方々にも、この場をお借りして厚く御礼申し上げる。最後に、遅々とした刊行までの歩みを伴走し見守ってくださった勁草書房の関戸詳子氏に、心からの謝意を表明したい。関戸さんの献身なしには本書を上梓することは全く不可能だった。

本刊行物は、ＪＳＰＳ科研費 JP18HP5025 の助成を受けたものである。

二〇一九年一月

外山紀久子

る舞姫』試論：そして絶望的な憧憬」（『土方巽：言葉と身体をめぐって』角川学芸出版、2011)、「暗黒舞踏登場前夜：戦後日本のモダンダンスと大野一雄」（『大野一雄・舞踏と生命』（思潮社、2012）など。

花柳大日翠（はなやぎ・おおひすい）第6章二

1984年生まれ。花柳寿南海師に師事。2002年、名取となり、その翌年、東京藝術大学に入学。師の元と大学内にて、古典舞踊と創作舞踊を学び、創作作品に、「シリーズ家電を踊る〜洗濯機〜」「東京」など。また、Junko Fukutake Hall 主催公演にて宮沢賢治原作「よだかの星」を新作上演。現在、「踊る大日翠」、稽古場「LET'S! 大日翠」を主宰。受賞に、文部科学大臣奨励賞（対象：古典作品「流星」）、福武文化奨励賞、山陽新聞奨励賞、花柳流育成賞など。2019年6月国立劇場にて新作「檜男〜ぴのきお〜」に主演決定。

尼ヶ崎彬（あまがさき・あきら）第7章

1947年生まれ。学習院女子大学名誉教授。著書に『花鳥の使：歌の道の詩学』（勁草書房、1983）、『日本のレトリック』（筑摩書房、1988）、『ことばと身体』（勁草書房、1990）、『縁の美学：歌の道の詩学Ⅱ』（勁草書房、1995）、『ダンス・クリティーク』勁草書房、2004）、『近代詩の誕生、軍歌と恋歌』（大修館書店、2011）、『いきと風流、日本人の生き方と生活の美学』（大修館、2017）、編書に『芸術としての身体、舞踊美学の前線』（勁草書房、1988）、『メディアの現在』（ぺりかん社、1991）など。個人サイトに『Flying Cabinet 尼ヶ崎彬の書類箱』（http://amagasaki.no.coocan.jp/）がある。

やなぎみわ　第8章

京都市立芸術大学大学院美術研究科修了。学生時代は工芸を専攻。国内外で多くの展覧会を開催し、2009年第53回「ヴェネツィア・ビエンナーレ」美術展日本館代表作家となる。2011年から本格的に演劇活動を始め、美術館や劇場で公演した後、2015年『ゼロ・アワー東京ローズ最後のテープ』で北米ツアー。2016年夏より台湾製の移動舞台トレーラーによる野外演劇を、熊野をはじめ各地で旅巡業している。2019年は美術館個展「神話機械」が全国巡回。

鎌田東二（かまた・とうじ）第9章

1951年徳島県生まれ。上智大学グリーフケア研究所特任教授。京都大学名誉教授。著書に『翁童論：子どもと老人の精神誌』（新曜社、1988）、『老いと死のフォークロア：翁童論Ⅱ』（新曜社、1990）、『世直しの思想』（春秋社、2016）、『世阿弥：身心変容技法の思想』（青土社、2016）、『言霊の思想』（青土社、2017）、『日本人は死んだらどこへ行くのか』（PHP新書、2017）、詩集『常世の時軸』（思潮社、2018）ほか多数。

國吉和子（くによし・かずこ）第11章

舞踊研究・評論。多摩美術大学、早稲田大学等、非常勤講師。「舞姫の会」（土方巽研究）主宰。トヨタコレオグラフィーアワード審査員（2002〜2004）、主著に『夢の衣裳、記憶の壺：舞踊とモダニズム』（新書館、2002）、編著に『見ることの距離：ダンスの軌跡 1962〜1996』市川雅遺稿集（新書館、2000）、主な論考に「『病め

て開催されたコンテンポラリーダンスに関する展覧会「Who Dance?　振付のアクチュアリティ」（2015–2017）のキュレーション、及び同展の図録を編著。

レノーラ・シャンペーン Lenora Champagne　第5章

劇作家、パフォーマンス・アーティスト、演出家、教師。ルイジアナ出身。ニューヨークでパフォーマンスを始める。他のアーティストとの大規模な作品や、ソロのパフォーマンスを創作。ニュー・ドラマティスト元会員で1981年から演劇人として活躍。米国、カナダ、フランス、英国、オーストラリア、シンガポール、日本でパフォーマンスや戯曲を上演し、日本にはフルブライト奨学生として滞在（2012–13)。著書に *New World Plays*（Nopassport Press, 2015)。ニューヨーク州立大学パーチェス校（演劇・パフォーマンス）教授。

常田景子（つねだ・けいこ）第5章訳

東京大学文学部心理学科卒。俳優、舞台制作を経て翻訳家となる。戯曲、上演台本の翻訳を主とし、2001年、湯浅芳子賞、翻訳・脚色部門受賞。近年の主な上演作品に、「ピアフ」、「メリー・ポピンズ」、「プライムたちの夜」、「ビリー・エリオット」、「パレード」、「シカゴ」、「奇跡の人」、「ヒストリーボーイズ」、「6週間のダンスレッスン」、「負傷者16人」など、翻訳書にD・ボール『戯曲の読み方』（日本劇作家協会、2003)、G・ファレル『現代戯曲の設計』（日本劇作家協会、2004)、D・カウフマン『リディキュラス！』（新宿書房、2009）などがある。

渡辺　保（わたなべ・たもつ）第6章一、二

1936年東京生まれ。演劇評論家。前放送大学教授。慶応義塾大学経済学部卒業後、東宝入社、企画室長を経て退社。1965年『歌舞伎に女優を』で評論デビュー。紫綬褒章受賞、旭日小綬章受賞。代表的な著書に『四代目市川団十郎』（筑摩書房、1994、芸術選奨文部大臣賞)、『黙阿弥の明治維新』（新潮社、1997、読売文学賞）など多数。舞踊関係の著書に、『日本の舞踊』（岩波新書、1991)、『身体は幻』（幻戯書房、2014）など。

花柳寿南海（はなやぎ・としなみ）第6章二

1924年生まれ。幼少より日本舞踊に親しみ、花柳寿京師・花柳寿陽師に師事し、1942年に二代目宗家家元花柳壽輔（壽應）師より、花柳寿南海の名を許される。1946年より二代目家元の許で内弟子修行し、その後、「木の花会」「花柳寿南海の會」「花柳寿南海とをどりを研究する会」を主宰する。古典の研鑽とともに、創作にも意欲を注ぎ、作品に「大和路」「湯女群像」「吾輩は猫である」他。受賞歴に、文部省芸術選奨文部大臣賞、紫綬褒章、日本芸術院賞、等多数。また、2004年に重要無形文化財保持者（人間国宝）認定、2005年に文化功労者顕彰。2018年に老衰により永眠。

著者略歴

針貝真理子（はりがい・まりこ） 第1章訳

1981年生まれ。慶應義塾大学文学部非常勤講師。Ph.D（演劇学）。主著に *Ortlose Stimmen. Theaterinszenierungen von Masataka Matsuda, Robert Wilson, Jossi Wieler und Jan Lauwers*（Transcript, 2018）、論文に「都市の声、餌食の場所―ルネ・ポレシュ『餌食としての都市』における〈非場所〉の演劇」（日本独文学会研究叢書156号、2018）ほか。

貫　成人（ぬき・しげと） 第2章

1956年生まれ。文学博士。専修大学文学部哲学科教授。著書に、『経験の構造：フッサール現象学の新しい全体像』（勁草書房、2003）、『歴史の哲学：物語論を超えて』（勁草書房、2010）。論文などに、「コンテンポラリーダンス」（鈴木晶編『バレエとダンスの歴史』平凡社、2012）、「身体の拡散とダンスの豊穣化」（『Who Dance? 振付のアクチュアリティ』早稲田大学坪内博士記念演劇博物館、2015）、「コンテンポラリーダンスの身体とヨーロッパ諸都市の文化構造」（『人文科学年報』2016）など。

イヴォンヌ・レイナー Yvonne Rainer 第3章

1934年生まれ。振付家、パフォーマー、映画作家。1962年のジャドソン・ダンス・シアターの創立メンバーのひとりであり、《トリオA》（1965）を始めとするポストモダンダンスの代表的作品を手がける。その後映画製作に主軸を移し、《Lives of Performers》《Privilege》《Journeys from Berlin》《Murder and murder》他を発表。主著に *Work 1961–1973*（New York University Press, 1974）、*A Woman Who…*（Johns Hopkins University Press, 1999）、*Feelings are Facts*（MIT Press, 2006）、*Poems*（Badlands Unlimited, 2011）。2000年以降ダンスに復帰し、最新作《The Concept of Dust: Continuous Project - Altered Annually》（2016）は現在も世界各地で進行中。

ラムゼイ・バート Ramsay Burt 第4章

英国デモンフォート大学教授（ダンス史）。主要著作に *The Male Dancer*（Routledge, 1995）、*Alien Bodies*（Routledge, 1997）、*Judson Dance Theater*（Routledge, 2006）、*Ungoverning Dance*（Oxford University Press, 2016）、クリスティー・アダイアとの共著 *British Dance: Black Routes*（Routledge, 2016）がある。1999年ニューヨーク大学パフォーマンス研究学科客員教授、2010年 l'Université de Nice Sophia-Antipolis 客員教授ならびに、ブリュッセル PARTS の客員講師。

越智雄磨（おち・ゆうま） 第4章訳

早稲田大学坪内博士記念演劇博物館招聘研究員。博士（文学）。日本学術振興会特別研究員、パリ第8大学客員研究員を経て現職。ダンス研究、公演等の企画を行う。論文に「『ノン・ダンス』という概念を巡って：1990年代以降のフランス現代舞踊の展開に関する一考察―」ほか。早稲田大学演劇博物館、横浜赤レンガ倉庫におい

著者略歴

中島那奈子（なかじま・ななこ）編著者、序章、第6章三、第10章

ダンス研究者、ドラマトゥルク、日本舞踊師範。ドラマトゥルクとして国内外の実験的舞台作品に関わり、近年のプロジェクトに「ダンスアーカイブボックス@TPAM2016」、「イヴォンヌ・レイナーを巡るパフォーマティヴ・エクシビジョン」京都芸術劇場春秋座がある。編著に *The Aging Body in Dance*（Routledge, 2017), 共著に *Dance Dramaturgy*（Palgrave Macmillan, 2015)、「老いと踊りとスピリチュアリティ」（鎌田東二編『スピリチュアリティと芸術・芸能』ビイング・ネット・プレス 2016)。2017年北米ドラマトゥルク協会エリオットヘイズ賞特別賞受賞。

外山紀久子（とやま・きくこ）編著者、第3章訳、第12章

1957年生まれ。埼玉大学大学院人文社会科学研究科教授。主著に『帰宅しない放蕩娘：舞踊のモダニズムとポストモダニズム』（勁草書房、1999)、編著に『musica mundana: 気の宇宙論・身体論』（埼玉大学教養学部リベラル・アーツ叢書6、2015)、論文に「〈絵画の終焉〉論以後の身体」（『美学』第202号、2000)、「掃除ポイエーシス」（西村清和編『日常性の環境美学』勁草書房、2012)、「ポストモダンダンスと現代美術：《トリオA》のエニグマをめぐって」（『ニューヨーク　錯乱する都市の夢と現実』田中正之編、竹林舎、2017）ほか。

ガブリエレ・ブラントシュテッター Gabriele Brandstetter　第1章

ベルリン自由大学（演劇学、舞踊学）教授。2008年より国際リサーチセンター Interweaving Performance Cultures の共同所長に就任。主要著作に *Tanz-Lektüren. Körperbilder und Raumfiguren der Avantgarde*（Fischer-Taschenbuch-Verlag, 1995; 2013)、*Poetics of Dance. Body, Image and Space in the Historical Avant-Gardes.*（Oxford University Press, 2015)、共編著に *Methoden der Tanzwissenschaft.*（Transcript, 2007; 2015)、*The Movements of Interweaving.*（Routledge, 2017)、*Moving*（*across*）*Borders*（Transcript, 2018）がある。

古後奈緒子（こご・なおこ）第1章訳

1972年大阪生まれ。舞踊史・舞踊理論研究。2014年より大阪大学大学院文化動態論専攻アート・メディア論コース所属。上演芸術のフェスティバルに記録、批評、翻訳、アドバイザー等で関わる。論文「二つの『七つの大罪』：バランシンとバウシュが二人のアンナに見たもの」（『演劇学論叢』第14号、2015)、「ホーフマンスタールの舞踊創作における異質性／他者性の作用」（『近現代演劇研究』第六号、2017)、「批判的反復による失われた舞踊遺産のアーカイヴ」（『舞台芸術』第21号、2018）など。

老いと踊り

2019年2月20日　第1版第1刷発行

編著者　中《なか》島《じま》那《な》奈《な》子《こ》
外《と》山《やま》紀《き》久《く》子《こ》

発行者　井　村　寿　人

発行所　株式会社　勁《けい》草《そう》書　房

112-0005　東京都文京区水道2-1-1　振替 00150-2-175253
（編集）電話03-3815-5277／FAX 03-3814-6968
（営業）電話03-3814-6861／FAX 03-3814-6854
理想社・牧製本

ISBN978-4-326-80060-5　Printed in Japan

http://www.keisoshobo.co.jp

外山紀久子	帰宅しない放蕩娘 舞踊のモダニズムとポストモダニズム	四六判	二八〇〇円 85157-7
尼ヶ崎彬	ダンス・クリティーク 舞踊の現在／舞踊の身体	四六判	二八〇〇円 85183-6
尼ヶ崎彬	ことばと身体	四六判	二四〇〇円 15229-2
貫　成人	歴史の哲学 物語を超えて	四六判	三〇〇〇円 19918-1
貫　成人	経験の構造 フッサール現象学の新しい全体像	A5判	五二〇〇円 10147-4

＊表示価格は二〇一九年二月現在。消費税は含まれておりません。

＊ISBNコードは一三桁表示です。

勁草書房刊